ENCYCLOPÉDIE ILLUSTRÉE DES

DINOSAURES

ENCYCLOPÉDIE ILLUSTRÉE DES

DINOSAURES

Texte de Dougal Dixon
Illustrations de Andrew Robinson et David Johnston
Traduction de Marie-Jo Dubourg
Révision de Daniel Pajaud

GRÜND

GARANTIE DE L'ÉDITEUR

Pour vous parvenir à son plus juste prix, cet ouvrage a fait l'objet d'un gros tirage. Malgré tous les soins apportés à sa fabrication, il est malheureusement possible qu'il comporte un défaut d'impression ou de façonnage. Dans ce cas, ce livre vous sera échangé sans frais.

Veuillez à cet effet le rapporter au libraire qui vous l'a vendu ou nous écrire à l'adresse ci-dessous en nous précisant la nature du défaut constaté. Dans l'un ou l'autre cas, il sera immédiatement fait droit à votre réclamation.

Librairie Gründ - 60, rue Mazarine - 75006 PARIS

Adaptation française de **Marie-Jo Dubourg**
Texte original de **Dougal Dixon**
Première édition française 1991 par Librairie Gründ, Paris

ISBN : 2-7000-5260-9
Dépôt légal : août 1991
Édition originale 1991 par Reed International Books Ltd
sous le titre original *The Illustrated Dinosaur Encyclopedia*

Photocomposition : Bourgogne Compo, Dijon
Imprimé en Chine

Loi n° 49-956 du 16 juillet 1949 sur les publications destinées à la jeunesse

SOMMAIRE

Introduction 7
Un regard en arrière 8
Les fossiles 10
La vie 12
Les Dinosaures 14
La Terre 16
Le Précambrien 18
Le Paléozoïque inférieur 20
Le Paléozoïque supérieur 22
Le Trias 24
Les conditions de vie 26
Coelophysis bauri 28
Staurikosaurus pricei 30
Anchisaurus polyzelus 32
Plateosaurus engelhardti 34
Le Jurassique inférieur 36
Les conditions de vie 38
Dilophosaurus wetherilli 40
Barapasaurus tagorsi 42
Scutellosaurus lawleri 44
Heterodontosaurus tucki 46
Scelidosaurus harrisoni 48
Le Jurassique supérieur 50
Les conditions de vie 52
Compsognathus longipes 54
Ornitholestes hermani 56
Ceratosaurus nasicornis 58
Allosaurus fragilis 60
Camarasaurus supremus 62
Brachiosaurus brancai 64
Diplodocus longus 66
Mamenchisaurus hochuanensis 68
Stegosaurus armatus 70
Kentrosaurus aethiopicus 72

SOMMAIRE

Le Crétacé inférieur 74
Les conditions de vie 76
Megalosaurus bucklandi 78
Baryonyx walkeri 80
Deinonychus antirrhopus 82
Hypsilophodon foxi 84
Iguanodon mantelli 86
Ouranosaurus nigeriensis 88
Psittacosaurus mongoliensis 90
Le Crétacé supérieur 92
Les conditions de vie 94
Spinosaurus aegipticus 96
Tyrannosaurus rex 98
Ornithomimus velox 100
Velociraptor mongoliensis 102
Saurornithoides mongoliensis 104
Saltasaurus loricatus 106
Anatosaurus copei 108
Saurolophus osborni 110
Parasaurolophus walheri 112
Stegoceras validus 114
Euoplocephalus tutus 116
Panoplosaurus mirus 118
Protoceratops andrewsi 120
Chasmosaurus belli 122
Styracosaurus albertensis 124
Triceratops horridus 126
L'extinction 128
La vie après les dinosaures 130
Premières découvertes 132
Découvertes modernes 134
Imagerie du dinosaure 136
Glossaire 138
Index 140
Remerciements 144

INTRODUCTION

Dans ce livre, les animaux sont présentés chronologiquement, c'est-à-dire suivant l'ordre de leur apparition au cours des temps géologiques. Les dinosaures sont apparus au Trias, les derniers se sont éteints à la fin du Crétacé.

Une double page est attribuée à chaque espèce : le lecteur y trouvera un aperçu évocateur de son aspect et de son mode de vie, et plus généralement de tout ce que permet de déduire l'étude de son squelette. Une colonne de données indique dans quelle partie du monde vivait l'espèce présentée et nous fournit quelques renseignements sur l'histoire de sa découverte. Une bande de couleur en tête de page indique la place de l'espèce dans la classification générale des dinosaures.

Comme on peut le voir aux pages 23-27, les dinosaures sont répartis au sein de deux grands ordres : les SAURISCHIENS et les ORNITHISCHIENS, ordres à leur tour subdivisés en sous-ordres, chaque subdivision étant ici accompagnée de son code-couleur.

Chaque présentation débute par des informations techniques :

Nom de l'espèce (en latin : c'est une règle internationale) ;
Sa place dans la classification (sous-ordre et famille) ;
Sa localisation dans le temps (Trias, Jurassique ou Crétacé) ;
Sa répartition géographique.

STEGOCERAS VALIDUS

ORNITHOPODE,
PACHYCÉPHALOSAURIDÉ

CRÉTACÉ SUPÉRIEUR

OUEST DE L'AMÉRIQUE DU NORD

ORDRE DES SAURISCHIENS dinosaures à bassin de lézard

SOUS-ORDRE DES THÉROPODES dinosaures carnivores

SOUS-ORDRE DES SAUROPODOMORPHES dinosaures végétariens à long cou

ORDRE DES ORNITHISCHIENS dinosaures à bassin d'oiseau

SOUS-ORDRE DES ORNITHOPODES dinosaures herbivores bipèdes

SOUS-ORDRE DES PACHYCÉPHALOSAURIENS dinosaures à tête ossifiée

SOUS-ORDRE DES ANKYLOSAURIENS dinosaures herbivores à cuirasse

SOUS-ORDRE DES STÉGOSAURIENS dinosaures herbivores à plaques

SOUS-ORDRE DES CÉRATOPSIENS dinosaures herbivores à cornes

UN REGARD EN ARRIÈRE

Pensez à un animal.

Pensez à tous les animaux que vous avez vus ou dont vous avez entendu parler.

Pensez aux forêts tropicales avec des arbres retentissants de cris aigus des singes et des perroquets, au sous-bois sombre et humide où courent cochons et fourmiliers.

Pensez aux vastes prairies avec leurs troupeaux grouillants de gnous et de zèbres furtivement suivis par des lions et des guépards. Pensez aux déserts avec leurs serpents se glissant sous le sable, avec leurs gerboises bondissant comme des kangourous par-dessus les rochers. Pensez aux forêts tempérées et aux forêts de conifères où broutent le cerf et l'élan et à travers lesquelles chassent des loups en bandes furtives. Puis pensez à la toundra froide et aux étendues glacées du pôle Nord où migre le renne pour y passer les longues journées d'un été frais saturé de moustiques et où l'ours polaire chasse le phoque à travers la glace.

Ainsi venez-vous de regarder une image de la vie, figée à un moment des temps géologiques, le moment présent.

Maintenant, retardez l'horloge de cinq millions d'années, pour une époque où nos ancêtres ne se distinguaient pas des singes et regardez de nouveau. Vous verrez une autre image. Tout aussi complexe et variée, mais avec des animaux tout à fait différents vivant dans les forêts, les prairies, les déserts et chacun des autres biotopes, c'est-à-dire des milieux de vie. Singes et perroquets seraient là, mais ils différeraient de ceux que nous connaissons. Différents types de félins traqueraient des antilopes inconnues à travers les prairies. Retardez encore l'horloge de cinq autres millions d'années, et la faune sera encore totalement différente, et encore moins familière. Et encore cinq millions d'années avant cela...

La faune que nous avons de nos jours n'est qu'un instantané de la grande parade de vie de notre planète. Nous n'avons rencontré qu'une minuscule proportion de tous les types d'organismes qui ont existé depuis que la vie a commencé voici plus de 3,5 milliards d'années, une période de temps représentant 700 de nos sauts de cinq millions d'années.

Parmi les animaux anciens, l'un des groupes les plus fascinants est celui des dinosaures. Ce groupe apparut il y a 220 ou 230 millions d'années, se développa pendant quelque 160 millions d'années et disparut brusquement voici 65 millions d'années.

Le monde a également évolué. Nous avons maintes fois constaté qu'en un lieu familier quelque chose avait pu changer dans le paysage : la courbe d'une rivière envasée, une partie de falaise tombée dans la mer... Si de tels changements peuvent se produire pendant les quelques années de la mémoire humaine, pensez aux changements qui sont intervenus au cours des milliers de millions d'années de l'histoire géologique de la Terre !

Essayer de lire l'histoire de la Terre, de ses animaux et de ses plantes, pourrait a priori sembler une tâche sans espoir : il n'existe en archives ni livres ni photographies de ces époques. Pourtant, les anciens paysages et les anciennes formes de vie nous ont laissé leur propre témoignage.

Un peu de géologie de base d'abord. La croûte de la Terre est constituée de plusieurs types de roches, mais le seul qui nous intéresse ici est celui des ROCHES SÉDIMENTAIRES. La plupart du temps, une roche sédimentaire se forme quand des couches de sable, de gravier, de boue ou d'autres débris se sont déposées les unes sur les autres, et se sont trouvées enfouies, compressées et cimentées en une masse solide.

Des sédiments différents se forment dans des conditions différentes. Des fragments de mœllon calcaire vont s'amasser autour d'un récif de corail, des couches de boue foncée couleront au fond de l'océan, des cailloux seront rejetés sur une plage de galets. Ces sédiments finiront par former des roches sédimentaires, respectivement des calcaires, des schistes et des conglomérats. Un géologue observant ces roches sera capable d'imaginer le récif de corail, le fond de l'océan et la plage de galets. Différentes sortes de sable peuvent se former en bord de mer, dans le lit d'une rivière ou dans un désert. Ces sables peuvent finalement devenir des grès quand certaines conditions sont simultanément ou successivement remplies, chaque grès étant différent de l'autre et caractéristique pour le géologue.

Au cours des siècles, les géologues ont dressé la carte des roches sédimentaires et déterminé leurs âges relatifs, c'est-à-dire les unes par rapport aux autres. À partir de ces observations ils ont composé l'échelle des temps géologiques sur plusieurs centaines de millions d'années. L'échelle de temps est divisée en grands ensembles appelés ères et en sous-ensembles appelés périodes. Ces dernières sont à leur tour subdivisées en étages, et ainsi de suite, jusqu'à des zones caractérisées par une association de fossiles, voire par une seule espèce. Les temps de l'ère mésozoïque furent ceux pendant lesquels vécurent les dinosaures. À chacune de ses trois périodes (Trias, Jurassique, Crétacé) correspondent des espèces de dinosaures différentes, et par conséquent caractéristiques de chacune d'entre elles.

▶ *L'échelle des temps géologiques est un tableau utilisé par les géologues pour dater les grands événements de l'histoire de notre planète. Les dinosaures ont vécu au Mésozoïque.*

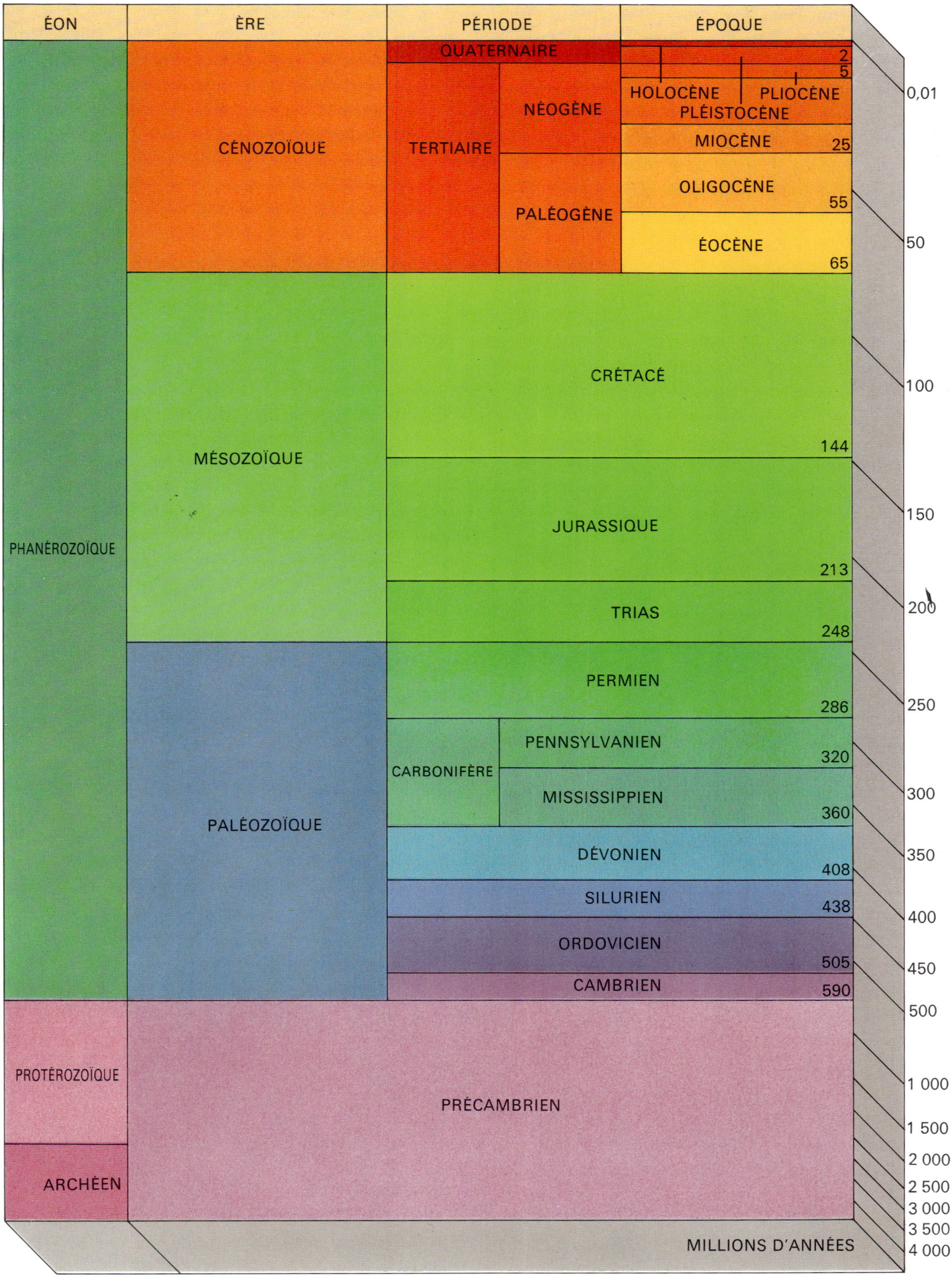
ÉON
ÈRE
PÉRIODE
ÉPOQUE
PHANÉROZOÏQUE
PROTÉROZOÏQUE
ARCHÉEN
CÉNOZOÏQUE
MÉSOZOÏQUE
PALÉOZOÏQUE
QUATERNAIRE
TERTIAIRE
NÉOGÈNE
PALÉOGÈNE
HOLOCÈNE
PLÉISTOCÈNE
PLIOCÈNE
2
5
MIOCÈNE
25
OLIGOCÈNE
55
ÉOCÈNE
65
CRÉTACÉ
144
JURASSIQUE
213
TRIAS
248
PERMIEN
286
CARBONIFÈRE
PENNSYLVANIEN
320
MISSISSIPPIEN
360
DÉVONIEN
408
SILURIEN
438
ORDOVICIEN
505
CAMBRIEN
590
PRÉCAMBRIEN
MILLIONS D'ANNÉES
0,01
50
100
150
200
250
300
350
400
450
500
1 000
1 500
2 000
2 500
3 000
3 500
4 000

LES FOSSILES

Quand un animal meurt, il se décompose. Vautours et corbeaux arrachent la chair et les viscères en putréfaction, mouches et bactéries poursuivent le travail de destruction et les os se décomposent finalement sous l'action de la pluie et du soleil. Il ne reste généralement rien. Parfois cependant, le corps gît en un lieu où il sera préservé de tels sévices. Il peut tomber dans une rivière en crue et être immédiatement enfoui dans le sable. Vautours et corbeaux ne le trouveront pas et ni les mouches ni les bactéries n'auront l'occasion de faire leur travail. Ces circonstances sont rares et ne concernent probablement qu'un seul cadavre sur plusieurs centaines de milliers d'organismes morts. Mais lorsque cela se produit, ce reste d'un être vivant devient un fossile.

La fossilisation peut se produire de diverses façons. Dans des circonstances très particulières, l'animal peut être préservé dans sa totalité, sans altération. Ce fut le cas de mammouths, ensevelis dans la boue gelée au cours de la période glaciaire, et celui des insectes englués et conservés dans la résine qui suintait des conifères dans les forêts d'Europe septentrionale au cours du Tertiaire, et transformée en ambre jaune.

Mais les dinosaures n'ont pas été fossilisés de cette manière, car ils ne connurent pas d'âge glaciaire et disparurent bien avant que ne s'épanouissent les forêts de résineux ; leur trop grande taille d'ailleurs n'aurait pas permis qu'ils fussent enrobés par de la résine ou toute autre matière exsudée par une plante !

Dans d'autres circonstances, seule une partie de l'animal peut être conservée sans altération. Des os de mammifères de l'âge glaciaire ont ainsi été découverts dans des trous de bitume naturel à Los Angeles (États-Unis), et l'on trouve souvent des dents de requins dans les dépôts marins du Tertiaire. Mais il s'agit de fossiles relativement récents, bien plus que ne le sont les dinosaures.

Même quand un animal ou une plante est rapidement enfoui et préservé, les transformations du sédiment ne permettent généralement pas la conservation de la matière organique. Parfois cependant, une partie du matériau d'origine est préservée. Des feuilles de fougères ou des fragments de rameaux sont conservés sous forme d'une pellicule noire de carbone, alors que toutes les autres substances chimiques d'origine ont disparu, dissoutes et emportées par les eaux d'infiltration, et remplacées par d'autres. La matière osseuse disparaît ainsi, molécule par molécule, remplacée au fur et à mesure par d'autres molécules de sels minéraux. Le résultat est un os fossile qui a conservé sa forme et sa structure microscopique, mais est constitué d'une substance minérale différente, par exemple de la silice. Des os de dinosaures ont ainsi été fossilisés.

Autre scénario : dans la roche sédimentaire, l'os peut se décomposer complètement, y laissant alors

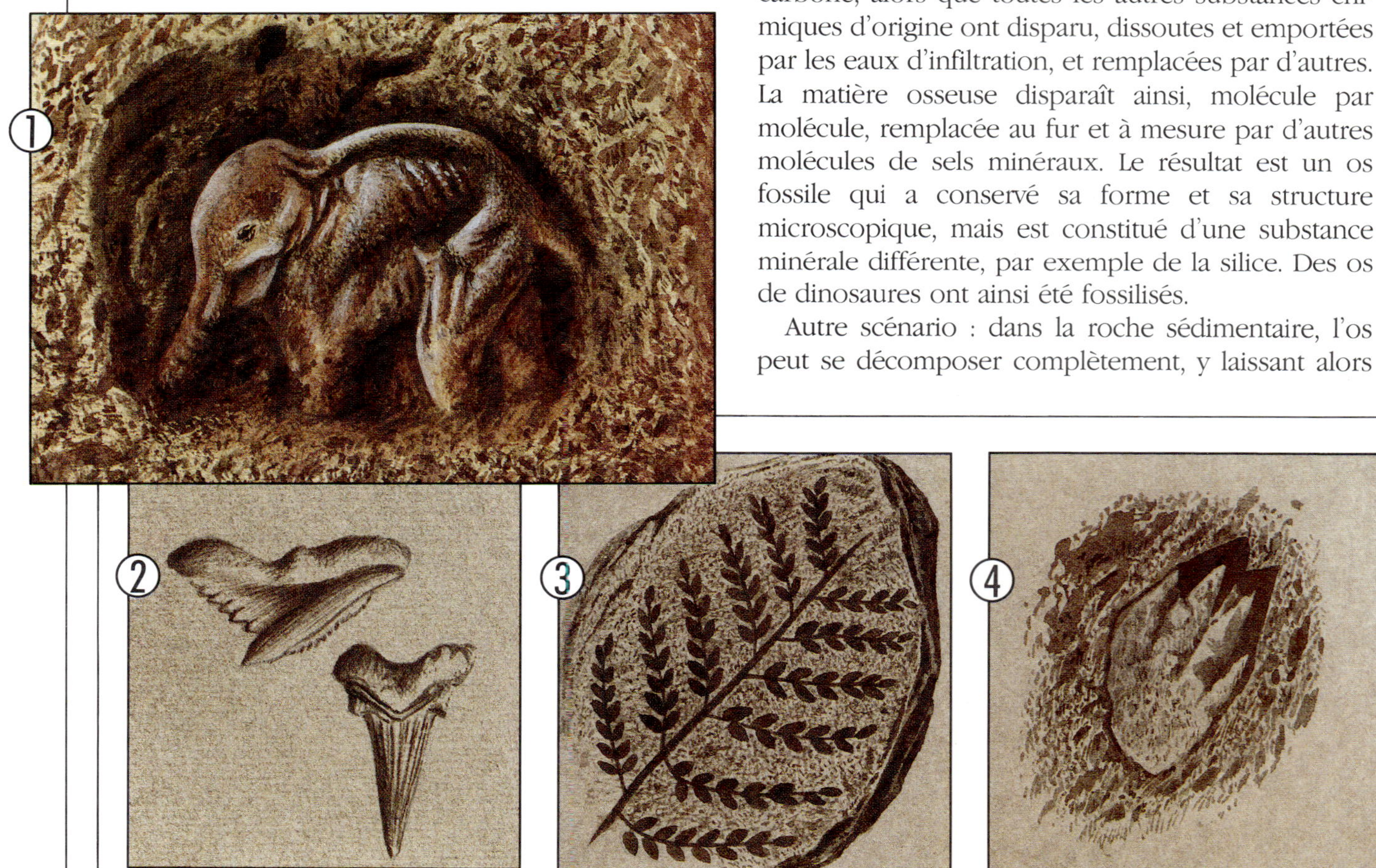

▲ *Animaux et plantes peuvent être fossilisés de différentes manières.*
(1) Mammouth pris dans la boue gelée de Sibérie. Un tel cas de fossilisation d'un organisme entier est rarissime. (2) Os et dents de vertébrés (ici des dents de poissons) sont des pièces squelettiques habituellement bien conservées. (3) Feuille de fougère du Carbonifère : une partie de la substance d'origine peut être conservée à l'état charbonneux. (4) Empreinte de patte d'un

un trou. Par la suite, l'eau souterraine circulant à travers la roche peut remplir cette cavité, déposer sur sa paroi (moule externe) puis dans tout le volume libre une masse minérale, amorphe ou cristallisée, par exemple de la calcite, formant alors un remplissage épousant la forme originelle de l'os (moule interne), sans toutefois en garder la structure microscopique. Ce type de fossilisation est le plus fréquent et concerne aussi les os de dinosaures.

Un fossile n'est pas nécessairement un reste d'animal : ce peut être une trace d'activité. De telles traces sont marquées sur ou dans le sédiment quand un animal se déplace ou creuse une galerie. C'est ainsi que des grès, provenant de la consolidation d'anciens sables, ou des schistes formés à partir d'anciennes boues argileuses, peuvent conserver la trace de pistes de reptation, d'aires de repos, de galeries ou de terriers, ou encore d'empreintes de pas. De très belles empreintes de pattes de dinosaures, ayant conservé jusqu'à la granulation de la peau, ont été trouvées dans le grès du Trias des Vosges.

Bien que les os de dinosaures aient quelque chance d'être fossilisés, il est rarissime qu'un squelette entier soit préservé. Lors de la décomposition des chairs, les membres, la colonne vertébrale sont écartelés, les différents os dissociés avant d'être ensevelis. Seul un enfouissement immédiat et rapide (comme un corps noyé dans du béton) respecterait l'intégrité du squelette.

La plupart des assemblages fossiles sont artificiels du fait qu'ils réunissent, à la suite de coïncidences multiples, des restes d'organismes qui n'étaient pas forcément en relation de leur vivant. Plus rares sont les assemblages dits naturels (mais ils ne le sont vraiment jamais), qui comportent pour l'essentiel les restes d'une ancienne communauté vivante. Dans certaines conditions enfin, les restes fossilisés sont encore en position de vie (par exemple des huîtres fixées sur leur substrat), et ce sont des témoignages précieux pour le paléontologue qui cherche à reconstituer tel ou tel paysage ancien.

▲ *Exposé dans un musée, le squelette reconstitué d'un dinosaure nous donne une idée de sa silhouette.*

Quelquefois, un fossile peut révéler des événements « dramatiques » de la vie d'un animal. Tel os peut avoir été rayé, entaillé ou brisé par les griffes, les dents ou les pattes d'un assaillant ; des dents cassées peuvent être trouvées au voisinage. Cela laisse penser que l'animal a été attaqué par un redoutable carnivore. Un fossile bien conservé peut aussi présenter dans la région de l'estomac les restes d'un dernier repas, ce qui nous donne une idée sur le régime alimentaire. Parfois encore, deux animaux ont été conservés entrelacés, dents et griffes sorties : dernière image d'une lutte mortelle pour les deux protagonistes.

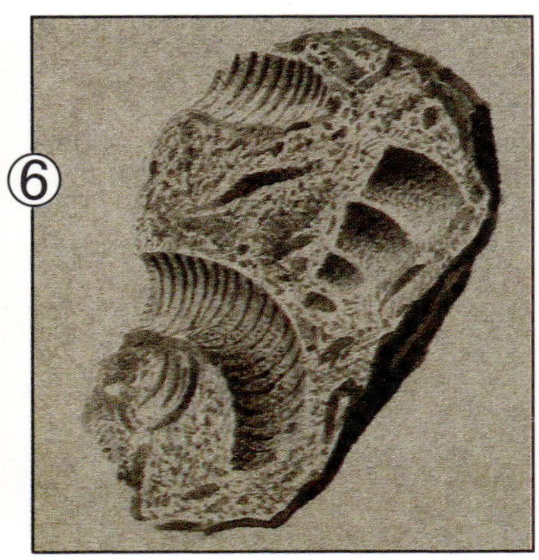

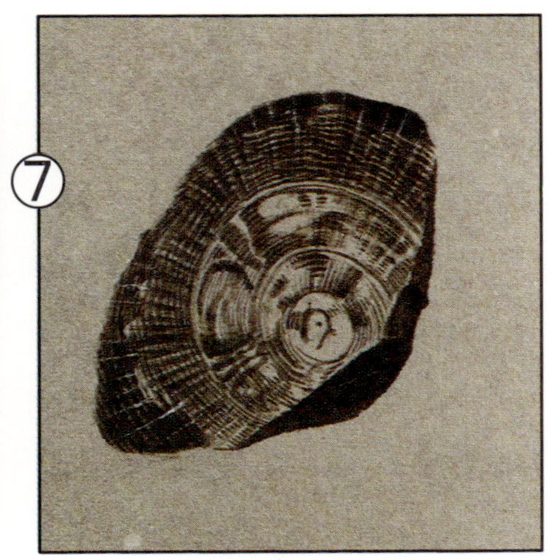

vertébré : la vase peut avoir conservé la trace du passage d'un animal. (5) Coquille d'ammonite : l'exemple type du fossile d'invertébré, dont le reste est généralement minéralisé en calcite. (6) Moules externes de coquilles diverses dont la forme a été conservée par le sédiment au sein duquel elles ont été enfouies, avant d'être ultérieurement dissoutes. (7) Parfois, les plus fines structures du fossile d'origine restent lisibles dans la roche qui l'a préservé.

Depuis longtemps, géologues et paléontologues étudient les fossiles conservés dans les différentes couches de roches. Ils construisent progressivement une image de l'évolution de la vie à travers toute l'histoire de notre planète. Cette image est loin d'être complète.

Les premières formes de vie remontent à quelque 3 500 millions d'années, quand notre planète était encore bien jeune. Nous ignorons encore comment, à partir de MOLÉCULES MINÉRALES ET ORGANIQUES, prirent naissance ces lointains ancêtres du monde vivant. Les premières formes de vie n'étaient probablement rien d'autre que des molécules chimiques complexes qui acquirent le pouvoir de s'autodupliquer, c'est-à-dire de produire elles-mêmes, à partir des éléments chimiques ambiants, des copies identiques à l'original. L'énergie nécessaire aux réactions chimiques provenait soit du rayonnement solaire direct, soit du magasin thermique que constituait le magma interne de notre planète.

De telles molécules s'assemblèrent en groupements de plus en plus complexes, jusqu'à la formation d'unités que nous appelons des CELLULES. On ne peut véritablement parler du PHÉNOMÈNE VIE qu'à ce stade cellulaire. Les premiers êtres vivants, pendant des centaines de millions d'années, ont été de telles cellules, d'abord imparfaites, puis progressivement structurées avec un cytoplasme délimité par une membrane et abritant un noyau. Quand ce noyau, concentration de substances chimiques très particulières douées de propriétés extraordinaires, fut lui-même doté d'une membrane, le monde vivant venait d'acquérir son élément type fondamental : la cellule parfaite, celle dont nos organismes sont constitués.

Au Précambrien, certains êtres UNICELLULAIRES furent capables, grâce à la présence de chlorophylle dans leur cytoplasme, d'utiliser directement l'énergie solaire pour se nourrir (PHOTOSYNTHÈSE). À cette même époque des cellules s'associèrent en des organismes de plus en plus complexes et perfor-

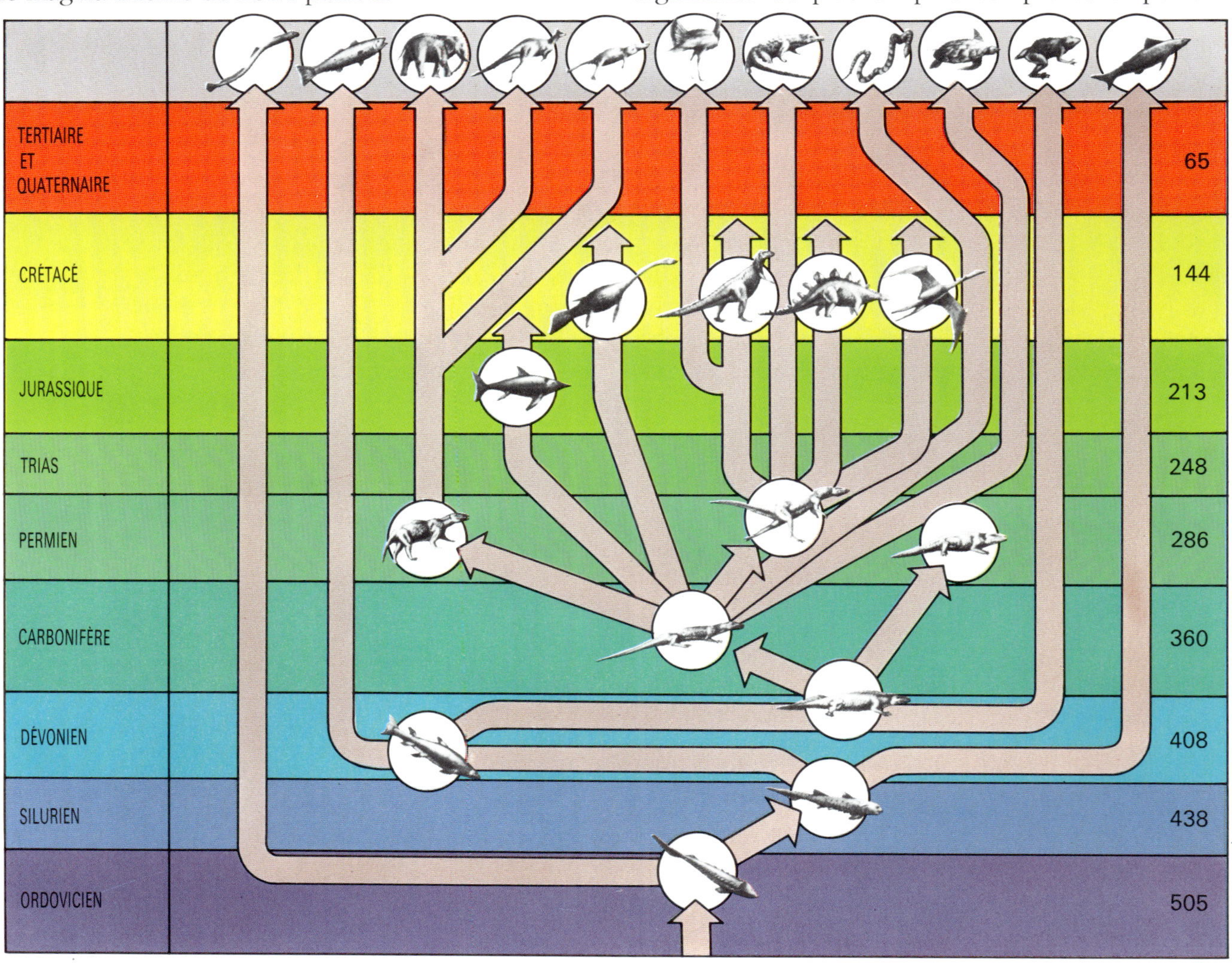

▲ *Les premiers poissons sont apparus à l'Ordovicien. Apparentés aux actuelles lamproies, ils étaient mous et dépourvus de mâchoires. Ils donnèrent naissance à des poissons plus complexes dont dérivèrent, à la fin du Dévonien, les premiers amphibiens. Ceux-ci engendrèrent des vertébrés terrestres, amphibiens encore puis des reptiles au Carbonifère. Les reptiles se diversifièrent en un grand nombre de formes, parmi lesquelles les dinosaures. Certains groupes donnèrent naissance aux reptiles que nous connaissons dans la nature actuelle, d'autres aux oiseaux, d'autres encore aux mammifères.*

mants, organismes désormais PLURICELLULAIRES dont nous sommes les lointains descendants.

Schématiquement, on peut distinguer deux catégories d'êtres vivants : les PLANTES, utilisant l'énergie solaire pour fabriquer leur nourriture, et les ANIMAUX, se déplaçant à la recherche de nourriture déjà toute faite.

Durant le Précambrien, animaux et plantes, fort primitifs, avaient un corps mou et ne se fossilisaient donc pas bien. Ce n'est pas avant le début du Cambrien, il y a 590 millions d'années, que nous trouvons de bons fossiles. À cette époque, les animaux à squelette externe minéralisé (carapace, coquille) se développèrent soudain. Tous vivaient alors dans la mer et l'on retrouve donc leurs fossiles dans les sédiments marins. Peu après se développa une créature apparemment semblable à un ver, mais possédant un axe de cartilage sur toute sa longueur : c'était là l'ébauche d'un squelette interne axial, qui allait évoluer en colonne vertébrale. La segmentation s'estompa, des productions cartilagineuses puis osseuses protégèrent le tissu nerveux et un cerveau se constitua. Des modifications de certaines parties du squelette, en particulier les côtes, donnèrent naissance à des mâchoires, à des productions osseuses servant à l'insertion de nageoires, et plus tard à la constitution de ceintures servant à la fixation et au mouvement de membres.

Au début, l'atmosphère de la Terre se composait principalement d'acide carbonique que les plantes primitives transformaient en OXYGÈNE. Cet élément, dissous dans l'eau de mer, finit par s'en échapper du fait de sa trop forte concentration, et se diffusa dans l'atmosphère. La présence d'oxygène rendait la vie possible sur terre. Ainsi, au cours du Paléozoïque, se développèrent les mousses, insectes, mollusques...

Les premiers poissons qui s'y hasardèrent se dotèrent de sacs respiratoires, ébauche de nos poumons. La musculature et la position de leurs nageoires latérales leur permirent de se déplacer sur le sol ferme. Cela se produisit au cours du Dévonien : il y avait alors sur terre une profusion de plantes, et par conséquent de la nourriture en abondance.

Les sacs respiratoires devinrent poumons ; les nageoires latérales, pattes : l'amphibien pouvait passer sa vie d'adulte sur terre, ne dépendant de l'eau que pour la ponte et les premières phases de son développement.

Les premiers reptiles se développèrent au Carbonifère. Ce groupe connut une phénoménale expansion. Certains devinrent des bêtes velues à sang chaud et mirent bas des petits vivants : ils annonçaient déjà les futurs mammifères. Certains abandonnèrent la vie terrestre et retournèrent dans leur milieu aquatique d'origine ; ce furent les ichtyosaures et les plésiosaures. Certains acquirent une carapace dure, annonçant les tortues modernes, terrestres ou aquatiques. Certains gardèrent une petite taille, rampant à terre sans trop se spécialiser, tandis que d'autres perdaient leurs pattes, glissant sur le sol ou s'enfouissant dans le sédiment meuble, annonçant les lézards et les serpents. Certains, ne se modifiant guère, ont conservé leur mode de vie semi-aquatique et prédateur : ce sont les futurs crocodiles. D'autres s'essayèrent à la conquête des airs : ce furent les ptérosaures, éteints sans descendants. Mais ce furent les DINOSAURES qui connurent tout au long de l'ère secondaire un essor spectaculaire.

▼ *Un virus est la plus simple et la plus petite expression de la vie. C'est un étui protecteur contenant une molécule complexe capable de se reproduire.*

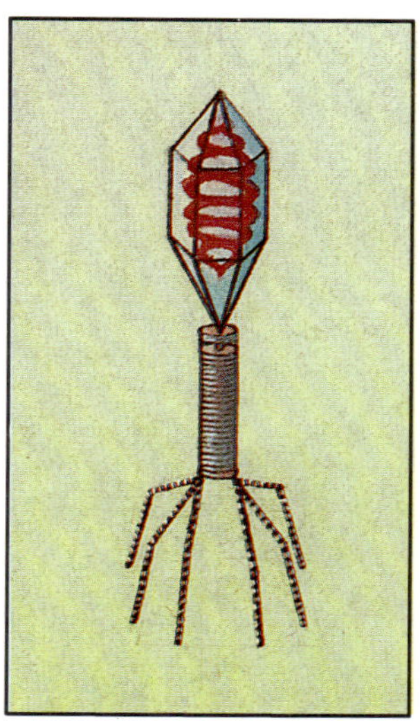

▼ *Une cellule vivante possède un noyau de molécules servant à la reproduction, protégé dans un sac de gelée, le cytoplasme, lui-même entouré d'une membrane.*

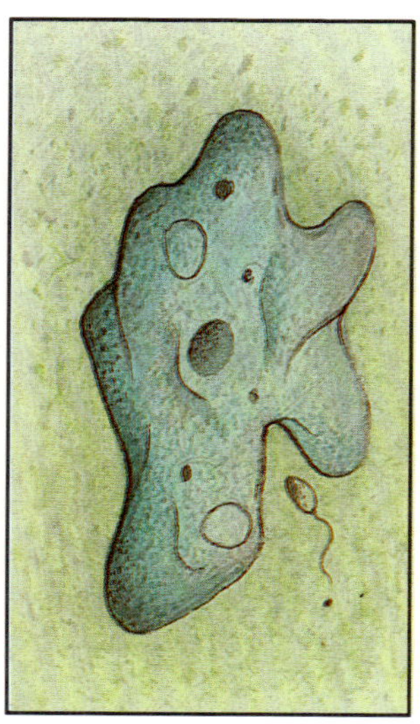

▼ *La plupart des êtres vivants sont pluricellulaires. Chez l'algue* Volvox*, plusieurs cellules identiques sont associées de manière lâche.*

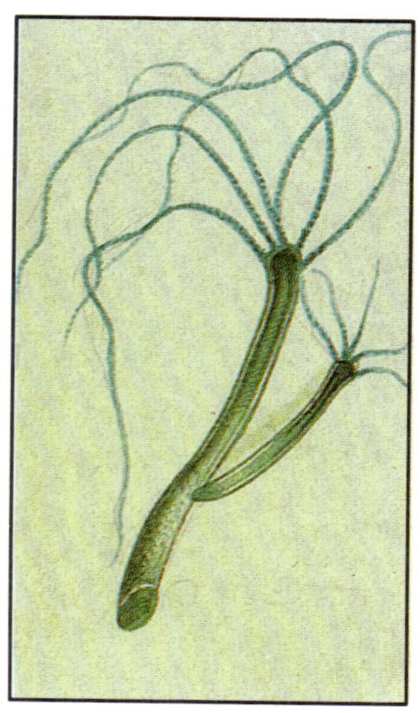

▼ *Les êtres plus évolués possèdent des cellules de différents types formant des tissus regroupés en organes aux fonctions différentes, comme des yeux et des ailes.*

LES DINOSAURES

Qu'est-ce qu'un dinosaure ? Le mot « dinosaure », qui désigne des reptiles à tout jamais disparus, a été construit à partir du grec *deînos* « terrible », et *sauros* « lézard ». De fait, ce nom n'a plus de signification scientifique. Il couvre deux ordres différents d'animaux, les Saurischiens et les Ornithischiens, qui ne sont pas plus proches l'un de l'autre que ne le sont les ptérosaures disparus et les crocodiles actuels. Ces quatre ordres : SAURISCHIENS, ORNITHISCHIENS, PTÉROSAURIENS et CROCODILIENS constituent le vaste ensemble des ARCHOSAURIENS.

Les Archosaures se développèrent à partir d'un groupe de reptiles du Trias appelés THÉCODONTES. Ceux-ci ressemblaient plutôt à des lézards ou à des crocodiles, mais différaient des autres reptiles par leurs dents qui poussaient chacune dans un alvéole séparé, au lieu de pousser à la surface de l'os maxillaire. Cela peut sembler un point mineur, mais ce détail permet de différencier les Thécodontes des autres groupes de reptiles.

Les Thécodontes étaient eux-mêmes un groupe assez varié, composé d'animaux allongés mais courts sur pattes, les uns nageurs carnivores, ressemblant à des crocodiles, d'autres capables d'effectuer des vols planés. Peut-être le plus typique d'entre eux était-il une sorte de lézard de 60 cm de long, appelé *Euparkeria*. Fondamentalement, c'était un quadrupède, mais lorsqu'il se déplaçait rapidement, il devait être capable de se dresser sur ses pattes arrière et de courir dans les sables du désert. D'aspect, il devait préfigurer, en version miniature, les grands dinosaures bipèdes qui allaient suivre. Bien qu'*Euparkeria* ait pu ressembler lui-même à un petit dinosaure, ses pattes l'en distinguaient car elles ne portaient pas véritablement le corps mais s'inséraient latéralement, servant essentiellement à la reptation, comme chez les crocodiles. Par contre, les pattes des saurischiens et des ornithischiens se trouvaient placées sous le corps, comme celles des mammifères, capables ainsi de supporter tout le poids du corps. Un lézard n'aurait pu devenir aussi grand que les énormes dinosaures car son corps est comme suspendu entre les pattes, ce qui lui donne une posture écartelée caractéristique, le ventre traînant sur le sol. Imaginez le corps d'un éléphant supporté par des pattes de lézard : l'animal s'effondrerait !

Les saurischiens et les ornithischiens diffèrent les uns des autres par la forme des os du bassin. Les saurischiens (le nom signifie « à bassin de lézard ») avaient une ceinture pelvienne composée d'une paire d'os plats au sommet, fixés à la colonne vertébrale – les ilions. Puis des alvéoles dans lesquels s'articulaient les os des pattes, une paire d'os pointant vers le bas et vers l'arrière, les ischions, et une paire d'os pubiens pointant vers le bas et vers l'avant. Les premiers saurischiens étaient des carnivores. Ils marchaient sur les deux pattes postérieures, se servant de leurs « bras » pour saisir leurs proies. Au repos, leur corps était posé sur le sol, supporté par le solide pubis.

À partir de ces formes ancestrales, se développèrent des saurischiens herbivores. Comme un régime végétarien nécessite un estomac bien plus grand que celui des carnivores, leur corps devait être encore plus imposant. Mais ainsi constitué, avec un estomac très lourd en avant des hanches, le corps se trouvait en déséquilibre. D'où l'abandon de la station bipède au profit de la station quadripède : ces reptiles herbivores marchaient donc à quatre pattes ! Ainsi, les saurischiens carnivores sont-ils appelés THÉROPODES (ce qui veut dire « à pattes de mammifères »), tandis que les saurischiens herbivores à long cou sont appelés SAUROPODES (reptiles « à pattes de lézard »).

Les dinosaures ornithischiens (« à bassin d'oiseau ») avaient les os des hanches disposés différemment. Les paires d'ilions et d'ischions étaient dans la même

Les reptiles primitifs ont des pattes qui sortent du corps latéralement (1). Les crocodiles peuvent soulever leur corps dans une posture à demi dressée (2). Dinosaures et mammifères sont capables de marcher, les pattes supportant le corps (3). Les archosaures primitifs se dotèrent de fortes pattes arrière et d'une longue queue facilitant la nage. Plus évolués, leurs descendants marchaient sur la terre ferme grâce à de fortes pattes arrière, équilibrant leur corps à l'aide d'une longue queue.

position, mais les os pubiens étaient relevés parallèlement à la paire d'ischions. Cela laissait un grand espace sous la structure de la hanche. Les ornithischiens étant tous végétariens, leur estomac énorme pouvait emplir cet espace et se trouver ainsi placé entre les pattes arrière. Les ornitischiens pouvaient donc manger de grandes quantités de plantes tout en restant en équilibre sur leurs pattes arrière. On les a appelés ORNITHOPODES (reptiles « à pattes d'oiseau »). Plus tard, certains devinrent aussi quadrupèdes et se trouvèrent dotés d'une carapace. Ainsi s'épanouirent les STÉGOSAURES, armés de pointes et de plaques alignées sur le dos, les ANKYLOSAURES, dont la cuirasse présentait une large mosaïque de plaques dorsales soudées, et les CÉRATOPSIENS, dont la cuirasse ne protégeait que la tête et présentait des cornes.

Autre différence essentielle entre les saurischiens et les ornithischiens : la configuration du crâne. Le crâne des ornithischiens avait un os supplémentaire sur la mâchoire inférieure, le prédentaire, qui tenait un bec corné.

Le bassin de type oiseau des ornithischiens se développa probablement à partir du bassin de type lézard des saurischiens. Cependant, la disposition de bassin de type oiseau semble avoir évolué plusieurs fois de façon indépendante. Un groupe récemment découvert de dinosaures carnivores, indéniablement saurischiens, possédait cependant un bassin de type nettement ornithischien. Et pendant le Jurassique, un autre groupe d'animaux à bassin de type oiseau se développa à partir des saurischiens : c'était cette fois celui des OISEAUX eux-mêmes.

Bassin de type avien d'un dinosaure ornithischien herbivore.

Bassin de type reptilien d'un dinosaure saurischien herbivore.

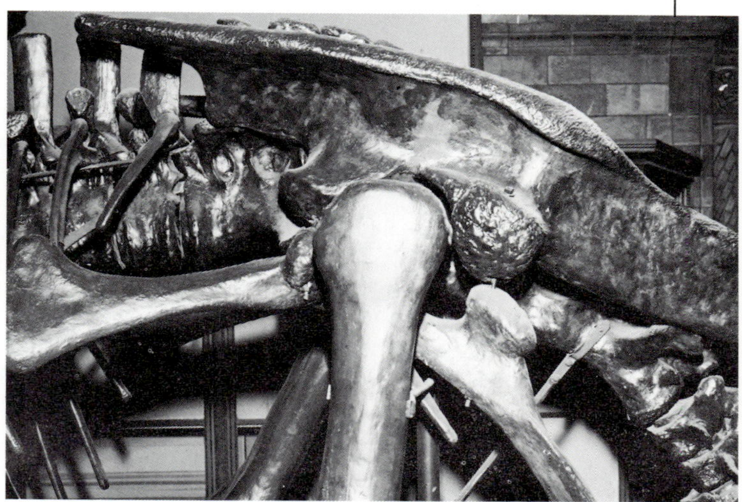

Bassin de type avien avec espace dégagé en-dessous et en avant des hanches

Bassin de type reptilien avec les os du pubis lancés en avant

Le bassin de type reptilien d'un dinosaure saurischien était une masse d'os partant de la hanche, contenant chez les herbivores, l'énorme masse de l'appareil digestif. Pour un ornithischien herbivore, le bassin de type avien présentait un large vide contenant l'appareil digestif maintenu ainsi entre les cuisses.

LA TERRE

La vie des animaux et des plantes à la surface de la Terre a considérablement évolué au cours des temps géologiques, comme d'ailleurs la surface de la Terre elle-même.

La croûte terrestre est en mouvement. Si vous regardez une carte du monde, certains continents, en particulier l'Amérique du Sud et l'Afrique, semblent s'emboîter comme les pièces d'un puzzle. Aussi pouvons-nous supposer qu'il fut une époque où tous les continents ne formaient qu'une seule masse. Ce supercontinent se fractionna, les morceaux s'écartèrent. Ce phénomène a reçu le nom de DÉRIVE CONTINENTALE.

Puis dans les années 1960, on a découvert que le fond des océans était en expansion. Chacun est traversé par une crête médiane océanique jalonnée sur toute sa longueur par des volcans sous-marins. Les géologues ont découvert que les roches des fonds océaniques sont relativement récentes au voisinage de la crête, mais qu'elles sont symétriquement de plus en plus vieilles au fur et à mesure qu'on s'en éloigne. De même, les sédiments du fond de la mer sont déposés en couches fines sur la crête, mais sont de plus en plus épais de part et d'autre. Ces observations, parmi d'autres, indiquent que les bassins océaniques grandissent à partir de leurs crêtes. Ce phénomène de formation du fond océanique à partir d'un magma volcanique sorti des profondeurs le long de la crête et s'en écartant de chaque côté à la manière d'un tapis roulant a reçu le nom d'EXPANSION DU FOND OCÉANIQUE.

La combinaison de ces deux idées, dérive continentale et expansion du fond océanique, constitue le concept, aujourd'hui vérifié, de la TECTONIQUE DES PLAQUES. Imaginez la surface de la Terre comme formée d'une douzaine de grandes plaques, comme les panneaux d'un ballon de football. Chaque plaque est constamment alimentée le long d'une couture et s'éloigne de sa voisine. Quand deux plaques en mouvement se rencontrent à l'autre extrémité, l'une d'elles plonge sous l'autre et est détruite à l'intérieur de la Terre. C'est ce qui se passe pour les plaques de

La surface de la Terre est une mosaïque de plaques mobiles comme des tapis roulants. D'un côté, elles prennent naissance le long de crêtes océaniques. Sur l'autre bord, le matériel rocheux refroidi se trouve réabsorbé par les couches profondes à l'aplomb des fosses océaniques.

Schéma d'une plaque. À partir de la crête océanique, le magma refroidi et solidifié s'étale en une plaque qui, (à gauche), dérive avant d'être engloutie sous une plaque plus ancienne le long d'une fosse océanique. La plaque heurte un continent, (à droite), et se trouve engloutie sous des montagnes en formation. Deux continents entrent en collision et les matériaux comprimés et fracturés s'érigent également en montagnes.

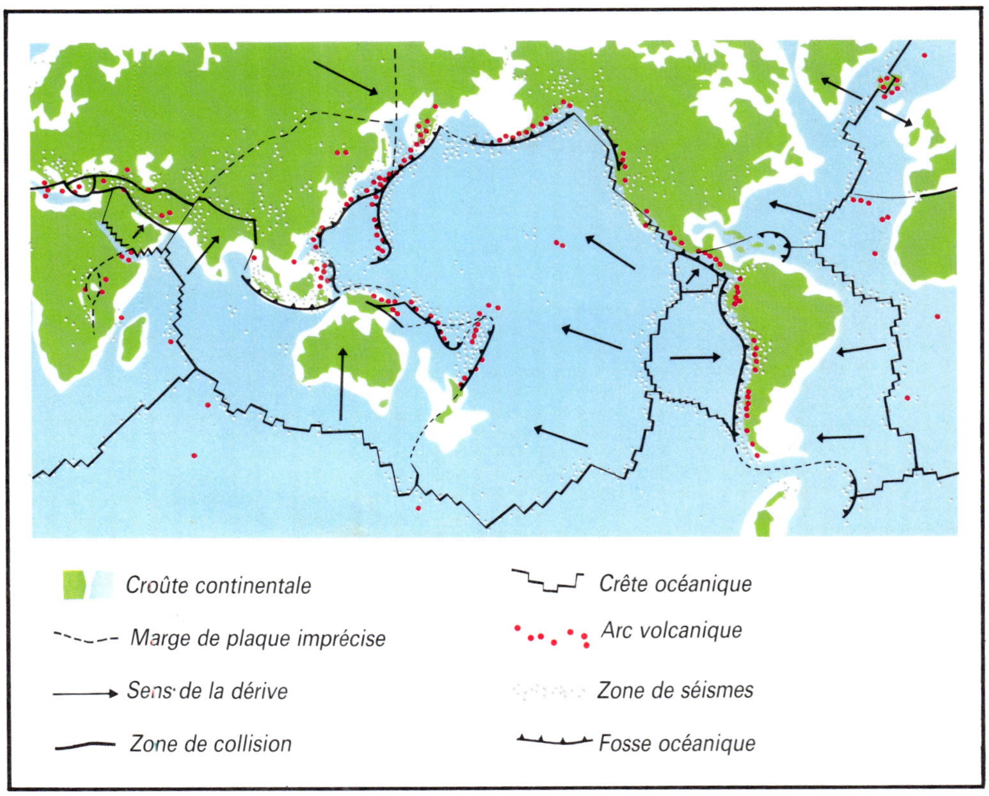

◄ *Les strates rouges de cette falaise au Wyoming (États-Unis) furent déposées horizontalement au Trias. Elles furent ensuite soulevées, inclinées et érodées en une surface séquente plate. Au Tertiaire, la mer recouvrit les lieux et les strates supérieures s'y déposèrent, en formant un angle avec les strates inférieures.*

▼ *Les sédiments sont déposés en strates, la plus ancienne en bas et la plus jeune en haut. Chaque strate relate un épisode différent de l'histoire de la région.*

▲ *Les craquelures, formées lors de l'assèchement d'une lagune ou d'un étang, peuvent être fossilisées dans des strates de roches sédimentaires.*

▼ *Les sables d'anciens déserts, transformés en grès, peuvent avoir conservé la disposition des dunes fossilisées.*

la croûte océanique. Là où les plaques sont alimentées (on parle de marges constructives), il y a des crêtes océaniques. Là où elles sont avalées (sur les marges destructives), il y a des fosses océaniques. Tremblements de terre et éruptions volcaniques se produisent sur toutes ces marges.

Et les continents ? Leur matériau constitutif est beaucoup plus léger que celui de la croûte océanique, sur laquelle il flotte comme des billes de bois prises dans la glace d'une rivière gelée. Quand les bordures continentales sont transportées vers une marge destructive, elles s'arrêtent car elles sont trop légères pour être englouties vers l'intérieur de la Terre. C'est pourquoi nous trouvons souvent des fosses océaniques très profondes juste au large de la côte, comme par exemple le long de la côte ouest de l'Amérique du Sud. Des chaînes de montagnes volcaniques – dans l'exemple choisi, les Andes – se forment sur cette bordure, du fait des contraintes colossales subies par les masses comprimées. Quand deux continents entrent en collision, ils s'affrontent et finissent par se souder : une grande chaîne de montagnes se dresse, écrasée entre les deux. La chaîne de l'Himalaya s'est formée là où l'Inde est entrée en collision avec l'Asie, pendant le Tertiaire.

Les géologues sont parvenus à retracer l'histoire des déplacements continentaux au cours des temps géologiques. Les minéraux magnétiques des roches, figés dans une certaine position au moment de leur formation, permettent de situer les anciens continents par rapport au pôle magnétique. Si les plaques tectoniques peuvent ainsi nous renseigner sur l'emplacement des blocs continentaux à telle ou telle époque géologique, cela ne nous donne guère d'informations sur la géographie réelle de ces continents. Le bord du continent n'est pas le bord des terres émergées. Généralement, la mer couvre la bordure continentale sur une distance qui peut atteindre plusieurs centaines de kilomètres. Cette bordure immergée constitue le plateau continental. Pour estimer valablement la position des anciennes côtes, il faut étudier les roches sédimentaires formées en certains endroits en des périodes données. Ensuite il est possible de dégager une image générale de la distribution des mers peu profondes, des plaines fluviales et des déserts, des montagnes et des calottes glaciaires, et toutes les autres caractéristiques du paysage qui constituent la géographie d'un continent donné. Certaines des roches sédimentaires peuvent même nous fournir des indications sur le climat. Les dunes de sable du désert sont souvent préservées, de même que les traces laissées par les gouttes de pluie ou les fentes de dessiccation dans la boue.

LE PRÉCAMBRIEN

Plus nous remontons loin dans le temps et moins nos connaissances sur l'histoire de la Terre sont précises. Le Précambrien – c'est-à-dire toute la période antérieure au début du Cambrien, il y a près de 600 millions d'années – correspond à des temps bien mystérieux. Nous ne pouvons que supposer que les continents formaient un ensemble qui se fragmentait et se reconstituait en permanence.

Les cœurs des masses continentales sont faites de roches précambriennes. Cela signifie que les continents existaient alors. La plupart des roches sédimentaires formées durant cette longue et lointaine période ont depuis longtemps été reprises dans l'activité orogénique et transformées en roches métamorphiques. Cependant, certaines roches sédimentaires, surtout celles datant de l'époque la plus récente du Précambrien, n'ont pas été trop modifiées.

Dans la dernière partie du Précambrien, il y eut une forte activité orogénique. Là où nous avons des montagnes, nous avons aussi des rivières qui en descendent et du sable, du gravier et de la boue que les eaux transportent jusqu'à la mer avant de les déposer. Il résulte de ce triple processus d'érosion, de transport et de sédimentation, de vastes étendues sédimentaires petit à petit transformées en formations rocheuses. Les roches précambriennes sont relativement riches en minerai de fer, matériau qui indique un milieu pauvre en oxygène. On a aussi des indications sur l'existence de périodes de glaciations successives, datées de 2, 3 milliards d'années pour la plus ancienne que nous ayons décelée, et 900, 800 et 600 millions d'années pour la fin du Précambrien.

Les formes de vie du Précambrien sont connues par des fossiles découverts en diverses parties du monde. En Afrique du Sud, il y a une série de roches appelées « Fig Tree Cherts ». Dans ces roches siliceuses, on a observé des restes microscopiques qui ressemblent à des bactéries ou à des algues minuscules, âgées d'environ 3 200 millions d'années : à cette époque, la vie avait déjà évolué au-delà du stade de simples molécules se reproduisant elles-mêmes.

Au Canada, la formation des cherts de Gunflint, qui remonte à 1 900 millions d'années, montre les restes de nombreuses formes différentes d'algues bleues : formes de vie très simples, pas beaucoup plus com-

▼ *Au Canada, la plupart des plaines datent du Précambrien. La disposition des strates, initialement horizontales, puis soulevées, déformées, puis finalement usées en une immense pénéplaine, nous apprend l'histoire tourmentée du continent nord-américain.*

Stromatolites fossile (en haut) et actuel (à droite), roche sédimentaire résultant de l'activité algaire. Les voiles mucilagineux des algues emprisonnent des couches de boue successives formant des dômes et des monticules.

Les fossiles d'Ediacara (Australie) sont des organismes étranges, les uns plats comme des soucoupes, ayant rampé sur les fonds marins vaseux, d'autres plumeux et fixés, d'autres encore ressemblant à des méduses flottant au-dessus d'eux.

plexes que les bactéries, et certainement pas aussi avancées que les algues rouges et vertes que nous connaissons de nos jours.

Autre type de roches très répandu au Précambrien : les stromatolites. Elles se forment quand un tapis d'algues bleues se trouve à la surface du sable ou de la boue. La marée montante apporte un lit de sable sur le tapis d'algues et le recouvre d'une fine couche minérale. Un nouveau voile algaire se développe par-dessus cette couche, sur lequel la mer dépose ensuite un autre lit de sable. Finalement, de petites bosses de sable et d'algues se forment, offrant une structure qui ressemble à celle de l'oignon, construite couche par couche. On peut voir ce phénomène se produire de nos jours sur la côte australienne. On a décrit des formes très variées de stromatolites fossiles.

On sait que depuis 2 milliards d'années environ, il existait déjà bien d'autres formes de vie, ce dont témoignent d'autres types de roches. On a décrit par exemple d'autres formes algaires conservées dans la formation de Bitter Springs (Australie du Nord), âgées de 1 000 millions d'années. Peut-être s'agit-il, pour certaines d'entre elles, d'algues vertes déjà bien évoluées.

Les célèbres fossiles d'Ediacara (Australie du Sud), datant de 600 millions d'années (nous approchons du Cambrien), constituent la collection d'organismes la plus spectaculaire du Précambrien. Ce sont toutes des créatures à corps mou, et ce n'est qu'à la suite de coïncidences exceptionnelles que leurs corps ont été conservés. Quelles créatures étranges ! Comme si l'évolution avait essayé toutes sortes de nouvelles formes, dont aucune n'aurait eu un succès définitif, puisqu'on n'en retrouve aucune trace dans les dépôts ultérieurs. Certaines ressemblaient à des vers, avec de grandes têtes et des corps segmentés, d'autres en forme de disque évoquaient la forme de nos méduses. Certaines ressemblaient à des plumes plantées sur le fond océanique, comme les pennatules modernes, d'autres étaient trilobées, ce qu'on ne retrouve chez aucun organisme actuel. Ces formes étaient dépourvues de squelette minéralisé : elles n'avaient donc guère de chance d'être fossilisées. On peut donc supposer que de tels organismes ont proliféré dans l'ensemble des masses océaniques, mais que les sédiments n'en ont pas gardé trace, excepté à Ediacara. Quoi qu'il en soit, on sait avec certitude qu'à cette époque, les êtres vivants étaient autre chose que de simples organismes unicellulaires : c'étaient déjà, incontestablement, des organismes pluricellulaires, possédant des organes différenciés assurant des fonctions variées. Des types de créatures similaires ont été observés dans d'autres roches précambriennes, dans les îles Britanniques (Midlands en Angleterre et sud du Pays de Galles), en Afrique du Sud et en Sibérie.

LE PALÉOZOÏQUE INFÉRIEUR

Le Paléozoïque inférieur, qui s'étend sur près de 200 millions d'années (de – 590 à – 410 MA) est divisé en trois périodes : Cambrien, Ordovicien et Silurien. En ces temps-là, l'Amérique du Sud, l'Afrique, l'Inde, l'Antarctique et l'Australie étaient réunis en un supercontinent occupant l'hémisphère Sud. Les géologues l'ont appelé Gondwana. L'Asie comportait deux parties, de part et d'autre de l'équateur. L'Amérique du Nord, la Scandinavie et le sud de l'Europe formaient autant de continents distincts, bien individualisés. Les océans qui les séparaient formaient ainsi des unités distinctes que les géologues ont aussi baptisées : Prototéthys, entre le Gondwana et le continent sud-européen ; et Iapetus entre ce dernier, l'Amérique du Nord et la Scandinavie. L'océan Iapetus peut être considéré comme le précurseur de l'Atlantique, alors que la Prototéthys a donné, bien plus tard, entre autres mers, notre actuelle Méditerranée.

Tout le Paléozoïque inférieur a vu d'importants mouvements des masses continentales. Le plus important conduisit à l'enserrement progressif de l'océan Iapetus, par un rapprochement important de l'Amérique du Nord et de l'Europe. Lors des phases de transgressions marines, les bordures continentales furent inondées et des mers de faible profondeur envahirent les plateaux continentaux, couvrant ainsi de vastes zones d'épaisses couches de sédiments marins. Ce sont les différentes formations de roches sédimentaires qu'étudient les spécialistes du Paléozoïque.

Se dirigeant les uns vers les autres, les continents ont tendance à s'écraser et à se déformer sur les bordures en contact. Des sédiments marins sont soulevés, formant au fur et à mesure de leur progression le matériau principal des chaînes de montagnes. C'est ainsi que la partie septentrionale des Appalaches, en Amérique du Nord, s'est formée à cette époque, alors que le futur océan Atlantique commençait à se fermer. Entre les bordures continentales ainsi rapprochées et confrontées, s'étend également une marge de plaque destructive, la croûte océanique étant refoulée sous la surface de la Terre et réincorporée au magma sous-jacent. Ce processus donne naissance à des chaînes d'îles volcaniques. Des roches ignées d'âge ordovicien, produites par de tels volcans, peuvent être observées de nos jours dans les monta-

Au cours du Paléozoïque inférieur, un ensemble fragmenté de continents se déplaçaient lentement vers un vaste supercontinent qui occupait l'hémisphère Sud.

Des trilobites et autres créatures à carapace souple vivaient sur le fond de la mer cambrienne. Il y avait aussi des animaux à corps mou, tels que des méduses.

Les végétaux prirent racine sur les rives au Silurien. Les premières plantes terrestres se développèrent à partir d'algues abandonnées à marée haute et pouvant survivre jusqu'à la marée suivante.

gnes du Pays de Galles et dans le Lake District au nord de l'Angleterre. Cette même époque fut encore caractérisée par une glaciation : en Amérique du Sud, certaines formations sédimentaires sont constituées par des produits d'érosion abandonnés par des glaciers après leur fonte.

Au Paléozoïque inférieur, la vie a connu au sein des océans un essor spectaculaire. Au début du Cambrien, toutes sortes d'animaux se dotèrent d'un squelette externe minéralisé, coquilles et carapaces de formes variées, ce qui permit leur fossilisation.

Il y avait des trilobites, animaux au corps segmenté, ressemblant à des cloportes sous une carapace de chitine. La chitine, substance analogue à celle de nos ongles, constitue la carapace des arthropodes : insectes, crabes, langoustes et autres invertébrés à pattes articulées qui abondent dans la nature actuelle.

Les graptolithes étaient aussi d'étranges créatures à carapace chitineuse. C'étaient des organismes coloniaux, disposés le long d'un axe. Leurs colonies ressemblaient à des feuilles ou à des plumes, chaque individu étant abrité dans une loge individuelle. Les graptolithes, pour la plupart, flottaient dans les océans de l'Ordovicien et du Silurien. Quand ils mouraient, ils tombaient au fond et la vase les recouvrait en préservant leur structure. C'est pourquoi ils ont été conservés à l'état fossile sous forme d'empreintes gravées dans la roche (ce que signifie le terme « graptolithe »).

Mais la plupart des squelettes étaient des coquilles calcaires, comme celles des mollusques actuels. Il y avait non seulement des mollusques, mais aussi de très nombreux brachiopodes, invertébrés filtreux vivant en sédentaires sur le fond, libres ou fixés, comme la plupart des mollusques bivalves (avec lesquels ils n'ont d'ailleurs aucun lien de parenté : la ressemblance apparente de leur coquille résulte d'un phénomène de convergence morphologique).

Il y avait aussi des mollusques à coquille univalve : céphalopodes, animaux ressemblant à des poulpes, dont le corps mou était logé dans des coquilles droites ou enroulées ; gastéropodes, lointains ancêtres de nos buccins et escargots ; des échinodermes, tels que les crinoïdes et les oursins, les premiers vivant fixés sur le fond de l'océan grâce à un pédoncule, les autres se déplaçant librement ; enfin, des coraux constructeurs de récifs, sortes d'anémones de mer logées dans un calice calcaire. Pour la plupart, ces animaux vivaient sur les vastes étendues des plateaux continentaux, parmi les algues.

On pensait autrefois que rien ne vivait, au Paléozoïque inférieur, hors des océans. C'était une erreur. À l'air libre, bien avant que s'installent, au Silurien, les plantes terrestres les plus primitives, il semble qu'aient vécu des sortes de mille-pattes dont on a retrouvé les terriers. Si des mille-pattes vivaient sur la terre ferme pendant l'Ordovicien, il est logique de penser qu'ils pouvaient se nourrir de végétaux.

▼ *Au Silurien, les trilobites abondaient, en compagnie de nombreux céphalopodes (mollusques à coquille droite) et de gastropodes (lointains ancêtres de nos escargots). Il y avait aussi des coraux ; certains étaient solitaires et ressemblaient à des anémones de mer blotties dans un squelette en forme de coupe, tandis que d'autres formaient des colonies aux formes variées.*

LE PALÉOZOÏQUE SUPÉRIEUR

Le Paléozoïque supérieur (de – 410 à – 250 MA), est lui aussi divisé en trois périodes : Dévonien, Carbonifère et Permien. Aux États-Unis, le Carbonifère est considéré comme composé de deux périodes, le Mississippien et le Pennsylvanien.

Durant ces 200 millions d'années, les mouvements des continents ont encore été considérables. L'océan Iapetus disparut, l'Amérique du Nord étant entrée en collision avec la Scandinavie. Il en résulta une imposante chaîne de montagnes dont les vestiges peuvent être observés dans les Appalaches du Nord, les Highlands d'Écosse et les montagnes norvégiennes. Ce sont les Calédonides ou Monts Calédoniens des géologues. Au cours de plusieurs dizaines de millions d'années, cette chaîne fut érodée par le vent et plus

▲ *Au Paléozoïque supérieur, tous les continents se trouvaient pratiquement réunis en une seule masse : la Pangée. Les paysages étaient extrêmement contrastés.*

encore par la pluie et les eaux de ruissellement. D'énormes quantités de sable furent transportées par les torrents puis abandonnées par les rivières dans les plaines avoisinantes. D'épais lits de grès éoliens et fluviatiles datent de cette période.

On connaît des plantes terrestres depuis le Silurien, mais c'est surtout au Dévonien qu'elles se diversifièrent, sur les berges des rivières, au bord de lacs et de mers épicontinentales. Au cours du Carbonifère, d'énormes masses sédimentaires envahirent ces mers peu profondes : deltas et marécages occupèrent de vastes étendues de l'hémisphère Nord. La flore s'y épanouit avec une diversité et une luxuriance extraordinaires, que traduisent bien les reconstitutions de paysages carbonifères : marécages portant d'épaisses jungles fumantes de plantes primitives, anses et bras de décharge des rivières étouffés par des roselières de prêles géantes. Des lycopodes, impressionnantes fougères à port d'arbres, y croissaient sur des bancs de boue et des barres de sable, leurs troncs droits montant à travers des ténèbres vertes vers les branches étalées. Sur les hautes terres, poussaient des bosquets d'arbres primitifs annonçant déjà les conifères. À la mort de chaque génération, une masse considérable de matière végétale se trouvait enfouie et transformée en charbon, accumulée dans les futurs bassins houillers d'Amérique du Nord et d'Europe.

Vers la fin du Carbonifère, le supercontinent Gondwana se déplaça vers le nord et entra en collision avec le continent nord-atlantique (Amérique du Nord et Europe fusionnées). Le heurt de la partie africaine avec l'Amérique du Nord produisit la plus grande partie des Appalaches. Là où l'Afrique heurta l'Europe, se forma la chaîne varisque, dont il reste bien peu de reliefs aujourd'hui.

Le Permien fut une époque aux caractères bien différents, principalement dominée par un climat

▲ *Les lacs d'eau douce et les rivières du Dévonien abritaient une faune d'une richesse extraordinaire dominée par les poissons. Les uns étaient cuirassés, d'autres ressemblaient à des requins, et certains, particulièrement importants du point de vue de l'évolution, pouvaient vivre à l'air libre.*

désertique. Les divers continents n'en formèrent plus qu'un seul. Cela se produisit quand l'Europe entra en collision avec l'Asie du Nord, érigeant la chaîne de l'Oural. Seule l'Asie orientale demeura indépendante du supercontinent. Des mers peu profondes s'établirent sur les bordures et de vastes zones désertiques se développèrent à l'intérieur des continents. Un refroidissement brutal entraîna une nouvelle glaciation jusque dans l'hémisphère Sud, laissant d'importants dépôts en Amérique du Sud, en Afrique australe, en Inde, en Antarctique et en Australie.

Tandis que la vie animale continuait son évolution dans les mers du Paléozoïque supérieur, elle connut aussi un extraordinaire essor sur les continents. Des types très diversifiés de poissons vécurent dans les estuaires et les lacs d'eau douce du Dévonien. Lors des périodes de sécheresse, les poissons mouraient en masse. Cependant, certains parvinrent à survivre. C'est ainsi qu'apparurent les premiers poissons dotés de vessies respiratoires, leur permettant de respirer l'oxygène de l'air durant de longues périodes, et une paire de nageoires latérales les aidant à ramper sur le sol.

C'est aussi au Dévonien qu'émergèrent les premiers amphibiens, animaux qui n'avaient plus besoin de vivre dans l'eau, sauf pour leur reproduction et le développement des jeunes. Il y en eut d'énormes qui ressemblaient à des crocodiles, se nourrissant de poissons dans les canaux boueux ; d'autres plus agiles qui ressemblaient à des lézards, courant dans la végétation en décomposition et chassant des myriades d'insectes. La vie dans les sous-bois humides fut également très favorable aux reptiles terrestres.

Avec l'arrivée du Permien et des déserts, la flore évolua vers des formes pour terrain sec. Fougères et prêles diversifièrent de nouvelles espèces, et les conifères se développèrent remarquablement. Les grands amphibiens terrestres furent les plus touchés par ce nouveau type de climat, puisque ces animaux ne s'étaient pas totalement libérés du milieu aquatique. Les reptiles par contre franchirent ce cap avec succès, la principale radiation évolutive les conduisant, dans la lignée des Archosaures saurischiens, au type mammalien. Cela commença avec les pélycosaures, pourvus d'une sorte de grande voilure, large membrane dorsale soutenue par de longues apophyses vertébrales, leur permettant de réguler leur température. Leur bouche était puissamment armée de dents de différentes tailles (ce furent de redoutables carnivores). Vers la fin de la période, les dents de ces reptiles mammaliens ressemblaient à celles des chiens, avec des crocs servant à tuer, à tenir et à déchirer, et latéralement des dents servant à couper. Autre caractéristique importante de leur parcours évolutif : leur système de régulation thermique, entièrement interne. Certains de ces reptiles mammaliens développèrent même des fourrures.

L'autre direction prise par l'évolution des Archosaures est celle des Ornithischiens. Reptiles généralement aquatiques, comme les crocodiles, ils se réfugièrent dans les marais et les rivières encore préservés dans ces paysages à dominante désertique.

▲ *Le paysage dominant, au Dévonien (en haut) était un paysage de montagnes érodées et de plaines désertiques. Cependant, sur les rives des cours d'eau et autour des lacs, des forêts commençaient à pousser. Ces forêts marécageuses prirent une grande extension au Carbonifère (à droite). Au Permien (en bas), l'aridité contraignit faune et flore à s'adapter aux conditions de vie des environnements désertiques.*

LE TRIAS

Le Trias, entre – 250 et – 210 millions d'années, est la première période de l'ère mésozoïque, celle qui vit l'épanouissement des dinosaures. C'est aussi l'âge de la Pangée, ce supercontinent né de la fusion de tous les continents du monde : la grande île qu'était l'Asie du Sud-Est à la fin du Paléozoïque et divers fragments continentaux perdirent leur insularité. De sorte que le reste du monde, c'est-à-dire plus de la moitié du globe, ne forma plus lui aussi qu'une masse océanique homogène, la Panthalassa.

Les déserts du Permien persistèrent au Trias. Mais là où se dressaient auparavant des chaînes de montagnes, il n'y avait plus que des collines arrondies. Un énorme golfe, appelé Téthys, s'infiltra depuis la Chine à l'est jusqu'aux régions qui constituent aujourd'hui l'Europe, coupant en deux la Pangée, presque totalement. Les géologues ont ainsi pu distinguer au Trias le Gondwana, situé au sud, et la Laurasie, au nord. La Téthys, parsemée d'îles, s'étendait sur des zones basses, formant des mers peu profondes et des lagunes.

Bien que les déserts arides aient dominé sur les continents, l'intérieur de l'Amérique du Sud et de l'Amérique du Nord, une grande partie de l'Afrique et les régions d'Europe éloignées des tropiques étaient recouvertes d'une végétation relativement luxuriante. Des forêts du Trias ont été reconnues en Sibérie, en Allemagne, au Groenland, en Virginie et en Caroline du Nord, régions certainement moins torrides.

Vers la fin de la période, la Pangée se fragmenta à nouveau. De grandes crevasses, des fossés se développèrent le long d'une ligne de fragilité qui allait finalement séparer l'Amérique du Sud de l'Afrique. L'activité volcanique s'en empara, produisant de grandes quantités de lave bouillante dont les amoncellements sur de grandes épaisseurs constituent de nos jours les grands plateaux d'Afrique du Sud.

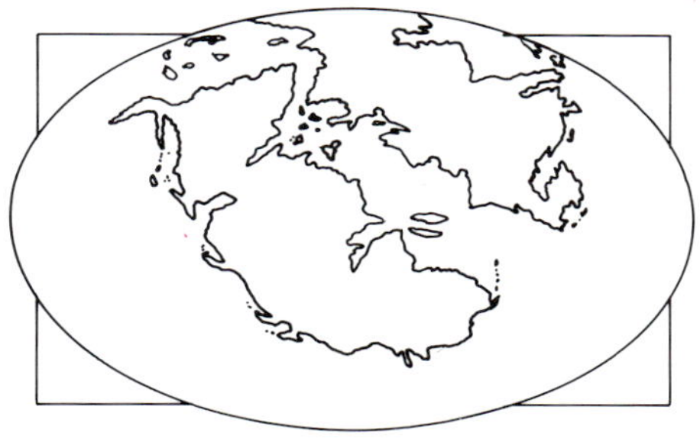

JURASSIQUE INFÉRIEUR
Il y a 180 millions d'années

Vu de l'espace, le monde du Trias nous apparaîtrait encore très différent de celui que nous connaissons aujourd'hui. Les couleurs dominantes de la Pangée devaient être le rouge, le brun et le vert, les trois quarts du globe offrant le bleu marin de la Panthalassa. Il ne fallait que 23 h à la Terre pour accomplir un tour complet sur son axe.

CRÉTACÉ INFÉRIEUR
Il y a 130 millions d'années

JURASSIQUE SUPÉRIEUR
Il y a 145 millions d'années

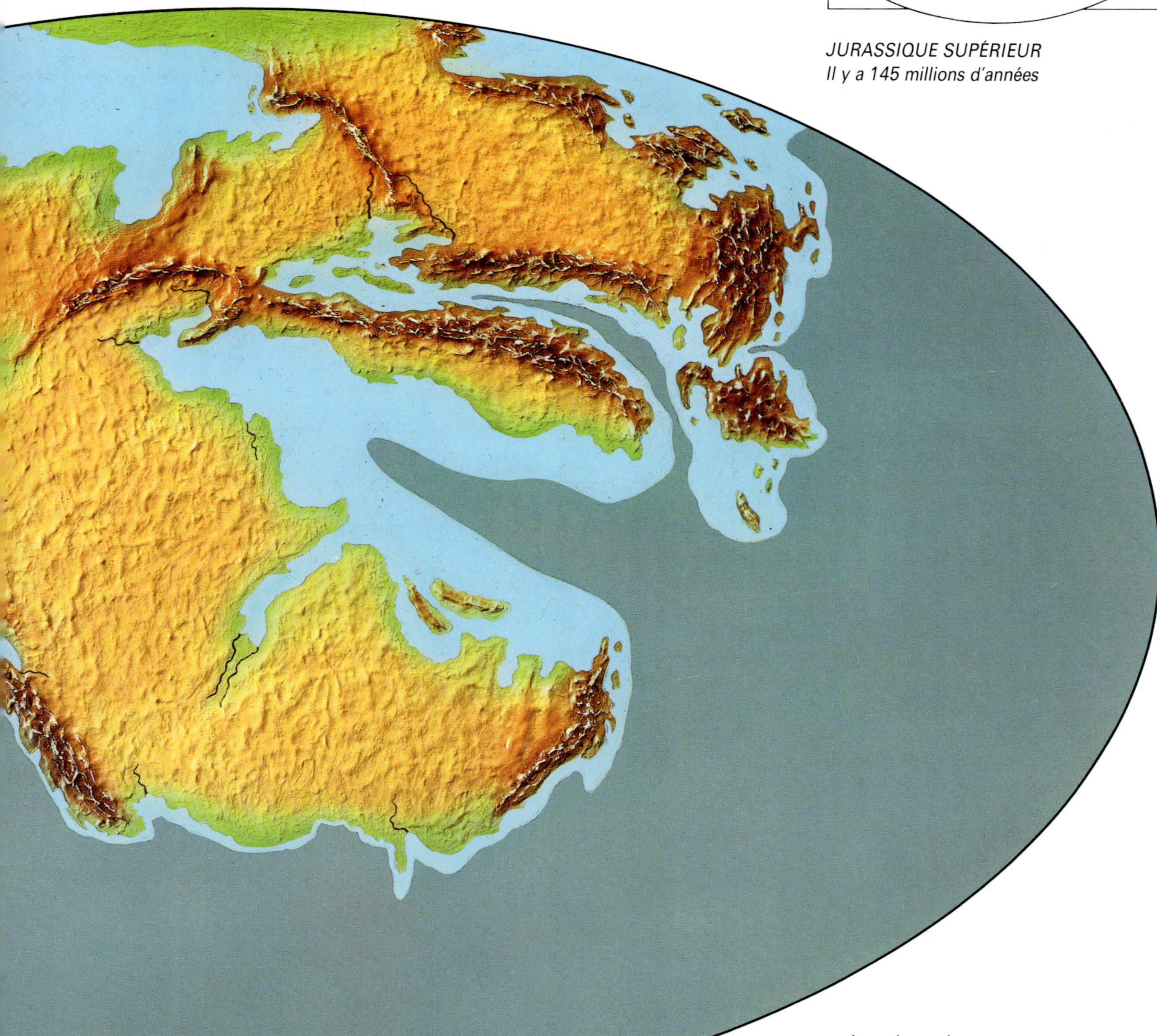

CRÉTACÉ SUPÉRIEUR
Il y a 70 millions d'années

LES CONDITIONS DE VIE

A l'ouest, les brisants et le ressac de la Panthalassa balayaient les chaînes d'îles volcaniques et se heurtaient à une côte rocheuse très découpée, le long des Montagnes Rocheuses et des Andes. À l'est de cette bordure s'étendaient les vastes terres arides des continents nord et sud-américains. Les paysages étaient essentiellement constitués de dunes de sable mobiles et d'affleurements rocheux, balayés par le vent, lavés occasionnellement par des pluies torrentielles, creusant des oueds profonds et donnant naissance à des oasis – dans le nord, oasis de fougères, de cycas et de conifères groupées autour de sources et de mares temporaires ; au sud, plantes éteintes sans descendances, appelées fougères graminées.

Les reptiles mammaliens avaient alors commencé à décliner, bien qu'ils fussent encore bien représentés dans les prairies de fougères graminées du Gondwana. Les premiers mammifères s'y étaient développés, mais ce n'étaient encore que de petites créatures insignifiantes qui n'allaient guère évoluer pendant 160 millions d'années.

C'est alors que les Archosaures commencèrent leur règne. Tout en poursuivant dans l'eau une existence de type crocodile, leurs pattes arrière grandirent et leur queue devint plus forte, modification qui devait certainement les aider à nager. Mais une fois sur la terre ferme, certains archosaures apprirent à marcher sur leurs longues pattes arrière, maintenant leur équilibre grâce à leur forte queue. Ce type d'adaptation conduisit au groupe d'archosaures le plus réussi, celui des DINOSAURES.

Les premiers dinosaures, comprenant *Coelophysis* (pp. 28-29) en Amérique du Nord et *Staurikosaurus* (pp. 30-31) en Amérique du Sud, galopaient et chassaient dans un paysage désertique. *Anchisaurus* (pp. 32-33) fourrageait aussi dans les déserts et oasis d'Amérique du Nord.

Parmi les îles calcaires de la Téthys occidentale où se trouvent maintenant l'Europe méridionale et la

Au Trias, le paysage aride du Gondwana était parsemé de vert, là où les rivières et les lacs donnaient assez d'humidité pour permettre aux oasis de se former. La plupart des plantes étaient des fougères à graines, disparues depuis. Les premiers reptiles mammaliens vivaient ici, comme Lystrosaurus, *en compagnie de reptiles pourvus d'un bec, du genre* Scaphonyx. *Mais toutes ces créatures furent bientôt remplacées par les dinosaures.*

Méditerranée, les mers étaient infestées de reptiles marins à larges pattes natatoires, tels que les nothosaures et les premiers plésiosaures et ichtyosaures. Les premiers ptérosaures, reptiles velus possédant des ailes supportées par un long quatrième doigt, volaient autour des rochers escarpés. Des troupeaux de dinosaures, comme *Plateosaurus* (pp. 34-35), migraient entre les lisières fertiles des lagunes et les restes de la chaîne varisque au nord. Il se peut qu'ils aient passé la saison humide dans les vallées ou les gorges des collines, et traversé les déserts pour fourrager à la saison sèche le long des côtes téthysiennes. Sur les arides plateaux calcaires des flancs nord de la chaîne varisque pénéplanée, là où se trouvent maintenant l'Angleterre et le Pays de Galles, il y avait des grottes et des gorges que fréquentaient des lézards, de petits dinosaures et de minuscules mammifères. Les thécodontes volants, avec leurs ailes largement déployées, flottaient comme des papillons, cherchant parmi les roches arides les insectes dont ils se nourrissaient.

◀ *Parmi les rochers à nu des collines de Laurasie, vivaient les petits animaux du désert de type lézard, en compagnie des premiers dinosaures, et des reptiles volants, tels que* Kuehneosaurus.

▼ *La vie était abondante dans les mers du Trias. À côté d'une multitude d'invertébrés, et de nombreuses espèces de poissons, évoluaient d'impressionnants reptiles marins.* Nothosaurus, *mangeur de poissons, était très commun dans les eaux peu profondes des bords de la Téthys.* Placodus, *connu uniquement dans le Trias européen, ressemblait à un triton. Ses grosses dents lui permettaient de ramasser et d'écraser les coquillages.*

COELOPHYSIS BAURI

THÉROPODES, COELUROSAURES
TRIAS SUPÉRIEUR
AMÉRIQUE DU NORD

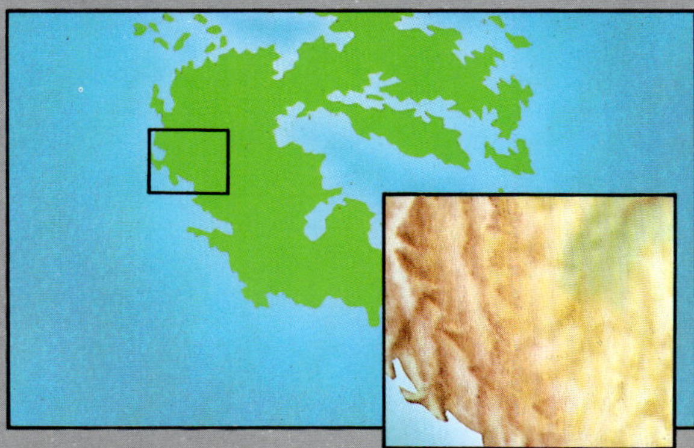

L'Amérique du Nord était principalement un désert à cette époque mais les régions de collines étaient peut-être humides et couvertes de forêts. *Coelophysis* fut décrit en 1889 par Edward Drinker Cope à partir de restes déterrés en 1881 par un collectionneur amateur, David Baldwin. L'espèce fut dédiée à Baur, l'un des collaborateurs de l'équipe de fouille.
L'étude la plus importante de l'animal fut effectuée par Edwin H. Colbert en 1947.
Un *Coelophysis* de taille adulte mesurait environ 3 m. Mais la plus grande partie de la longueur correspondant au cou et à la queue de l'animal, ce dernier ne devait guère peser plus de 30 kg.
Coelophysis était carnivore et mangeait sans doute tout ce qui bougeait, y compris ses propres jeunes. Il chassait probablement en bandes.

Ce dinosaure fusiforme au cou de serpent fut l'un des premiers à évoluer au Trias supérieur. Il ressemblait beaucoup à ses ancêtres, les thécodontes à allure de lézard. La principale amélioration par rapport à ses prédécesseurs était sa façon de se tenir. Les pattes postérieures se trouvaient juste sous le corps, comme celles d'un mammifère, plutôt que sur le côté comme chez la plupart des reptiles. La tête était longue, avec de nombreuses dents crénelées, et se balançait à l'extrémité du cou, mince et flexible. Le crâne était très léger, plein de cavités. Ces particularités – pattes sous le corps et crâne ajouré – caractérisent tous les dinosaures ultérieurs.

Dans les années 1880, quand eurent lieu les premières découvertes, on ne trouva que des fragments éparpillés. Ce ne fut qu'en 1947 que les scientifiques se firent une idée claire de la morphologie de *Coelophysis*. Cette année-là, on en découvrit tout un cimetière à New-Mexico (États-Unis), en un lieu appelé Ghost Ranch, non loin de l'endroit où l'on avait trouvé les premiers os dans les années 1880. Il y en avait des dizaines et il est probable qu'ils avaient été balayés et enterrés lors d'une crue brutale. Des crues éclair comme celle-ci devaient être chose courante à l'époque. La fameuse forêt pétrifiée dans l'Arizona voisin est en fait un enchevêtrement de troncs d'arbres pris dans un torrent.

Dans les cavités du corps de certains squelettes, il y avait les os de petits *Coelophysis*. Ils avaient sans doute été dévorés par les adultes.

Les dents, incurvées vers l'arrière, étaient plus grandes sur la mâchoire supérieure que sur la mâchoire inférieure. Les muscles étaient disposés de telle sorte que les mâchoires pouvaient glisser d'avant en arrière, l'une sur l'autre.

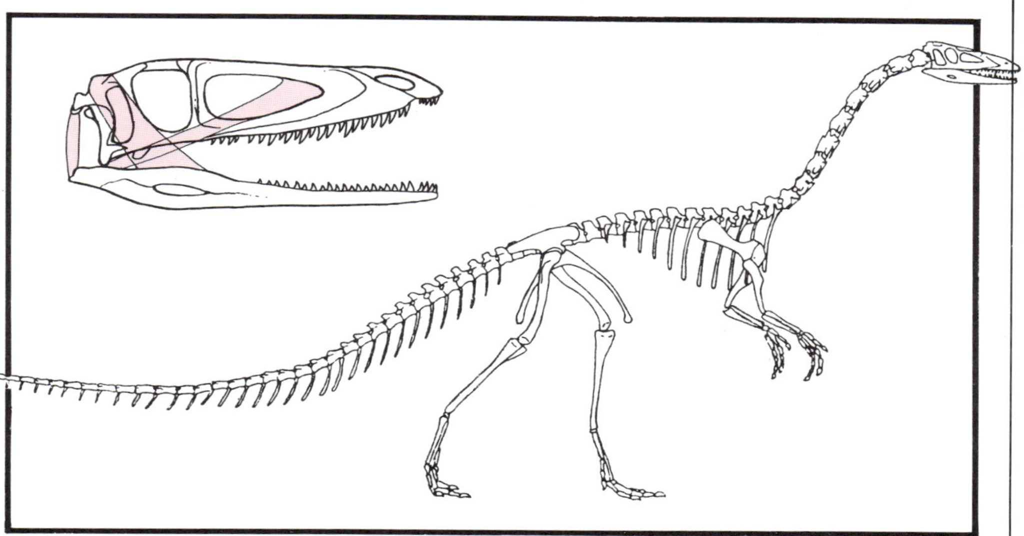

Ces empreintes fossiles dans le grès du Connecticut furent laissées par Coelophysis ou un dinosaure lui ressemblant. On pensait jadis que ces empreintes étaient celles d'un oiseau préhistorique.

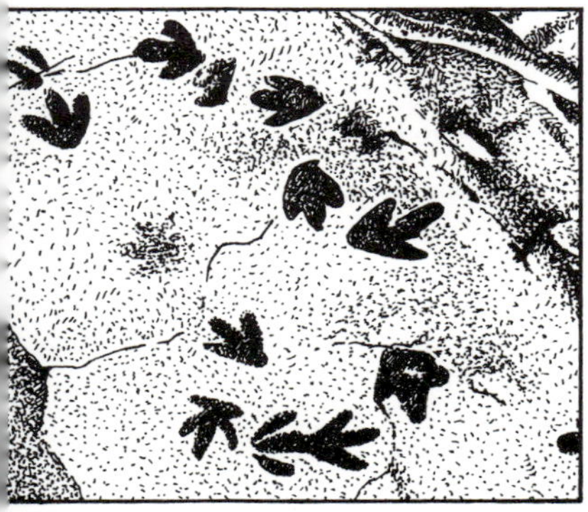

Coelophysis *avait quatre doigts à la main, mais seuls trois d'entre eux avaient une quelconque utilité.*

Coelophysis *était un coureur rapide et chassait probablement en bandes dans les collines boisées.*

STAURIKOSAURUS PRICEI

THÉROPODE OU SAUROPODOMORPHE,
STAURIKOSAURIDÉ
TRIAS MOYEN
BRÉSIL

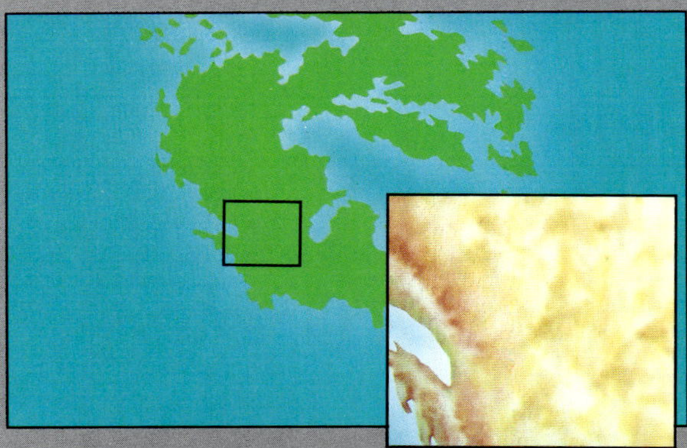

Le seul spécimen connu de ce petit dinosaure fut déterré dans la zone de Rio Grande do Sul dans le sud du Brésil.
Il fut décrit en 1970 par Edwin H. Colbert du Musée d'Histoire naturelle américain.
La référence à la Croix du Sud indiquée par son nom évoque cette constellation du fait que la découverte de dinosaures dans l'hémisphère Sud était chose insolite.
Ses dents étaient pointues et acérées de sorte qu'on pense que *Staurikosaurus* était carnivore.
Staurikosaurus devait mesurer 2 m de long, peser dans les 30 kg.

On sait très peu de choses sur ce petit animal, mais c'est un fossile important parce qu'il était, il y a encore fort peu de temps, le plus vieux dinosaure connu. Il ressemblait par certains côtés aux petits théropodes carnivores, mais certaines particularités de son squelette permettent aussi de le rapprocher des Prosauropodes herbivores. Il est probable que, dans l'évolution du groupe, *Staurikosaurus* se place au point de divergence des deux lignées.

Cependant, un fossile encore plus vieux fut trouvé en 1984 dans le Painted Desert d'Arizona. Sa ressemblance avec un prosauropode est frappante. Aussi peut-on penser que ce groupe est antérieur à l'apparition de *Staurikosaurus*.

Comme *Staurikosaurus* est un dinosaure très ancien et que les pièces du squelette que nous connaissons sont très primitives, nous pouvons supposer que les parties manquantes l'étaient également. C'est pour cette raison que *Staurikosaurus* a été reconstitué avec cinq doigts à chaque membre, caractère primitif de non-spécialisation.

La queue était longue et mince.

▶ La taille de l'os maxillaire montre que la tête devait être assez grande : l'animal préfigurait ainsi les versions futures des grands carnivores.

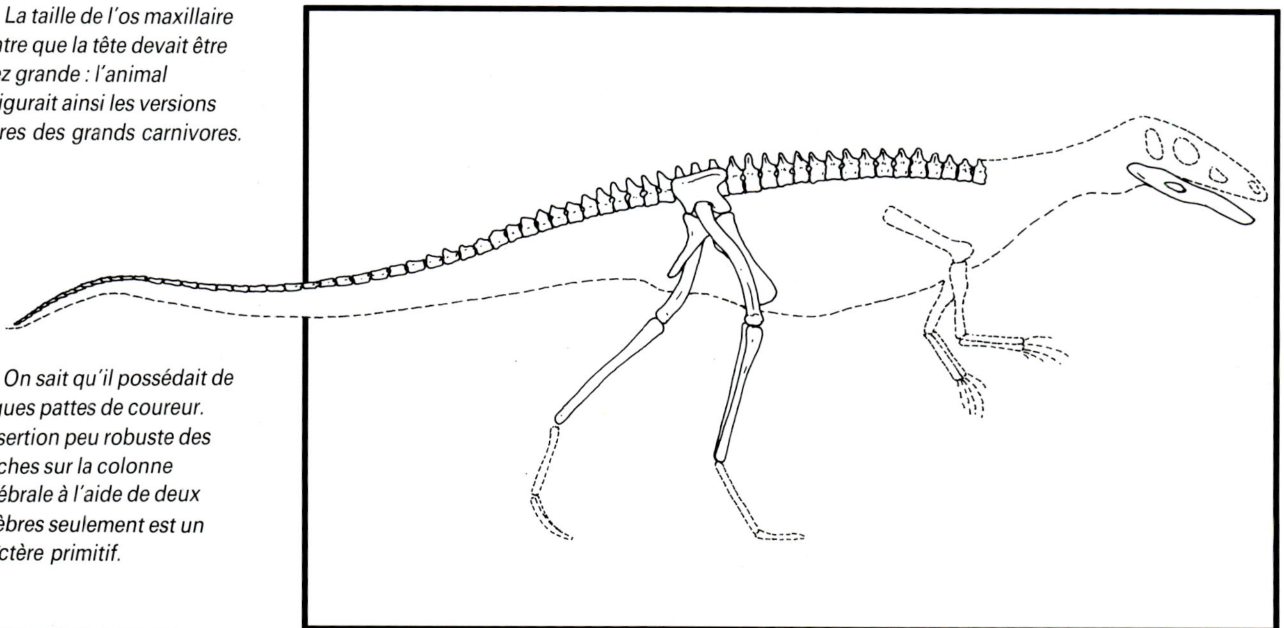

▶ On sait qu'il possédait de longues pattes de coureur. L'insertion peu robuste des hanches sur la colonne vertébrale à l'aide de deux vertèbres seulement est un caractère primitif.

ANCHISAURUS POLYZELUS

SAUROPODOMORPHE, PROSAUROPODE

JURASSIQUE SUPÉRIEUR

CONNECTICUT (ÉTATS-UNIS) ET AFRIQUE DU SUD

Le fait qu'*Anchisaurus* se rencontre à la fois en Amérique et en Afrique montre bien qu'à cette époque les continents étaient réunis en un vaste supercontinent.

Les premiers restes d'*Anchisaurus* furent trouvés en 1818. Comme on ignorait tout des dinosaures à l'époque, on supposa qu'il s'agissait d'os humains. Plus tard, d'autres os furent découverts et en 1855 on réalisa qu'il s'agissait d'os de reptile. Le nom d'*Anchisaurus* leur fut donné par Othniel Charles Marsh en 1885. En 1971, Peter Galton travailla sur une espèce voisine, *Anchisaurus capensis*, découverte en Afrique du Sud.

Anchisaurus était un assez petit dinosaure (on comprend que ses os aient pu être pris pour ceux d'un être humain), ne dépassant guère 2 m de long. Il pesait probablement moins de 30 kg.

C'est l'un des plus anciens dinosaures herbivores actuellement connus, bien que certains paléontologues pensent qu'il ait pu également manger de la viande.

Les prosauropodes constituaient un groupe de dinosaures qui connurent une brève période faste à la fin du Trias et au début du Jurassique. Leur morphologie était intermédiaire entre celle des carnivores bipèdes et celle des herbivores quadrupèdes. Sans doute se nourrissaient-ils la plupart du temps de plantes. Un régime herbivore nécessite un estomac beaucoup plus grand qu'un régime carnivore, la masse végétale ingérée étant plus importante et plus longue à digérer. Comme les prosauropodes avaient un bassin de type lézard avec le pubis pointé vers l'avant, leur estomac volumineux devait être placé très en avant dans le corps. Cela entraînait un déséquilibre quand l'animal se dressait sur ses pattes arrière, ce qui le contraignait à garder une position de quadrupède.

Anchisaurus est une espèce typique des petits prosauropodes. Une forme voisine, déterrée en 1984 et qui n'a pas encore reçu de nom, constitue le squelette de dinosaure le plus ancien que nous connaissions.

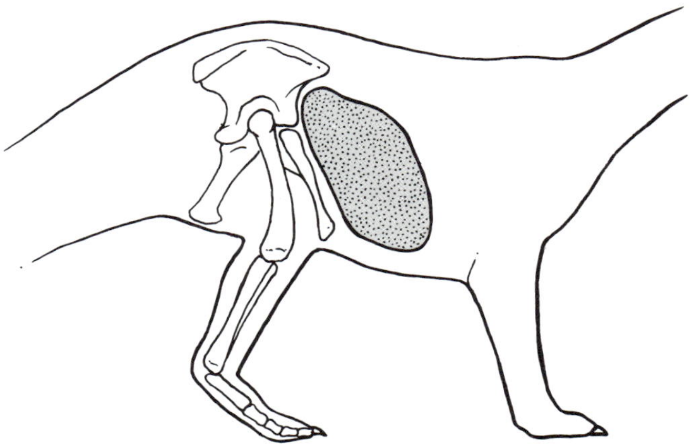

▲ *Le volumineux estomac que nécessite la digestion des plantes a contraint les prosauropodes tels qu'*Anchisaurus *à marcher à quatre pattes.*

▶ Anchisaurus *vivait dans les déserts, se nourrissant principalement des plantes des oasis.*

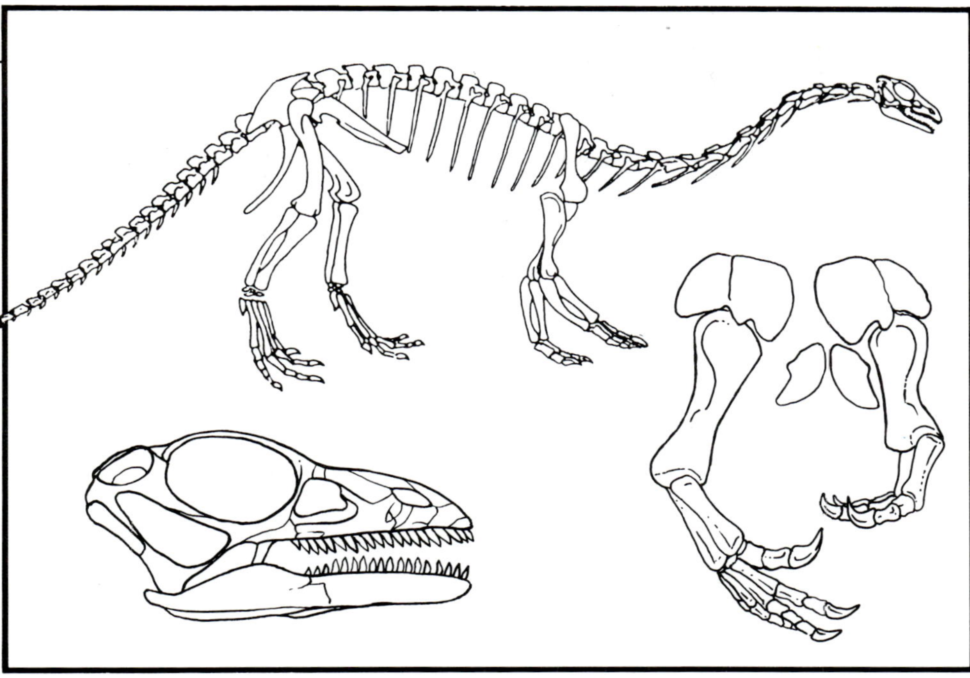

◀ *On n'a pas encore retrouvé tous les restes d'*Anchisaurus*. Les dessins de squelettes d'*Anchisaurus* ont le cou et la queue calqués sur ceux des autres prosauropodes.*

◀ *La main servait à des fins multiples. Quand* Anchisaurus *se tenait sur ses pattes arrières, elle pouvait saisir des objets. Quand il marchait à quatre pattes, il pouvait la placer à plat sur le sol et l'utiliser comme pied. Le premier doigt pouvait être tourné comme un pouce et possédait une grande griffe.*

▶ *Les prosauropodes se situent à mi-chemin entre les théropodes carnivores et les énormes sauropodes herbivores.*

▲ *Il avait des dents émoussées. Ce caractère, ainsi que le type d'articulation de la mâchoire, laissent à penser qu'il se nourrissait de végétaux.*

PLATEOSAURUS ENGELHARDTI

SAUROPODOMORPHE, PROSAUROPODE

TRIAS SUPÉRIEUR

FRANCE ET ALLEMAGNE

Le premier *Plateosaurus* fut décrit en 1837 par Hermann von Meyer, à partir de diverses pièces du squelette. Les meilleures découvertes furent faites en Allemagne entre 1911 et 1932, plusieurs squelettes complets ayant alors été découverts.
Plateosaurus était un prosauropode de grande taille atteignant 8 m de long.
Comme tous les grands dinosaures ultérieurs à long cou, *Plateosaurus* était herbivore. Il avalait probablement du gravier pour faciliter le broyage des végétaux dans son estomac.

En voyant un *Plateosaurus* marcher à quatre pattes, nous aurions été convaincus que l'animal préfigurait les grands herbivores à long cou du Jurassique. À vrai dire, certains de ses parents encore plus impressionnants, tel *Riojasaurus*, étaient si grands (11 m de long) qu'ils atteignaient presque la taille des Sauropodes.

Des restes de *Plateosaurus* ont été trouvés en grandes quantités dans toute l'Europe. De véritables cimetières de cet animal ont été découverts dans les grès d'Allemagne et de France, régions désertiques au Trias et que *Plateosaurus* devait parcourir en bandes. Peut-être migrait-il selon les saisons, entre les rives fertiles de la Téthys au sud et les hauts plateaux bien arrosés au nord. Occasionnellement, un troupeau entier aurait été pris et enseveli par une tempête de sable.

Mais on peut aussi penser que ces animaux vivaient dans les collines humides autour des plaines désertiques, et que leurs corps, tombés dans un torrent, auraient pu être entraînés par le courant jusqu'en un point du désert où l'eau, disparaissant dans le sable, les aurait abandonnés un à un. D'où cette impression d'un troupeau entier décimé en une seule fois.

▶ *Au Trias supérieur, les troupeaux de* Plateosaurus *déambulaient sur les plateaux désertiques ou dans les collines jalonnant les plaines.*

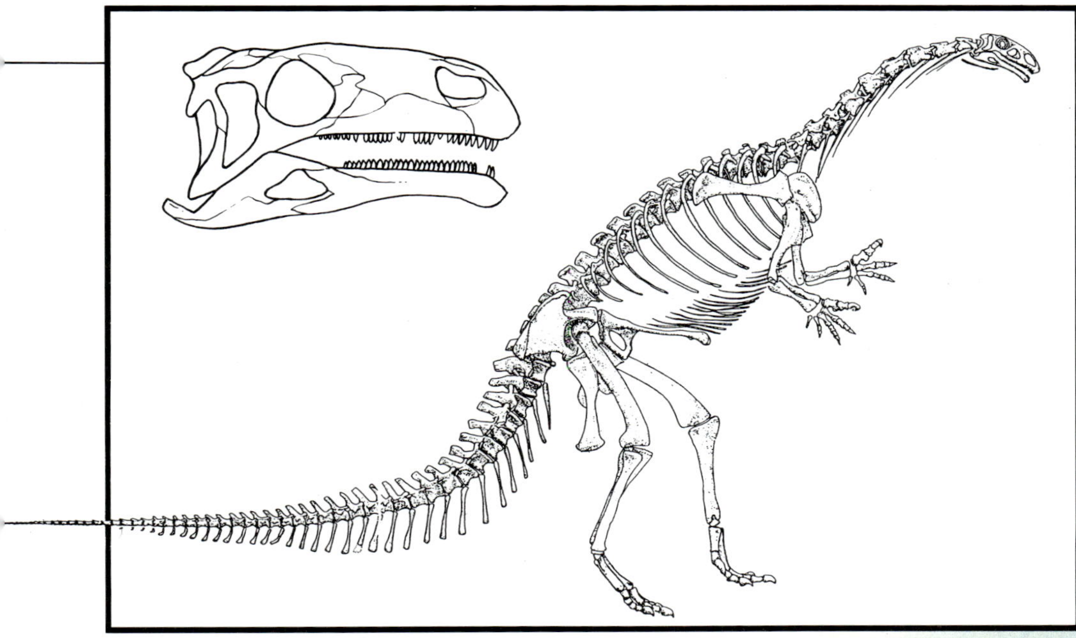

Les restes de Plateosaurus *sont si communs et si bien connus que leur squelette sert de modèle pour la reconstitution de tous les autres prosauropodes.*

Les mâchoires sont dotées de nombreuses dents de très petite taille en comparaison de celle de plus petits prosauropodes.

LE JURASSIQUE INFÉRIEUR

Il y a environ 210 millions d'années, et pendant toute la durée du Jurassique inférieur, la mer a balayé les côtes riveraines de la Pangée en un incessant mouvement de va-et-vient (les géologues parlent de transgressions et de régressions successives), les bordures continentales se trouvant ainsi tour à tour immergées et émergées et la profondeur de ces mers variant de quelques dizaines de mètres à celle de simples flaques en cours d'assèchement. Toutes les zones désertiques d'Europe se transformèrent en étendues marines d'où n'émergèrent plus que des chapelets d'îles, vestiges de l'ancienne chaîne varisque. Des mers inondèrent ainsi le nord du Canada et le Groenland, puis se retirèrent ; d'autres envahirent le nord-est de la Sibérie mais se retirèrent de Chine, d'Indonésie et de Malaisie, laissant ce coin surélevé de la Pangée à sec pendant la majeure partie du Mésozoïque.

La Pangée existait encore à cette époque, mais elle commençait à se morceler. Des fossés se creusèrent le long de la ligne qui allait séparer définitivement l'Afrique et l'Europe de l'Amérique du Nord, et des mers étroites, semblables à la Mer Rouge, commençaient à s'étendre le long de ces continents, à partir du nord-est au-delà du Groenland, et du sud-ouest vers l'actuel Golfe du Mexique.

Les ceintures montagneuses plissées et les chaînes insulaires volcaniques continuaient à s'élever, se combinant les unes aux autres le long de toutes les côtes occidentales de l'Amérique. Parfois les eaux de la Panthalassa envahissaient les terres et, franchissant ces montagnes, balayaient les régions de l'Amérique centrale et de la Patagonie. Mais le plus souvent, les montagnes faisant office de barrière interdisaient au vaste océan l'accès des aires continentales.

TRIAS
Il y a 215 millions d'années

CRÉTACÉ INFÉRIEUR
Il y a 130 millions d'années

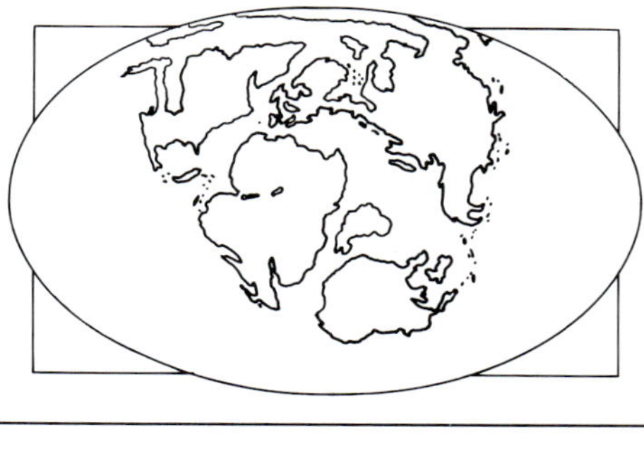

Le Jurassique inférieur comptait les derniers jours de la Pangée : le supercontinent hérité du Trias devenait très instable et commençait à se fissurer. Le climat s'adoucissait. Le rouge vif des continents arides cédait la place au vert lumineux de la couverture végétale, tandis que les eaux peu profondes couvraient et découvraient les zones basses des bordures continentales, y apportant l'humidité propice à la vie terrestre.

JURASSIQUE SUPÉRIEUR
Il y a 145 millions d'années

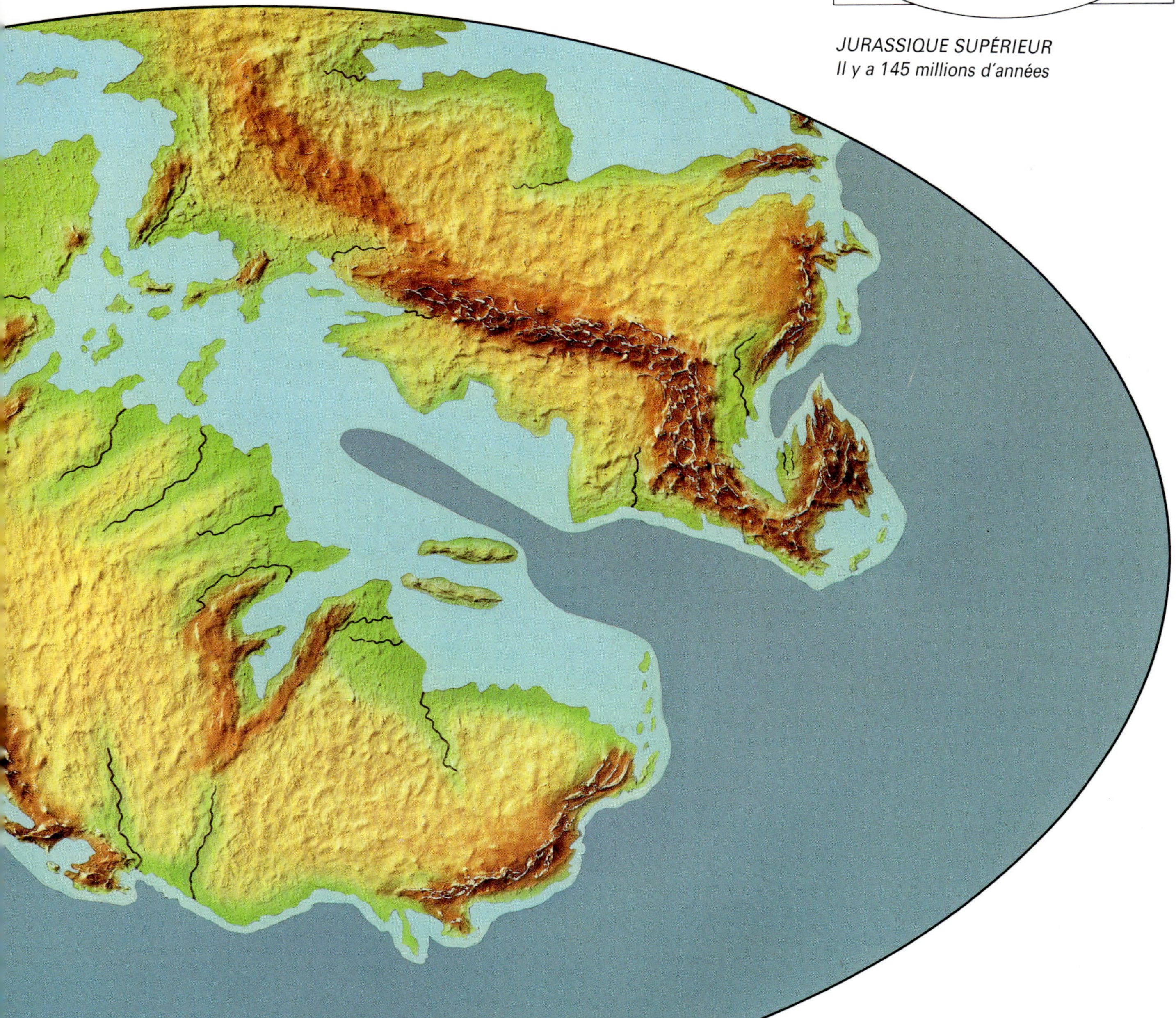

CRÉTACÉ SUPÉRIEUR
Il y a 70 millions d'années

LES CONDITIONS DE VIE

▲ *Au Jurassique inférieur, la mer inonda les basses terres du nord de l'Europe, favorisant des climats humides sur des continents jusqu'alors désertiques. Des forêts luxuriantes de fougères, de cycas (alors à leur apogée), de ginkgos et de conifères servirent de paradis végétal pour les grands dinosaures herbivores. Parmi les arbres volaient des ptérosaures tels que* Dimorphodon, *qui se nourrissait d'insectes.*

Par rapport au Trias, les conditions climatiques s'améliorèrent au Jurassique inférieur. Quand l'eau se répandit dans les zones de basses terres, elle substitua un climat humide à l'aridité des déserts. Il y eut alors des côtes recouvertes d'une végétation luxuriante, et sur les basses terres non envahies par la mer, des deltas et des marais.

Cependant, à l'intérieur des continents, l'aridité des déserts persista quelque temps. En Amérique du Nord, des dinosaures tels que *Scutellosaurus* (pp. 44-45) et *Dilophosaurus* (pp. 40-41), durent s'accommoder d'un climat sec et d'une atmosphère poussiéreuse. Nous trouvons de même en Afrique australe des dinosaures, tels que *Heterodontosaurus* (pp. 46-47), fossilisés là où ils moururent, ayant vainement attendu dans un terrier que cesse la sécheresse.

Ailleurs cependant, les conditions furent moins rigoureuses. Non loin du cœur désertique de l'Afrique australe, se trouvait le continent indien, qui appartenait également au Gondwana. Des forêts y prospéraient et la flore était assez luxuriante pour nourrir de gigantesques dinosaures herbivores tels que *Barapasaurus* (pp. 42-43). Des forêts couvraient aussi les îles et les côtes de l'Europe, forêts de conifères et de gingkos (arbres à petites feuilles lobées en forme d'éventail et aux fleurs jaunes), entremêlés d'arbres aujourd'hui disparus, comme les cycas s'élevant dans des sous-bois de prêles et de fougères où broutaient des *Scelidosaurus* (pp. 48-49) et que survolaient à basse altitude, chassant des insectes, des ptérosaures comme *Dimorphodon*.

Et dans les mers épicontinentales ? D'une manière générale, les eaux y étaient plus chaudes que de nos jours. Des récifs de corail prospéraient dans l'eau claire des mers d'Europe et d'Australie, peuplées par toutes sortes d'invertébrés étranges. Parmi eux, les ammonites, mollusques céphalopodes (lointains cousins des nautiles), et les bélemnites, autres céphalopodes à coquille interne dont on retrouve les restes fossilisés à l'état de rostres en forme de cigares. Ces

▲ *Certaines régions encore éloignées de la mer demeuraient désertiques. Tel était le cas du centre de l'Amérique du Nord, d'autant que les montagnes de l'ouest se dressaient entre le continent et l'océan. Ces montagnes arrêtaient l'humidité des vents venus de la Panthalassa et seul un air asséché poursuivait sa course vers l'intérieur du continent.*

mollusques, eux-mêmes redoutables prédateurs pour d'autres invertébrés, et de nombreux poissons servaient de nourriture aux reptiles marins. Des crocodiles, admirablement réadaptés à cette vie aquatique, possédaient non plus des pattes marcheuses mais des palettes natatoires, et une longue queue. Des plésiosaures à long cou et à tête courte, tel *Cryptocleidus*, et des pliosaures à l'inverse à cou court et tête longue, tel *Macroplata*, peuplaient aussi ces mers dont les habitants les mieux adaptés devaient être des ichtyosaures à allure de dauphin, comme les *Leptopterygius*.

▲ *Les mers peu profondes regorgeaient de vie. Les ammonites se diversifièrent et évoluèrent si rapidement que des milliers d'espèces constituent à présent pour les géologues d'irremplaçables fossiles de zones, servant à identifier et à dater les différentes couches de terrains jurassiques. Quant aux reptiles marins, ils comprenaient des plésiosaures tels que* Cryptocleidus, *des ichthosaures comme* Leptopterygius, *et des crocodiles marins à nageoires tels que* Metriorhynchus.

DILOPHOSAURUS WETHERILLI

THÉROPODE, MÉGALOSAURIDÉ

JURASSIQUE INFÉRIEUR

ARIZONA (ÉTATS-UNIS)

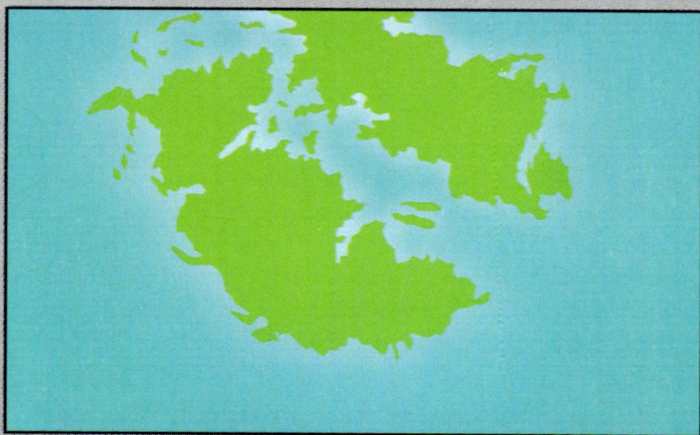

Trois squelettes de *Dilophosaurus* ont été trouvés en 1942 par des chercheurs de l'université de Californie, au cours d'une expédition dans le nord de l'Arizona. L'espèce fut décrite par Samuel Welles en 1954, mais fut d'abord considérée comme une espèce de *Megalosaurus*. Welles révisa son opinion en 1970, quand il découvrit un squelette plus complet. Il publia un nouveau rapport en 1984.

Pour un mégalosaure (cf. pp. 80-81), *Dilophosaurus* avait un squelette plutôt léger. Au point que certains paléontologues pensent que c'était un très grand type de coelurosaurien. Les mâchoires étaient assez étroites, presque comme celles d'un crocodile, et présentaient à l'avant un groupe bien individualisé de dents fines et pointues. Ses mains par contre étaient assez larges et il est probable qu'elles étaient utilisées pour tuer et écarteler les proies, les mâchoires n'étant pas assez puissantes pour ce travail.

Le caractère le plus singulier du squelette trouvé en 1970 est la paire de crêtes osseuses observée sur le crâne. Leur absence sur les premiers squelettes étudiés explique l'erreur d'identification initiale. Ces crêtes étaient minces, semi-circulaires, et couraient probablement de l'avant à l'arrière du crâne. Une courte pointe osseuse dépassait à l'arrière. Nul ne sait à quoi elles pouvaient servir, mais il se peut qu'elles aient été un élément de parade et que seuls les mâles en étaient pourvus.

Dilophosaurus est l'un des plus anciens grands carnivores.

Dilophosaurus atteignait une longueur de 5,8 m. Ses mâchoires de crocodile indiquent manifestement un régime carnivore.

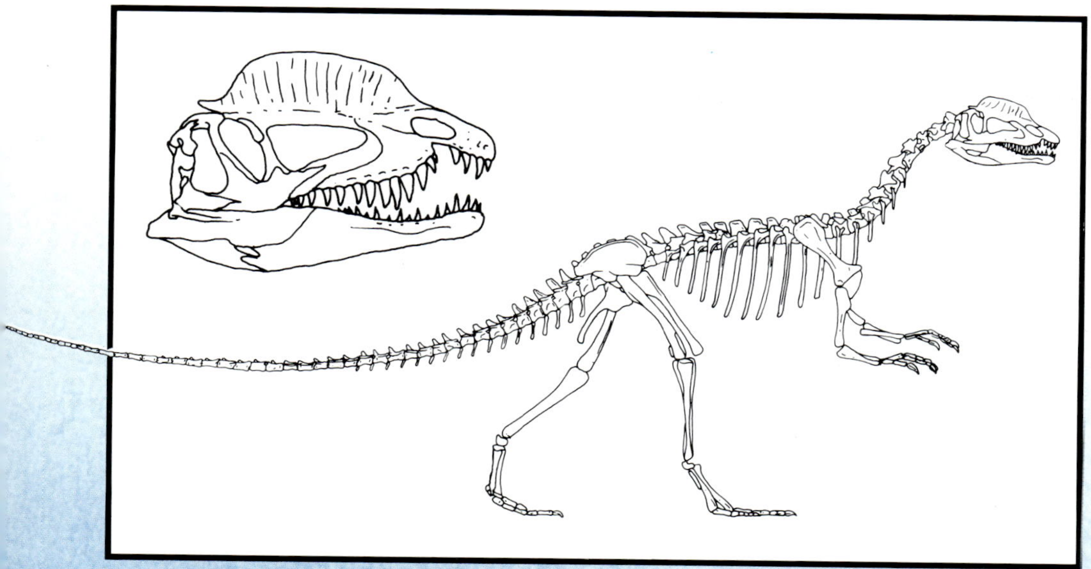

◀ En dépit de leur taille, le cou flexible, les pattes et la queue fines font penser que le Dilophosaurus ressemblait plutôt à un petit coelurosaure.

▼ Les mâchoires, avec les dents pointues de l'extrémité antérieure, font penser à celles d'un crocodile. Les crêtes, qu'on n'a pas trouvées en place sur les squelettes, couraient vraisemblablement parallèlement l'une à l'autre, sur le sommet du crâne.

▼ Dilophosaurus fut certainement le plus grand carnivore de son époque.

BARAPASAURUS TAGORSI

SAUROPODOMORPHE, SAUROPODE

JURASSIQUE INFÉRIEUR

INDE

La première découverte d'os de *Barapasaurus* remonte à 1960, mais la description ne fut publiée qu'en 1975 par Jain, Kutty, Roy-Chowdhury et Chatterjee, de Calcutta.

Les *Barapasaurus* sont les plus anciens sauropodes connus, mais même à ce stade précoce de l'évolution du groupe, ils avaient atteint une longueur respectable. *Barapasaurus* mesurait 14 m de long.

C'était un herbivore, mais comme on n'a jusqu'ici découvert aucun crâne, il est difficile de savoir ce qu'il mangeait exactement.

B*arapasaurus* est le plus ancien sauropode connu, et c'est aussi l'un des plus primitifs. La plupart des sauropodes ultérieurs se sont spécialisés d'une manière ou d'une autre. Les plus grands spécimens tels que les *Brachiosaurus* (pp. 64-65) avaient un cou très haut et des épaules hautes leur permettant d'atteindre les feuilles des grands arbres. Les spécimens les plus longs, tels que les *Diplodocus* (pp. 66-67) étaient équilibrés au niveau des hanches par une puissante musculature caudale, de sorte qu'ils pouvaient se redresser très haut simplement en levant du sol leurs pattes antérieures. Mais *Barapasaurus* ne possédait aucune de ces spécialisations. Sa colonne vertébrale était massive, mais on y a toutefois observé des ébauches d'évidements. Caractéristique qui semble annoncer les sauropodes ultérieurs : ces derniers en effet seront dotés d'une colonne vertébrale nettement évidée jouant le rôle de charpente, disposition permettant à l'animal de gagner en poids.

D'un point de vue géographique, ce dinosaure est important parce qu'il est semblable à d'autres sauropodes primitifs, découverts en Afrique orientale : à l'époque à laquelle il vivait, l'Inde devait encore être attachée à l'Afrique. Ce n'est que plus tard qu'elle s'en écarta et se déplaça vers sa position actuelle.

▶ *De nombreux os de* Barapasaurus *ont été découverts, mais malheureusement le crâne est encore un mystère.*

▶ *Certains os de* Barapasaurus *ressemblent à ceux des prosauropodes, mais les pattes sont indubitablement celles d'un sauropode. Les vertèbres étaient partiellement évidées, ce qui leur conférait une relative légèreté, moins cependant que chez les sauropodes ultérieurs.*

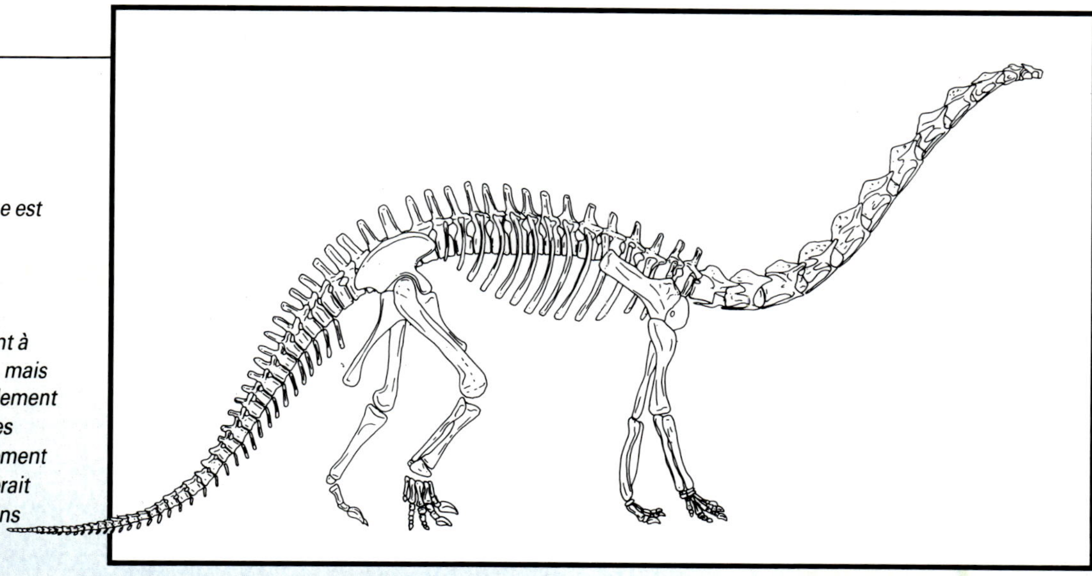

▲ Barapasaurus *était un sauropode à dos puissant, mais avec des pattes plutôt longues et fines.*

SCUTELLOSAURUS LAWLERI

ORNITHOPODES, FABROSAURIDÉ

TRIAS SUPÉRIEUR OU JURASSIQUE INFÉRIEUR

ARIZONA (ÉTATS-UNIS)

La première description de *Scutellosaurus* fut faite en 1981 par le Professeur Edwin H. Colbert. C'était un animal assez petit, atteignant à peine une longueur de 1,2 m dont la queue en constituait la plus grande partie.
Herbivore, *Scutellosaurus* avait de simples dents, en forme de feuilles, un peu comme celles des iguanes actuels. Comme ces derniers, il mangeait manifestement des végétaux.

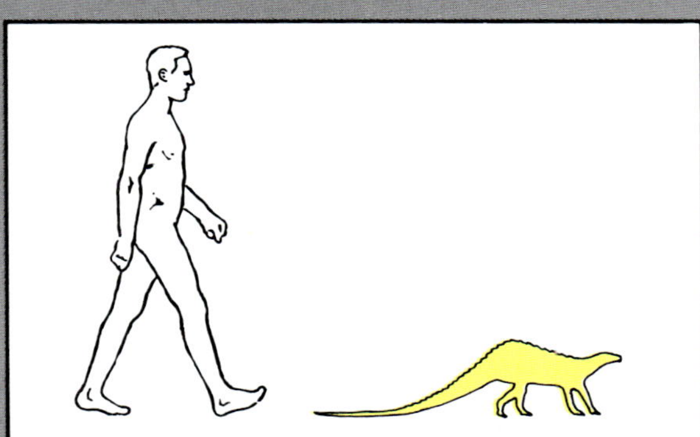

Imaginez un lézard de taille moyenne couvert de boutons épineux comme un phrynosome (petit iguane épineux), un lézard courant dans les plaines sèches du Jurassique en Amérique du Nord. Cependant, alors qu'un lézard moderne courait le ventre près du sol, les pattes déjetées latéralement, *Scutellosaurus* aurait quant à lui couru comme un petit mammifère, les pattes portant le corps. Pour changer de direction, il devait pouvoir lever les pattes avant et courir sur les pattes arrière, sa longue queue oscillante lui servant de balancier. En cas de danger, il se blottissait dans une crevasse de rocher, aplatissant son corps sur le sol et tournant son dos cuirassé à l'agresseur.

Les fabrosauridés, dont *Scutellosaurus* est le seul représentant américain connu, étaient les plus primitifs des ornithischiens. Ils avaient le bassin tourné vers l'arrière et un os édenté à l'avant de la mâchoire. Cependant, leur tête ressemblait plus à celle des lézards qu'à celle des autres dinosaures à bassin de type oiseau. N'ayant pas encore développé d'abajoues (poches musculaires sous les joues), ils devaient arracher leur nourriture et l'avaler sans la mâcher, comme le font les iguanes herbivores actuels.

▼ *Les fabrosauridés dormaient probablement dans des terriers pendant les mois chauds d'été, ne sortant que lorsque les pluies de la saison humide produisaient une végétation suffisante.*

▶ *Crâne de* Lesothosaurus, *très proche du fabrosauridé sud-africain. Les dents sont simples, en forme de feuille et il n'y a pas de place pour les abajoues.*

▶ *Le crâne complet de* Scutellosaurus *ne nous est pas encore connu : seule a été récoltée la mâchoire inférieure.*

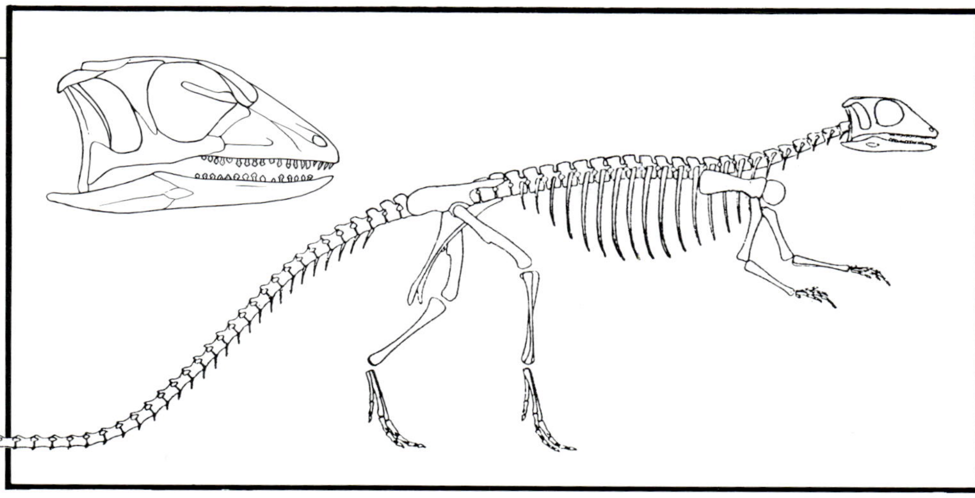

▶ *D'autres fabrosauridés, à l'image des* Lesothosaurus, *ne possédaient pas de cuirasse protectrice et ne devaient leur salut qu'à une fuite éperdue sur deux pattes.*

▼ *Le squelette des* Scutellosaurus *différait de celui des autres fabrosauridés par la présence d'une cuirasse osseuse.*

HETERODONTOSAURUS TUCKI

ORNITHOPODE, HÉRODONTOSAURIDÉ

TRIAS SUPÉRIEUR OU JURASSIQUE INFÉRIEUR

AFRIQUE DU SUD

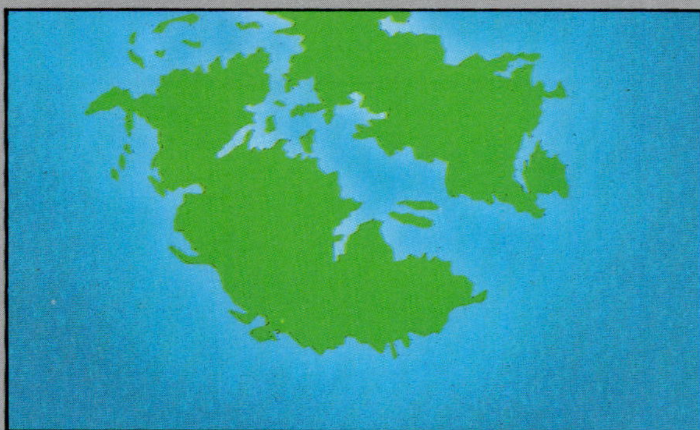

Le premier fossile d'*Heterodontosaurus*, un morceau d'os maxillaire, fut découvert en 1911, mais on ne savait pas alors à quel type d'animal il appartenait. Un autre squelette d'*Heterodontosaurus* fut découvert en 1962 par les Drs Alan Charig, John Attridge et Barry Cox. En 1976, lorsque l'on mit à jour un squelette complet, l'organisation détaillée de l'animal fut enfin précisée.

Avec ses 85 cm de long, c'était un reptile de taille moyenne.

Malgré ses longues canines en forme de crocs, qui évoquent celles d'un chien, *Heterodontosaurus* était herbivore.

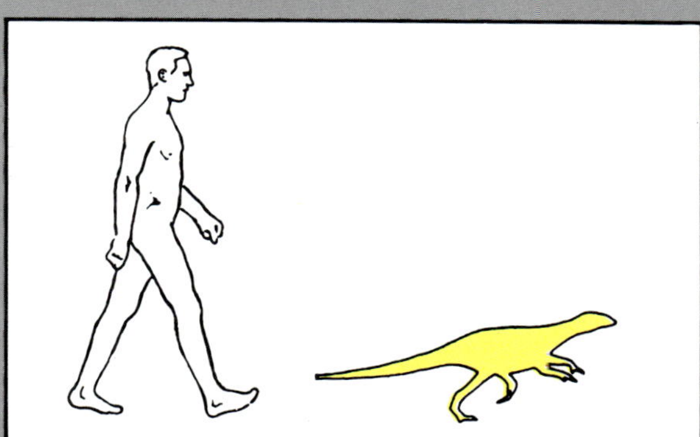

Il n'est pas étonnant que le paléontologue qui découvrit le premier os maxillaire n'ait pas été certain du type d'animal auquel il appartenait. Les divers types de dents suggéraient assez bien qu'il pouvait s'agir d'un mammifère. Mais la mâchoire inférieure présentait un bec corné (caractéristique des ornithischiens), qui devait entrer en contact avec un bourrelet osseux de la mâchoire supérieure. De part et d'autre de ce dernier, il y avait de petites dents acérées qui devaient servir à accrocher la nourriture ; puis venaient les crocs, dans la position des canines d'un chien ; derrière, se trouvait un groupe de dents de cisaillement qui devaient fonctionner avec les abajoues, permettant à l'animal de mâcher soigneusement les végétaux.

Heterodontosaurus était un coureur léger, comme le montrent les os de ses pattes arrière, et il possédait une série de pièces rigides permettant à la partie basse du dos et à la base de la queue de rester assez droites. Plus tard, cette caractéristique fut encore bien mieux développée chez les dinosaures à bassin d'oiseau.

On a trouvé un crâne d'*Heterodontosaurus* auquel manquaient les défenses. On a d'abord pensé qu'il appartenait à une espèce différente qui fut baptisée *Heterodontosaurus consors.* Cependant certains scientifiques pensent aujourd'hui que ce spécimen appartenait à une femelle de la même espèce et que les crocs étaient un attribut des mâles, peut-être utilisé pour la parade nuptiale.

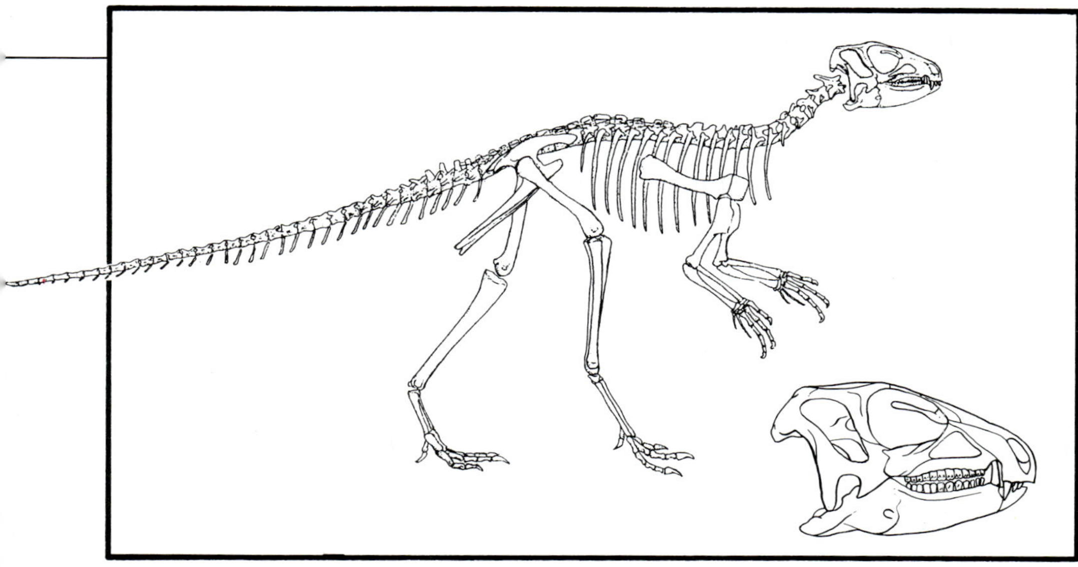

La grande main à cinq doigts servait sûrement à creuser pour trouver de la nourriture.

Les creux observés sur le côté du crâne se trouvent à l'emplacement des abajoues.

Heterodontosaurus a de courtes cuisses, de longs tibias et de longs pieds. C'est une morphologie d'animal coureur, chez lequel toute la masse musculaire est concentrée au niveau des hanches.

Il est rare de trouver un fossile aussi miraculeusement conservé que ce squelette complet d'Heterodontosaurus.

Les mâles utilisaient peut-être leurs crocs lors des parades nuptiales.

SCELIDOSAURUS HARRISONI

ANKYLOSAURIEN, SCÉLIDOSAURIDÉ
JURASSIQUE INFÉRIEUR
SUD DE L'ANGLETERRE, AVEC UN PROCHE PARENT AU PORTUGAL

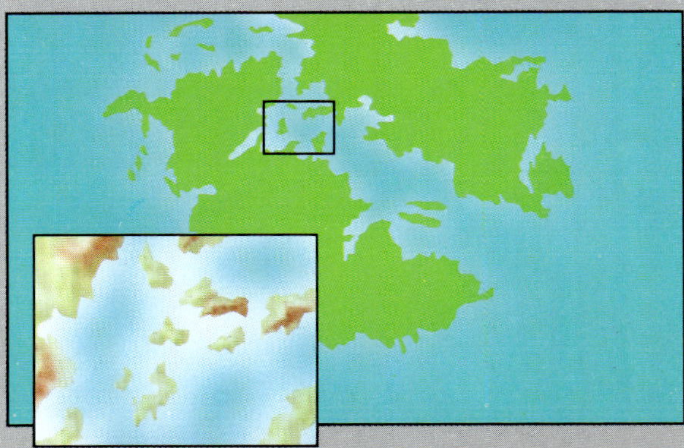

Certains morceaux découverts par un médecin, le docteur J. Harrison, furent d'abord nommés *Scelidosaurus* par Richard Owen, en 1861. Deux ans plus tard, ce même chercheur décrivit un squelette presque complet auquel il attribua ce nom. Or il s'est avéré que les os récoltés par J. Harrison appartenaient à une toute autre espèce. Et le nom de *Scelidosaurus* ne resta attribué qu'au squelette complet. Ce n'est qu'en 1980, puis en 1985, que de nouveaux exemplaires furent découverts dans le Dorset, en Angleterre, par les collectionneurs amateurs David Costain, Peter Langham et Simon Barnsley.
Le squelette original d'Owen, inclus dans un bloc rocheux, resta en l'état au British Museum pendant plus d'un siècle. On ne commença à le dégager qu'en 1985.
Scelidosaurus mesurait 3,5 m de long.
Il avait de petites dents coniques sur l'avant de la mâchoire et des dents plates en forme de feuille à l'arrière. C'était un herbivore, comme tous les autres dinosaures cuirassés.

Les Scelidosaurus mangeaient probablement des feuilles de fougères et de cycas.
Leur armure osseuse n'était pas encore très développée (en tout cas bien moins que celle des ankylosaures ultérieurs).

Scelidosaurus, le plus ancien dinosaure cuirassé connu, était une bête encore très primitive, un lourd quadrupède avec des rangées de plaques osseuses et de pointes le long du dos qui ressemblaient un peu à celles de ses ancêtres thécodontes. Le bassin aussi était très primitif. Ces diverses caractéristiques (et d'autres telles que les petites dents en forme de feuille et la disposition des os du crâne formant une boîte rigide) vont se retrouver chez les ankylosaures, dinosaures plus récents qui en dérivent vraisemblablement.

Scelidosaurus vivait sur des îles boisées éparpillées dans la mer peu profonde qui couvrait l'Europe du Nord au Jurassique inférieur. Dans certaines circonstances, leurs cadavres ont pu être entraînés vers la mer où ils auraient été ensevelis dans la vase et fossilisés avant d'être découverts des millions d'années plus tard au sein de roches sédimentaires marines.

▶ *Aucune reconstitution complète et détaillée du squelette n'a encore été faite (le squelette original n'a commencé à être dégagé de sa matrice sédimentaire qu'en 1985).*

▶ *On sait cependant que le pubis est posé à plat contre l'ischion, comme chez tous les autres ornithischiens, mais il ne présente pas encore d'apophyse pointée vers l'avant.*

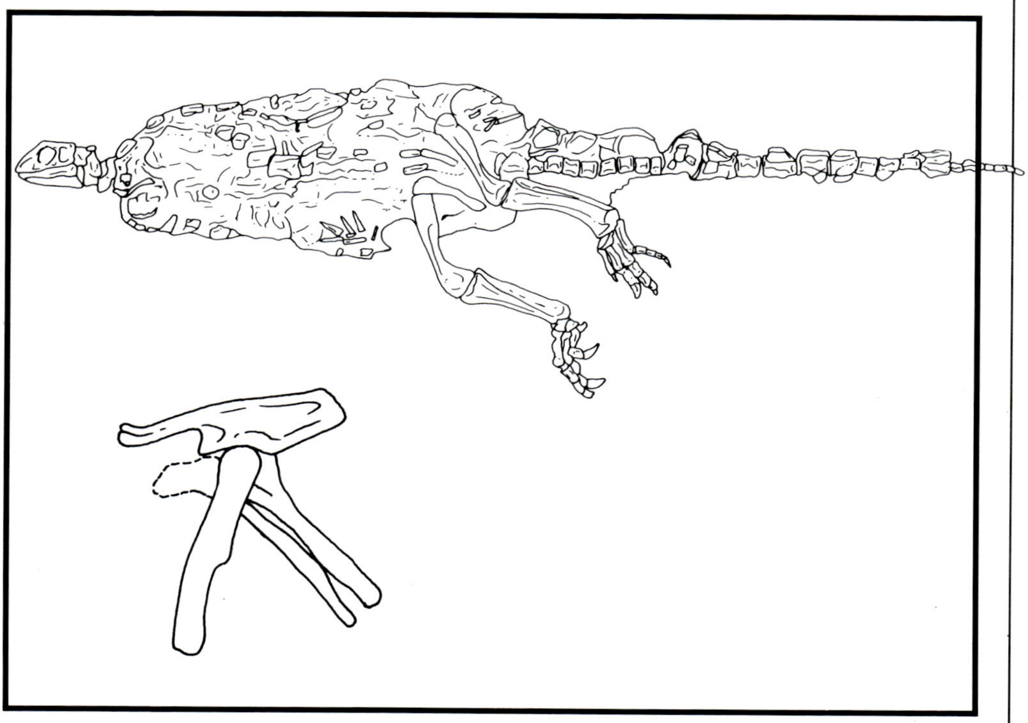

LE JURASSIQUE SUPÉRIEUR

Dans la seconde moitié du Jurassique, entre environ − 180 et − 145 millions d'années, la Pangée se morcela activement. L'Amérique du Nord commença à tourner dans le sens des aiguilles d'une montre en s'éloignant de l'Afrique. Mais elle était encore reliée à l'Europe du Nord. Cependant, comme la zone de jonction était presque continuellement couverte par une mer peu profonde, il n'y avait pas de connection à pied sec entre ces deux aires continentales. Il aurait été possible de prendre un bateau à partir de la Téthys, de traverser la voie d'eau entre les îles européennes jusqu'au pôle Nord, ou encore, à partir de la Téthys, de traverser l'océan qui s'ouvrait entre l'Amérique du Nord et l'Afrique jusqu'au Golfe du Mexique et, passant les chaînes d'îles volcaniques de l'Amérique centrale, de déboucher dans les eaux tumultueuses de la Panthalassa. Le bateau aurait été porté constament par un courant d'ouest qui aurait soufflé entre les continents et balayé l'océan.

Les mers peu profondes s'avançaient fort loin à l'intérieur des continents. Les jeunes montagnes Rocheuses formaient à l'époque une longue péninsule accidentée, alors qu'un bras de mer, appelé Mer de Sundance, s'étendait au sud à travers une grande partie de l'Ouest nord-américain. L'Europe était pour l'essentiel une mer peu profonde, mais parsemée ici et là d'îles boisées. La Scandinavie était une haute masse granitique de tourbières, les Monts Oural formaient un chapelet insulaire et au-delà une mer peu profonde, le bassin de l'Ob, s'étalait sur une grande partie de la Sibérie.

Sur les côtes méridionales de la Téthys, un autre bras de mer peu profonde s'enfonçait au cœur du Gondwana, le long de la ligne du fossé qui devait séparer l'Inde et Madagascar du continent africain. Des fossés se formaient déjà entre l'Afrique australe et l'Antarctique, régions de volcans et de longues vallées aux rives escarpées.

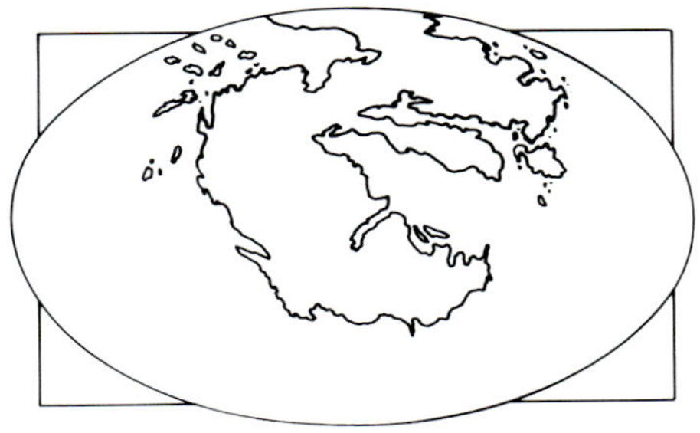

TRIAS
Il y a 215 millions d'années

CRÉTACÉ INFÉRIEUR
Il y a 130 millions d'années

▶ *À la fin du Jurassique, la Pangée se disloqua : l'Amérique du Nord s'éloigna de l'Afrique et de l'Europe, l'océan Atlantique Nord commençant à s'élargir. Gondwana, encore un supercontinent, commençait à se morceler. Les trois quarts du globe étaient toujours couverts par la Panthalassa, superocéan, et la Téthys subsistait sous forme d'un long golfe progressant depuis l'est. Des mers peu profondes s'étendaient sur les basses terres des continents, surtout en Europe et en Asie occidentale, et le climat restait chaud, humide et stable.*

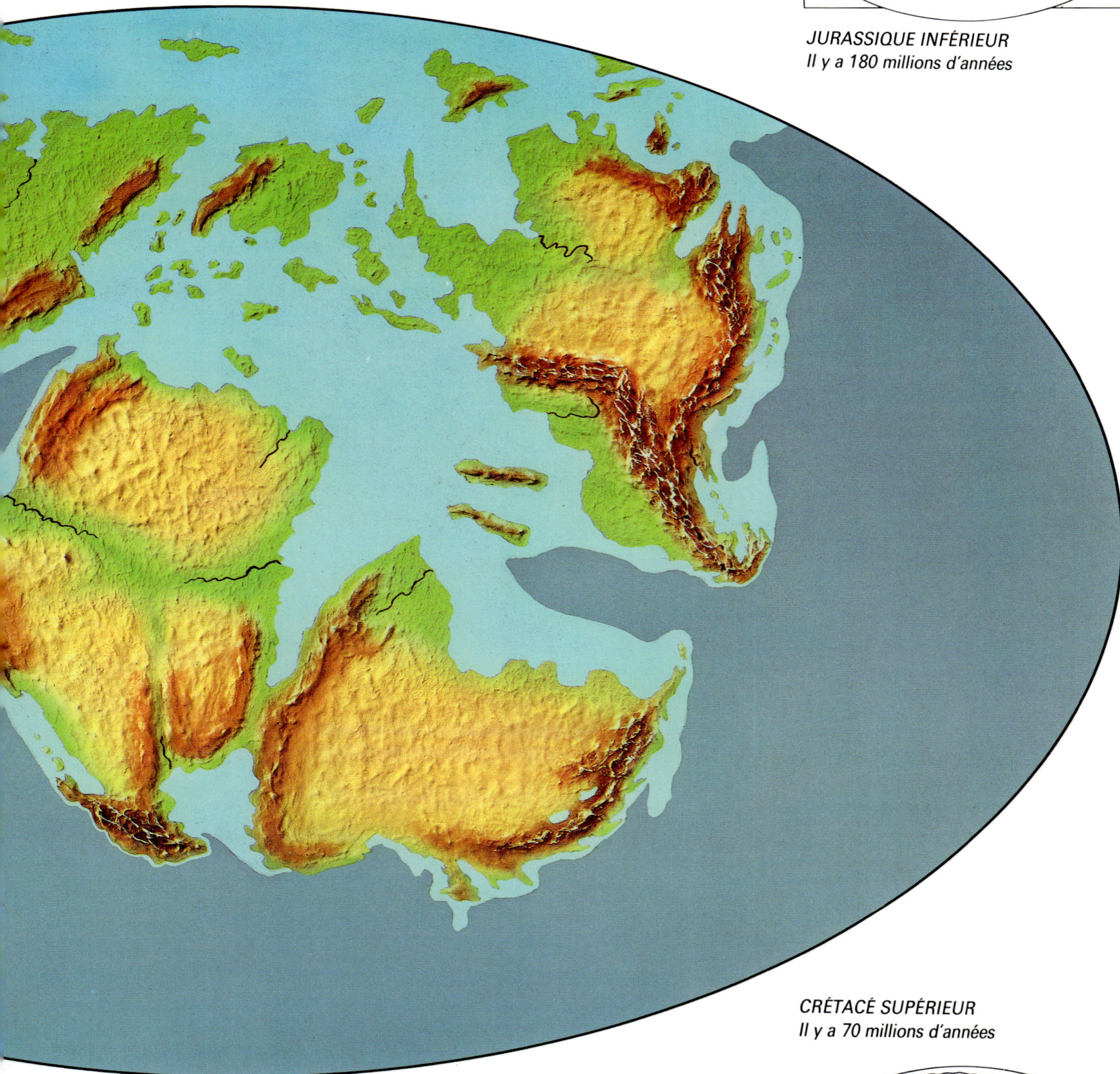

JURASSIQUE INFÉRIEUR
Il y a 180 millions d'années

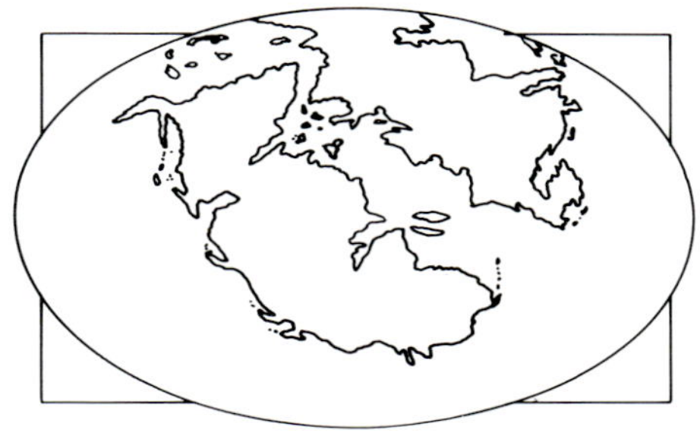

CRÉTACÉ SUPÉRIEUR
Il y a 70 millions d'années

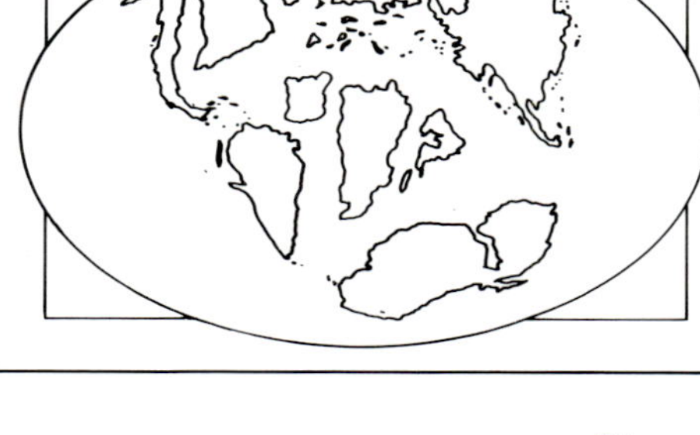

LES CONDITIONS DE VIE

Les climats chauds et modérés persistèrent pendant tout le Jurassique supérieur. Les forêts et les plaines ouvertes de fougères proliféraient. Des pluies abondantes lavaient les pentes des montagnes Rocheuses, sables et limons étaient balayés vers les basses terres qui bordaient la Mer de Sundance. Là, ils s'étalaient dans les deltas et sur les bancs de vase que les plantes colonisaient – conifères, cycas et gingkos une fois encore – et formaient une large et fertile plaine d'inondation. Les roches sédimentaires formées par tous ces sables, limons et graviers sont de nos jours réparties dans une ceinture qui s'étend du Montana au Nouveau-Mexique (États-Unis) et connue sous le nom de Formation Morrison. Certains des dinosaures les mieux connus de l'époque vivaient dans ces plaines, herbivores tels que *Camarasaurus* (pp. 62-63), *Diplodocus* (pp. 66-67) et *Stegosaurus* (pp. 70-71), et carnivores comme *Ornitholestes* (pp. 56-57), *Ceratosaurus* (pp. 58-59) et *Allosaurus* (pp. 60-61). Des crocodiles chassaient dans les eaux peu profondes et des ptérosaures volaient.

Des conditions presque identiques régnaient en Afrique orientale. Les rivières coulaient en direction de l'est, vers le bras de mer qui s'étendait au sud de

▲ *Entre les montagnes Rocheuses et les rives de la mer de Sundance intérieure, en Amérique du Nord, s'étendait une région de basses plaines boisées qui donna naissance à la Formation Morrison, l'une des formations fossilifères les plus riches du monde en dinosaures.*

la Téthys. Là-bas, des bancs de sable empêchant les rivières de s'écouler directement dans la mer, des marais et des plaines se formaient. Y vivaient des dinosaures semblables à ceux d'Amérique du Nord, y compris *Brachiosaurus* (pp. 64-65) et *Kentrosaurus* (pp. 72-73).

En Chine, où régnaient les mêmes conditions, vivaient d'autres dinosaures comme *Mamenchisaurus* (pp. 68-69) et le stégosaure *Tuojiangosaurus*.

Les calmes baies et lagunes entre les îles d'Europe engendrèrent certains calcaires à grain très fin qui recèlent des squelettes magnifiquement conservés : le dinosaure *Compsognathus* (pp. 54-55), les ptérosaures *Pterodactylus* et *Rhamphorhynchus* ainsi que le premier oiseau, une toute petite créature semblable à un dinosaure mais couverte de plumes, appelée *Archaeopteryx*.

Le développement de la vie dans les mers était aussi spectaculaire qu'au Jurassique inférieur, avec les plésiosaures et les ichtyosaures, devenus très communs. Les *Ophtalmosaurus* des eaux européennes, dépourvus de dents, étaient probablement les ichthyosaures les mieux profilés qui aient jamais existé.

◄ *En Afrique orientale, des plaines boisées abritaient les mêmes types de dinosaures que ceux trouvés dans la Formation Morrison, ce qui confirme l'existence antérieure d'un supercontinent. Mais le Jurassique supérieur fut la dernière période favorable à une telle répartition cosmopolite de la faune terrestre.*

▼ *Des îles boisées abritant d'innombrables lagunes parsemaient les eaux peu profondes du nord de l'Europe. Là vivaient les plus petits dinosaures, en compagnie de reptiles volants à longue queue, comme* Rhamphorhynchus, *ou plus évolués à courte queue comme* Pterodactylus *et du premier oiseau véritable, de la taille d'un pigeon, le fameux* Archaeopteryx.

COMPSOGNATHUS LONGIPES

THÉROPODE, COELUROSAURE

JURASSIQUE SUPÉRIEUR

ALLEMAGNE ET FRANCE

Les îles boisées des eaux européennes peu profondes constituaient l'habitat des *Compsognathus.*

Le premier spécimen, fossilisé dans un calcaire extrêmement fin, appelé calcaire lithographique, fut découvert à Solenhofen en Bavière, dans le sud de l'Allemagne, par un collectionneur amateur, le Dr Oberndorfer. Ce spécimen, parfaitement conservé, ne fut baptisé qu'en 1861 par Andreas Wagner.

Compsognathus avait 74 cm de long et ne pesait que 3 kg : c'était assurément l'un des plus petits dinosaures. Il n'en existe que deux spécimens mis à jour : celui de Solenhofen trouvé au siècle dernier à la fin des années 50, et un autre spécimen, en excellent état, découvert dans le sud de la France, en 1971. On pensa d'abord que le spécimen français appartenait à une autre espèce, *Compsognathus corallestris* plutôt que *Compsognathus longipes* parce qu'il était plus grand et que ses membres antérieurs semblaient différents. On pense à présent que les différences ne sont pas si grandes et que la distinction de deux espèces n'est pas fondée.

Nous savons que *Compsognathus* mangeait des lézards. Il devait aussi capturer des insectes et autres petites proies vivant en sous-bois.

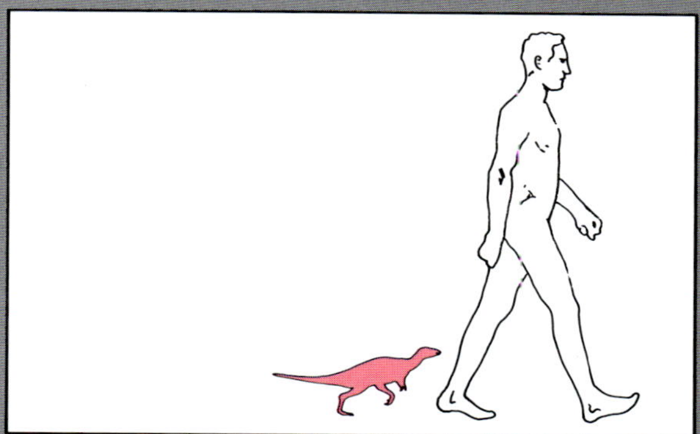

Recouvrez de plumes le plus petit des dinosaures, et vous ne pourrez pratiquement pas le distinguer du premier oiseau, le célèbre *Archaeopteryx.* Un fossile déterré à Solenhofen en 1951 fut considéré comme un *Compsognathus* jusqu'à ce qu'il soit prouvé, en 1973, qu'il s'agit en fait d'un spécimen d'*Archaeopteryx.* Cette ressemblance explique la confusion, et constitue surtout l'un des arguments étayant la filiation directe entre les archosaures et les oiseaux.

Compsognathus et *Archaeopteryx,* ainsi que des ptérosaures et toutes sortes d'autres reptiles, vivaient ensemble sur les rivages des îles boisées et des lagunes de la mer épicontinentale chaude qui s'étendait sur l'Europe au Jurassique supérieur. *Compsognathus,* avec son corps de la taille d'un poulet et ses petites pattes agiles, devait être capable de courir très vite dans les sous-bois de fougères, et de surprendre ses proies. Certains os découverts dans la cavité stomacale du spécimen allemand s'avérèrent être ceux d'un lézard ressemblant à un petit iguane. On pensa d'abord que le spécimen français avait des nageoires sur les membres antérieurs, ce qui aurait indiqué qu'il s'agissait d'un animal aquatique. En fait, cette interprétation était erronée.

▶ Compsognathus *devait être un chasseur très rapide et agile, capable de rattraper et de capturer des lézards.*

▶ *Les mains étaient très petites et ne comportaient que deux doigts griffus. Les pieds avaient trois doigts fonctionnels, un quatrième plus petit et un cinquième réduit à un simple morceau d'os.*

▼ *Le squelette de l'*Archaeopteryx *ressemble à celui de* Compsognathus, *exception faite des mains plus longues, du bassin de type oiseau et des plumes.*

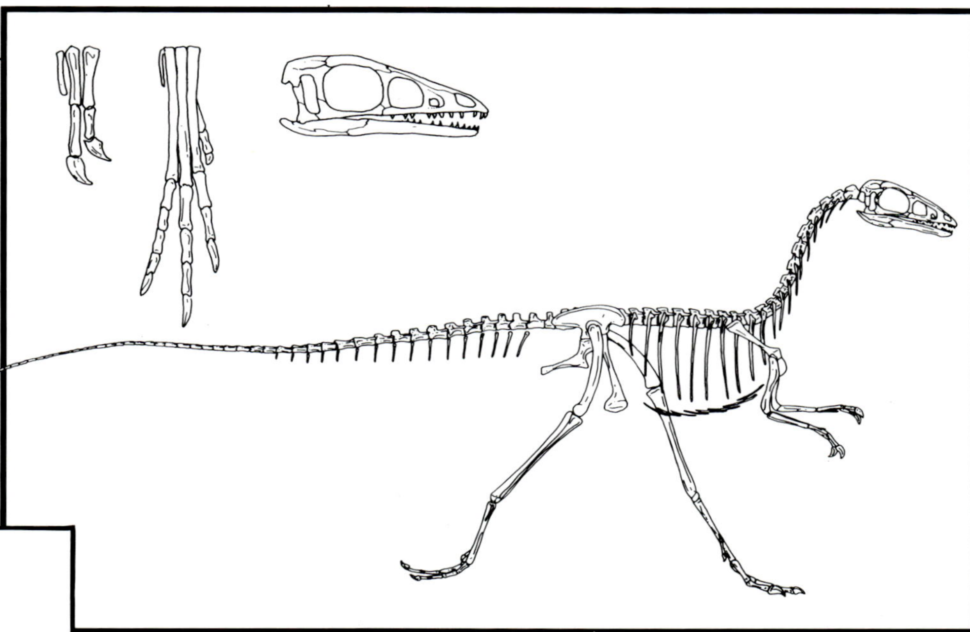

◀ *Le calcaire lithographique de Bavière est composé de boue calcaire déposée au fond de calmes lagunes. Les fossiles qu'il recèle ont été conservés dans leurs plus infimes détails.*

ORNITHOLESTES HERMANI

THÉROPODE, COELUROSAURE

JURASSIQUE SUPÉRIEUR

WYOMING (ÉTATS-UNIS)

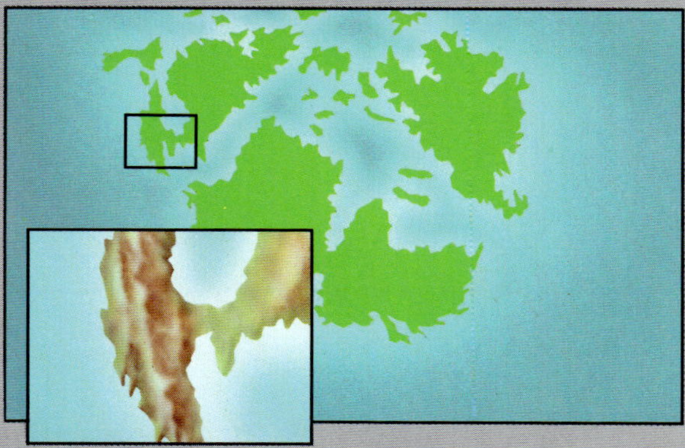

Ornitholestes vivait dans les plaines luxuriantes qui descendaient des montagnes Rocheuses vers la mer peu profonde qui recouvrait à l'époque le centre de l'Amérique du Nord.

En 1900, on découvrit un squelette fragmentaire d'*Ornitholestes* dans les fameuses carrières de dinosaures de Como Bluff, dans le Wyoming. Il fut décrit pour la première fois par Henry Fairfield Osborn en 1903, et réétudié en 1916.

En 1879, la colonne vertébrale d'un petit dinosaure, appelé *Coelurus*, avait été déterrée à Bone Cabin Quarry, près de Como Bluff. Il se peut qu'il s'agisse de vestiges du même animal : si cela était prouvé, il faudrait débaptiser *Ornitholestes* au profit de *Coelurus*, en vertu de la règle d'antériorité édictée par le Code international de nomenclature zoologique.

Ornitholestes mesurait environ 2 m de long.

Il mangeait manifestement de la viande, soit en attrapant des animaux à la course, soit en se nourrissant de carcasses d'animaux morts.

Avec sa posture de bipède et sa tête courte et haute, *Ornitholestes* ressemblait plutôt à un modèle réduit de grand carnivore. Ses dents étaient plus fortes et ses mâchoires plus puissantes que celles d'autres coelurosaures. Il vivait dans les plaines et les deltas du centre de l'Amérique du Nord, ce paysage qui allait engendrer la fameuse formation rocheuse de Morrison, si riche en ossements fossiles. Ces roches ont en effet fourni les squelettes de dinosaures géants tels que *Diplodocus* et *Stegosaurus* et les parents plus grands d'*Ornitholestes* tels que *Allosaurus* et *Ceratosaurus*.

L'allusion à un « voleur d'oiseaux » qu'exprime son nom vient de l'idée qu'*Ornitholestes* pouvait être assez agile pour sauter et capturer des oiseaux en vol. Sa curieuse main, avec deux doigts et un « pouce », semble effectivement adaptée à une telle tâche. D'autres indices font toutefois penser qu'il se nourrissait de viande provenant de carcasses d'animaux tués par les grands carnivores. Il se peut qu'il parvenait, sans danger, à se glisser entre les pattes de ces carnivores, saisir une bouchée de viande et s'éloigner prestement sans déranger leur festin.

Il courait probablement sur ses pattes arrière, le dos à l'horizontale, le cou en forme de S et la tête à angle droit, comme celle d'un oiseau. Sa longue queue raide lui aurait servi de balancier.

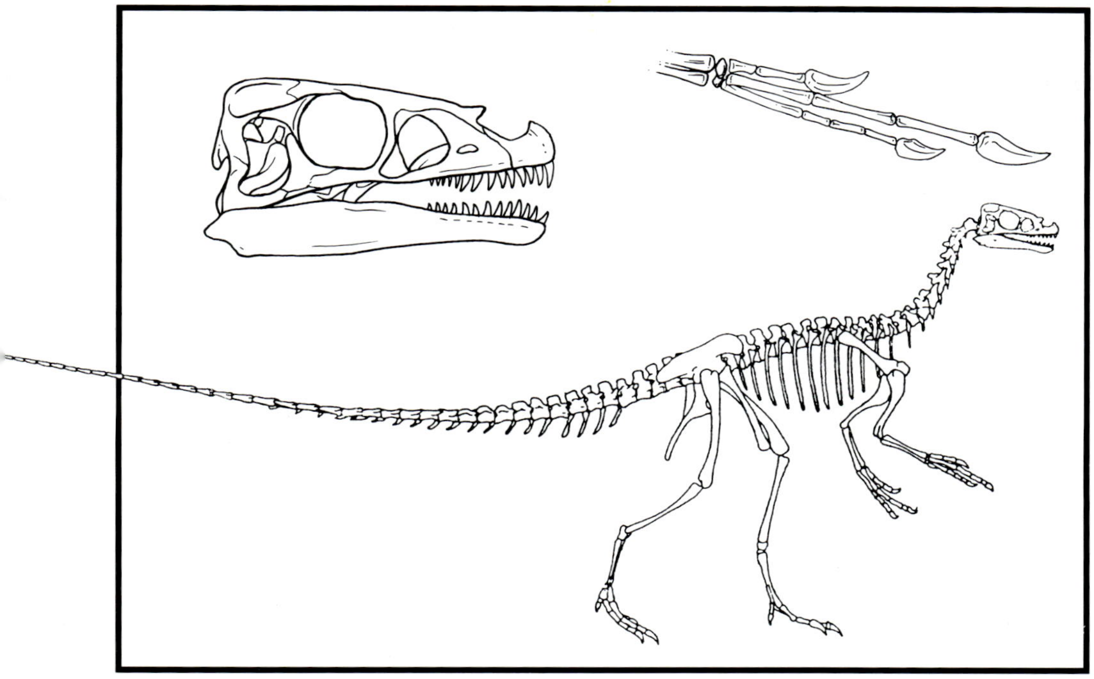

La main d'Ornitholestes avait deux longs doigts et un plus court qu'il pouvait replier comme un pouce. Les paumes pouvaient être tournées pour se faire face, de sorte que l'animal parvenait à saisir de petits objets.

Le crâne était plus robuste que celui des autres petits carnivores, les dents et les mâchoires plus puissantes.

Dans les forêts de plaine de l'Amérique du Nord, au Jurassique supérieur, les proies potentielles étaient abondantes : Ornitholestes *devait attraper de petits animaux même véloces et se nourrir aussi de lambeaux de carcasses.*

CERATOSAURUS NASICORNIS

THÉROPODE, CARNOSAURE

JURASSIQUE SUPÉRIEUR

AMÉRIQUE DU NORD ET AFRIQUE ORIENTALE

Ceratosaurus fut décrit en 1884 par le célèbre pionnier en paléontologie Othniel Charles Marsh. Le squelette presque complet avait été découvert l'année précédente par M.P. Felch. Aucun autre crâne ne fut trouvé jusque dans les années 1940. Les squelettes plus complets de *Ceratosaurus* montrent qu'il mesurait environ 6,5 m mais certains os isolés indiquent qu'il pouvait être encore plus grand.

Les *Ceratosaurus* étaient des carnivores et probablement des chasseurs très actifs. Peut-être chassaient-ils en bandes, comme certains carnivores plus petits.

Si nous avions vu cette créature rôder dans les plaines couvertes de forêts et sur les berges des rivières de l'Amérique du Nord au Jurassique supérieur, nous aurions été alarmés, à juste titre. Une excroissance cornée sur le nez et une crête dentelée le long de son dos nous auraient fait croire que nous étions en présence d'un dragon. Des dents courbées et de fortes griffes sur les mains nous auraient appris que ce monstre était un carnivore.

Des traces parallèles ont été laissées par ces monstres sur les bancs de vase des rivières. Elles sont maintenant préservées dans les grès de la Formation Morrison, sur le piémont oriental des montagnes Rocheuses. Nous pouvons en déduire que *Ceratosaurus* était un animal vivant en bandes, chassant les grands herbivores de l'époque tels qu'*Apatosaurus* et *Diplodocus* (pp. 66-67). Pourtant, les restes de *Ceratosaurus* ne sont pas aussi communs que ceux d'autres grands carnivores tels qu'*Allosaurus* (pp. 60-61), ce qui peut aussi nous faire penser que *Ceratosaurus* était un chasseur solitaire, alors qu'*Allosaurus* chassait en bande. C'est là une énigme que les paléontologues ont encore à résoudre.

▶ Ceratosaurus *chassait peut-être en bande.*

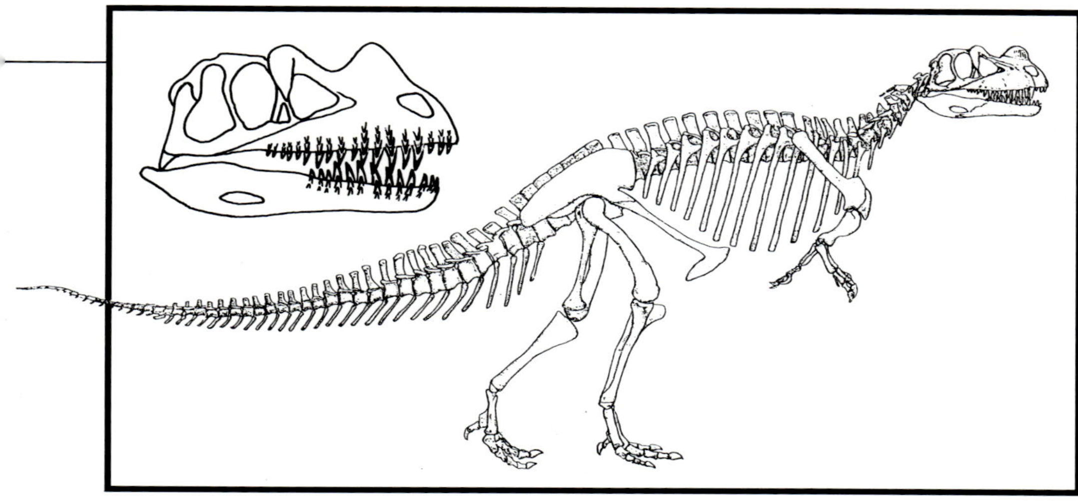

◀ Ceratosaurus perdait ses dents tout au long de sa vie, de nouvelles dents poussant dans les cavités libres.

◀ La main avait quatre doigts, alors que la plupart des carnosaures n'en avaient que trois. Ses hanches étaient plus fermement soudées que chez les autres.

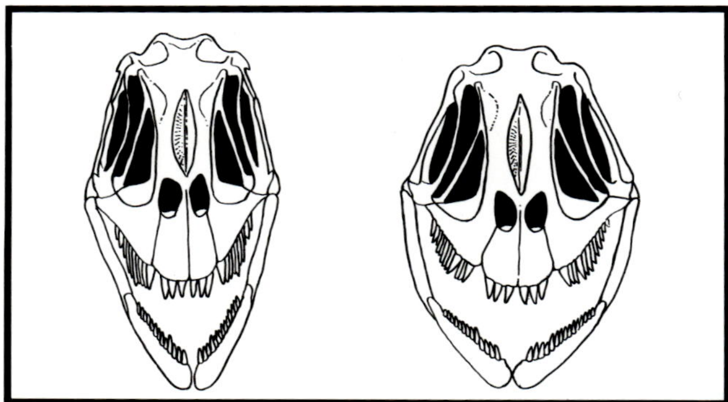

◀ Le crâne était un réseau lâche de pièces osseuses. Toute la structure pouvait se dilater latéralement pour avaler d'énormes morceaux de viande.

▼ La tête était plus grande. L'excroissance cornée au-dessus du nez et les protubérances au-dessus des yeux servaient peut-être lors des parades nuptiales ou de combats.

ALLOSAURUS FRAGILIS

THÉROPODE, CARNOSAURE

JURASSIQUE SUPÉRIEUR

AMÉRIQUE DU NORD

Allosaurus est l'un des grands carnivores les mieux connus, de nombreux individus ayant pu être soigneusement étudiés. Ce carnosaure fut décrit en premier par Othniel Charles Marsh en 1877, après que son assistant, Benjamin Mudge, en ait découvert les restes lors de fouilles dans le Colorado (États-Unis). En 1940, un cimetière de plus de 60 individus fut découvert dans l'Utah.

Allosaurus est parfois appelé *Antrodemus*, dans certains livres. Cela résulte du fait qu'un certain nombre d'os, découverts en 1870, avaient été baptisés *Antrodemus*, et l'on pensa un moment qu'il y avait identité entre les deux formes décrites, les *Allosaurus* étant des *Antrodemus*. Actuellement, nous ne sommes nullement convaincus de cette identité : *Allosaurus* est donc le nom valide retenu.

Les divers spécimens d'*Allosaurus* sont de tailles différentes, mais la longueur moyenne est de 11 m. Le poids en a été estimé entre 1 et 2 tonnes. *Allosaurus* était un redoutable carnivore, capable de s'attaquer aux plus grands animaux terrestres de l'époque.

Des os de la queue d'un spécimen du géant herbivore *Apatosaurus* ont été trouvés éparpillés dans la roche. Ces os, raclés et cannelés, avaient été arrachés et déchiquetés avec une force incroyable. Or, éraflures et cannelures correspondent exactement à l'écartement des dents d'un *Allosaurus*, dents dont on a retrouvé plusieurs exemplaires cassés, mêlés aux os de la victime, sur le lieu même de l'attaque. Il est assez évident que *Allosaurus* a mangé *Apathosaurus*.

Comment les *Allosaurus* étaient-ils capables de manger les énormes *Apatosaurus*, voilà un mystère non encore éclairci. On sait que les *Allosaurus* étaient particulièrement puissants, mais on peut penser qu'ils chassaient en bandes et que l'herbivore, assailli par une véritable meute, n'avait aucune chance, si imposant fût-il. Selon un autre scénario, on peut imaginer que l'*Apatosaurus* pourrait avoir été assailli et tué par une bande de *Ceratosaurus* (pp. 58-59), lesquels auraient ensuite été écartés de leur proie par un *Allosaurus* beaucoup plus fort qu'eux, surgissant de la forêt et leur tombant dessus. Quelle que soit la véritable scène, il est certain que l'*Allosaurus*, avec ses griffes acérées et ses dents tranchantes, n'avait aucune difficulté à venir à bout de toute cette viande.

▶ Allosaurus *est le plus grand carnivore jurassique connu, dans la Formation Morrison.*

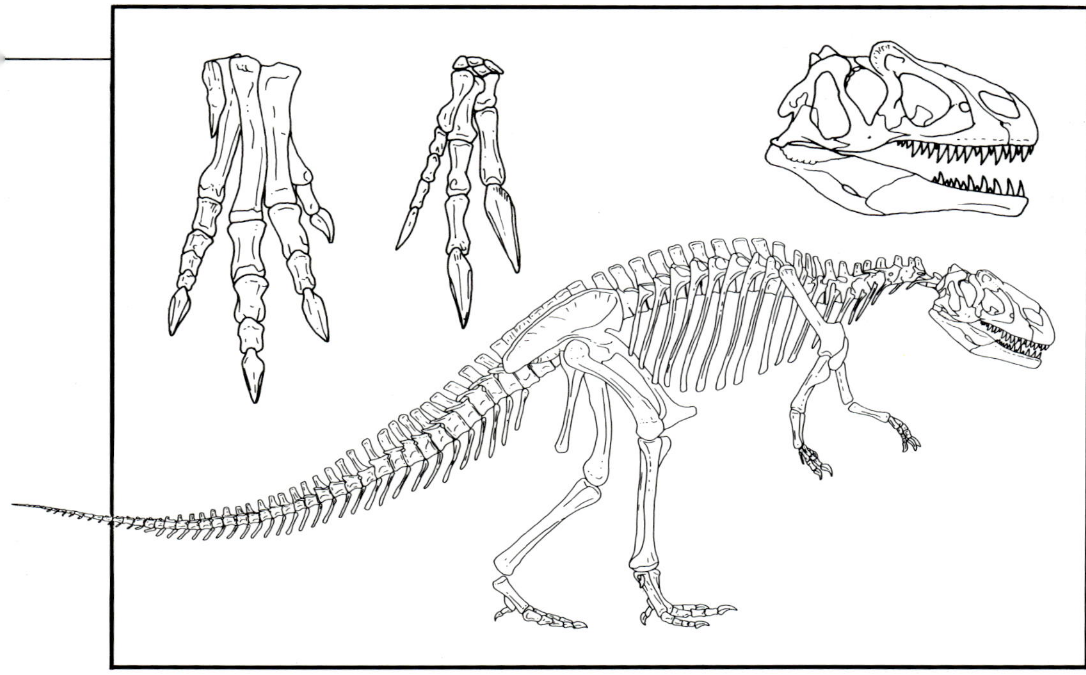

Le crâne de l'Allosaurus était semblable à celui de Ceratosaurus. *Bien qu'il ait eu la même flexibilité, il était cependant plus massif.*

Les pattes étaient fortes et les pieds avaient trois doigts supportant le poids du corps et un premier doigt plus petit. Les mains avaient trois doigts, dont un plus court que les autres, et dotés de griffes énormes.

CAMARASAURUS SUPREMUS

SAUROPODOMORPHE, SAUROPODE
JURASSIQUE SUPÉRIEUR
AMÉRIQUE DU NORD

Les os de *Camarasaurus* sont les restes de sauropodes les plus communs de la riche Formation Morrison.
La première découverte eut lieu en 1877, quand O.W. Lucas ramassa dans le Colorado quelques vertèbres isolées auxquelles Edward Drinker Cope donna un nom. La première description de squelette complet fut faite par Charles W. Gilmore en 1925. Mais le squelette était celui d'un jeune : c'est la raison pour laquelle, bien souvent, on représente un jeune sur les illustrations.
Adulte, un *Camarasaurus* devait atteindre les 18 m de long. C'était un herbivore.

La Formation Morrison, d'âge Jurassique supérieur, s'étend du nord au sud sur le flanc oriental des montagnes Rocheuses, entre le Nouveau-Mexique et le Montana (États-Unis). Les prairies humides et les plaines d'inondation qui donnèrent naissance à cette série de limons et dépôts vaseux devaient héberger toutes sortes de sauropodes. *Diplodocus, Apatosaurus, Brachiosaurus* et de nombreux autres genres y ont été découverts. Aucun, cependant, n'était aussi abondant que *Camarasaurus*.

Le caractère le plus remarquable de *Camarasaurus* est l'organisation de son crâne : un crâne de grande taille, en forme de boîte, abondamment évidé. Les dents, aiguisées comme des ciseaux, étaient non pas groupées en avant comme chez les *Diplodocus*, mais disposées sur toute la longueur de la mâchoire. Les pattes antérieures étaient plus courtes que les postérieures, comme chez la plupart des autres sauropodes, mais les épaules étaient hautes, de sorte que le dos ne s'inclinait pas vers l'avant. Les vertèbres ne présentaient pas de longues apophyses vers le haut, et il est donc peu probable que *Camarasaurus* ait pu se dresser sur ses pattes arrière.

Les fortes dents montrent que cet animal mangeait des plantes plus coriaces que celles dont se nourrissaient les *Diplodocus*. Il avalait sans doute aussi du gravier pour faciliter le broyage de cette masse végétale dans son estomac. Des tas isolés et énigmatiques de cailloux polis, découverts dans la Formation Morrison, sont peut-être le résultat de régurgitations des pierres contenues dans l'estomac d'animaux tels que *Camarasaurus*.

Camarasaurus *parcourait peut-être en troupeaux les plaines d'inondations couvertes de forêts du continent nord-américain.*

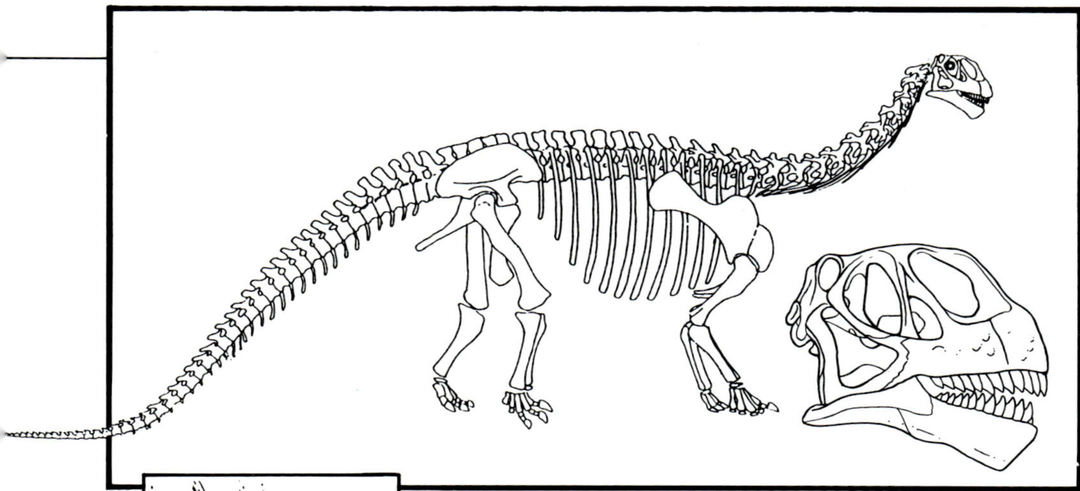

◀ Le squelette complet de *Camarasaurus* montre qu'entre les épaules et les hanches, le dos de l'animal était horizontal.

◀ Les énormes narines placées devant les yeux abritaient probablement une grande membrane humide permettant de garder le cerveau au frais pendant la grande chaleur.

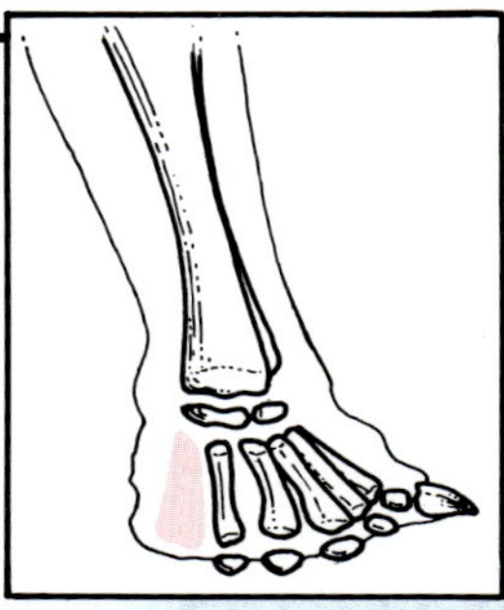

◀ *Le pied de* Camarasaurus *était recouvert d'un morceau triangulaire de tissu spongieux supportant le poids du corps derrière le talon, comme chez les éléphants actuels.*

BRACHIOSAURUS BRANCAI

SAUROPODOMORPHE, SAUROPODE

JURASSIQUE SUPÉRIEUR

AMÉRIQUE DU NORD ET AFRIQUE ORIENTALE

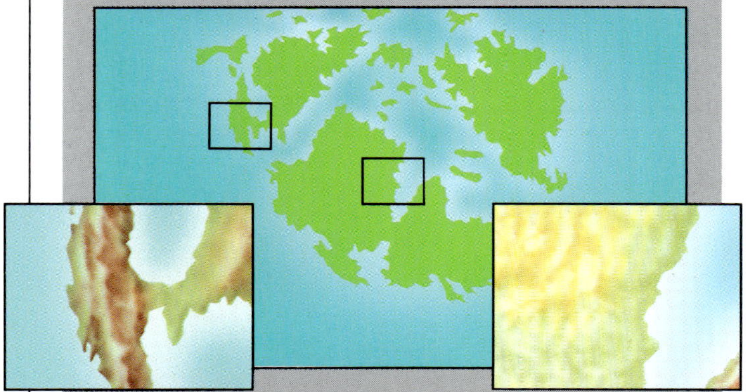

Des restes de *Brachiosaurus* furent d'abord découverts en Amérique du Nord (dans le Colorado), par Elmer Riggs, en 1900, puis décrits et nommés par lui en 1903. Mais la découverte la plus spectaclaire fut faite entre 1908 et 1912 par Werner Janensch et Edwin Hennig, du musée de Berlin, dans ce qui était alors la partie allemande de l'Afrique orientale (l'actuelle Tanzanie). Au Jurassique supérieur, cette région était recouverte de forêts et de plaines, où serpentaient des rivières coupées de la mer par des séries de bancs de sable.
Le nom de genre *Brachiosaurus* fait référence aux membres antérieurs, aux « bras », particulièrement longs. Quant au nom d'espèce *brancai*, il rend hommage au Dr W. Branca, directeur du musée de Berlin, qui monta l'expédition en Afrique orientale.
Brachiosaurus devait mesurer 22,5 m de long et 12 m de haut, à en croire la reconstitution du musée de Berlin, et peser dans les 75 tonnes.
C'était un herbivore, qui se déplaçait probablement en troupeaux et broutait le sommet des arbres.

Les brachiosauridés différaient d'un autre groupe de sauropodes, les diplodocidés, par le fait que ses pattes antérieures étaient plus longues que les postérieures, de sorte que le dos montait des hanches aux épaules. Celles-ci se dressaient à environ 5 m au-dessus du sol et fournissaient une base pour le cou presque vertical. La structure du squelette montre que l'animal n'aurait pas été capable de se dresser sur ses pattes arrière comme pouvaient le faire les diplodocidés : avec un cou comme le leur, ils n'en auraient d'ailleurs guère eu besoin ! Les *Brachiosaurus* étaient en quelque sorte les girafes des forêts du Jurassique supérieur et du Crétacé inférieur, mais des girafes deux fois plus hautes que les girafes actuelles.

Malgré sa taille, *Brachiosaurus* ne semble pas avoir été le plus grand des brachiosauridés. Les restes de créatures encore plus grandes et plus lourdes ont été découverts dans le Colorado. Quand on compara ces os à ceux de *Brachiosaurus*, on réalisa qu'ils pouvaient avoir appartenu à une bête pesant 130 tonnes ! On ne peut hélas pas reconstituer l'animal à partir des os fossiles.

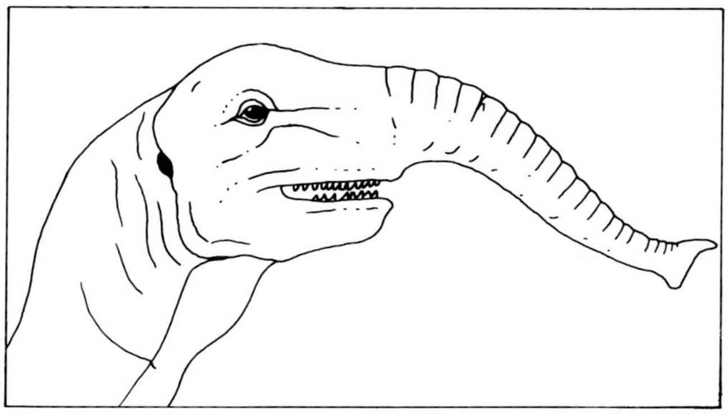

▲ *Certains scientifiques pensent que les énormes narines au sommet du crâne de* Brachiosaurus *signifient qu'il avait une trompe, comme les éléphants actuels.*

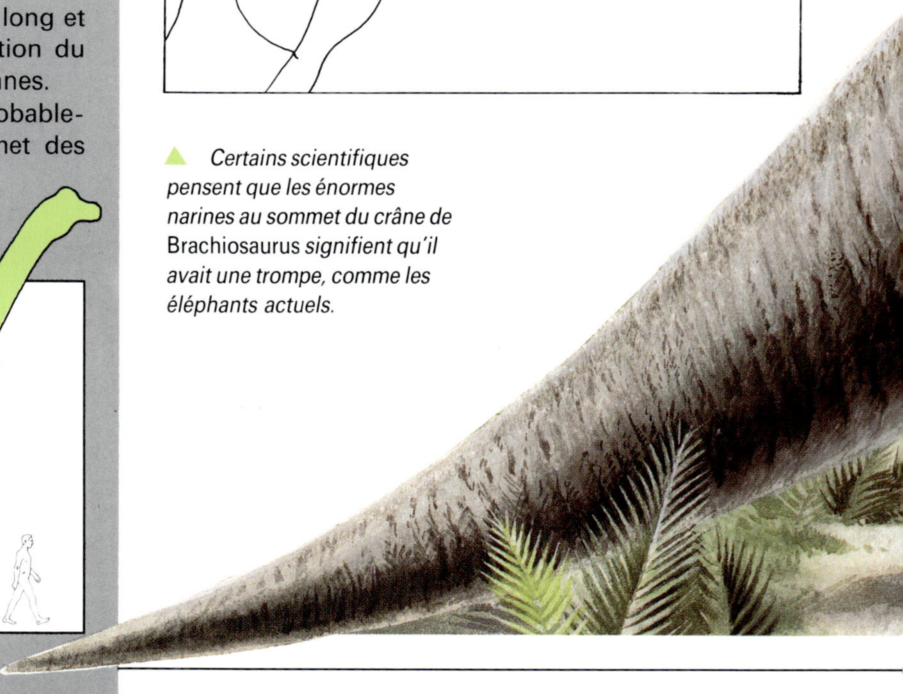

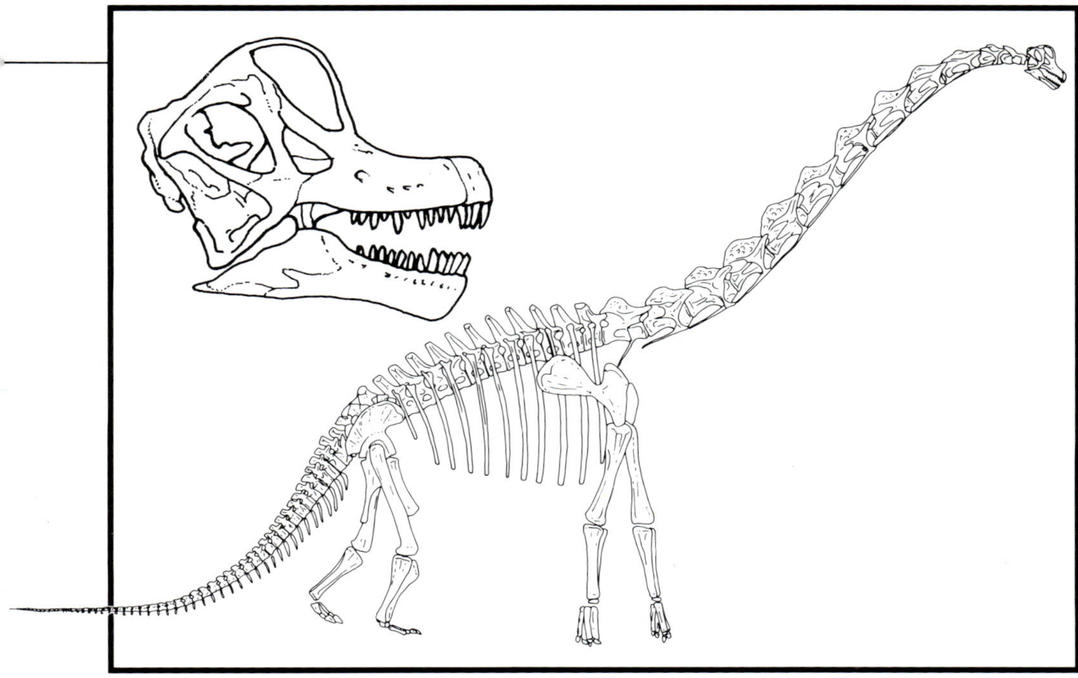

▲ *Les narines étaient placées au sommet du crâne. Les dents étaient grandes, en forme de ciseaux.*

▼ *Les* Brachiosaurus *parcouraient probablement en troupeaux les plaines boisées, broutant le sommet des arbres.*

▲ *Le squelette complet montre la hauteur incroyable du cou et les très longs membres antérieurs.*

DIPLODOCUS LONGUS

SAUROPODOMORPHE, SAUROPODE

JURASSIQUE SUPÉRIEUR ET CRÉTACÉ INFÉRIEUR

AMÉRIQUE DU NORD ET SUD DE L'ANGLETERRE

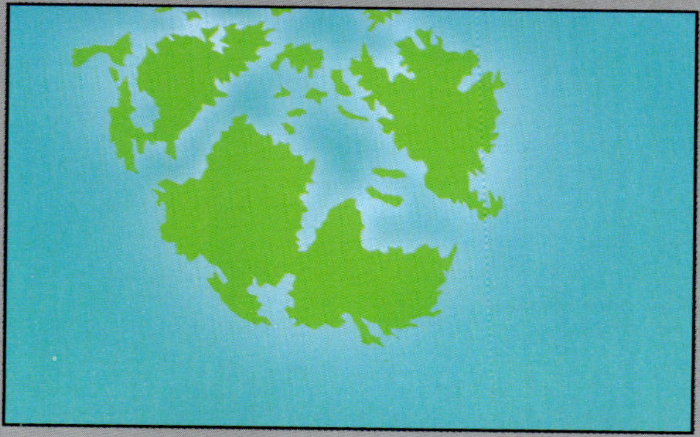

Les premiers restes de *Diplodocus*, fragments de la queue et des membres postérieurs, furent découverts en 1877 par Samuel Williston, près de Canyon City, dans le Colorado (États-Unis). Il leur fut donné le nom de *Diplodocus longus* par Othniel Charles Marsh. Un squelette particulièrement bien conservé fut récupéré en 1902 dans l'Utah. Ce dernier fut nommé *Diplodocus carnegii.* Dix moulages de ce squelette furent envoyés à divers musées dans le monde. En Grande-Bretagne, des os de *Diplodocus* furent découverts en 1977 sur l'île de Wight, dans le sud de l'Angleterre, et des empreintes de pattes, identifiées comme étant celles de *Diplodocus* furent trouvées dans le Dorset en 1987.

Le nom *Diplodocus* (du grec *diplos* « deux », et *dokos* « poutre »), fait référence à une double expansion osseuse faisant office de béquilles sous les vertèbres de la queue, protégeant ce volumineux appendice lorsqu'il traînait sur le sol. *Diplodocus* mesurait 27 m de long. Pourtant, c'était un dinosaure relativement léger, ne pesant qu'une dizaine de tonnes.

C'était un herbivore, broutant des aiguilles de résineux et des cônes au sommet des arbres.

Imaginez que vous soyez perché dans un arbre : vous êtes à environ dix mètres du sol (à la hauteur d'une fenêtre, au troisième étage d'un immeuble), quand soudain une tête d'apparence aimable, pas plus grande que celle d'un cheval, s'avance entre les branches et arrache les feuilles des rameaux près de vous. Vous imagineriez difficilement que la tête appartient à un animal plus long que trois autobus ! Le *Diplodocus* était capable de se dresser à de telles hauteurs grâce aux muscles puissants de son dos, particularité qu'on ne comprit que récemment.

L'impression générale donnée par un *Diplodocus* aurait été celle d'un animal démesurément allongé, le cou et la queue constituant l'essentiel de cette longueur. La queue, qui s'achevait en mèche de fouet, était probablement utilisée pour la défense.

Si long cependant qu'ait été le *Diplodocus*, il y eut à cette époque des animaux encore plus longs que lui ! Un de ses proches parents fut découvert au Nouveau-Mexique en 1984. Il n'a pas encore été totalement dégagé, mais il semble qu'il ait mesuré quelque 33 m de long : la plus longue créature découverte à ce jour ! On lui a donné le nom provisoire de *Seismosaurus*, le reptile qui fait trembler la terre...

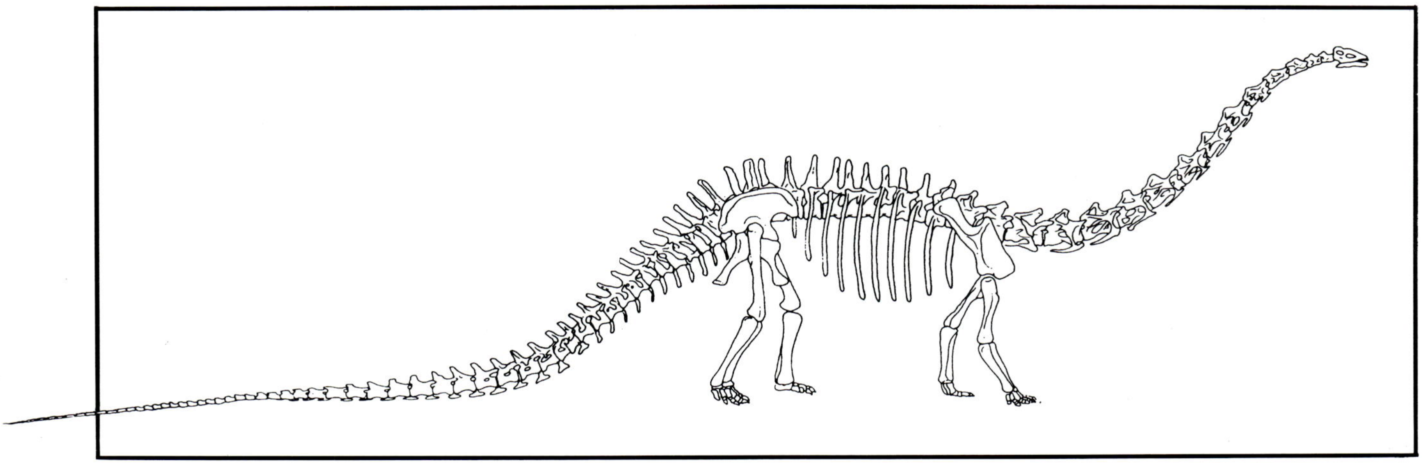

▲ On a découvert de nombreux squelettes de Diplodocus.

▼ Les muscles dorsaux devaient permettre aux Diplodocus de lever leurs pattes antérieures, leur permettant d'atteindre les hautes frondaisons des arbres.

▲ Les pattes étaient munies de cinq doigts ; sur les postérieures, trois doigts portaient des griffes, un seul sur les pattes antérieures. Les épines vertébrales, particulièrement développées au niveau des hanches, la partie basse du dos et la base de la queue étaient de solides zones d'ancrage pour les robustes muscles dorsaux.

▼ Les dents ressemblaient à des crayons et étaient confinées à l'avant de la mâchoire. Les narines étaient disposées au sommet de la tête.

MAMENCHISAURUS HOCHUANENSIS

SAUROPODOMORPHE, SAUROPODE

JURASSIQUE SUPÉRIEUR

CHINE

Des os de ce curieux diplodocidé furent mis à jour pour la première fois en 1952 dans la province du Sechouan, en Chine centro-méridionale, et ils reçurent le nom de *Mamenchisaurus constructus* par Young Chung Chein. D'autres restes furent trouvés en 1957, mais il fallut attendre 1972 pour qu'un squelette complet soit décrit.

Mamenchi et Hochuan, auxquels il est fait référence dans les noms de genre et d'espèce, sont des noms de localités du sud de la Chine.

Le squelette le plus complet de *Mamenchisaurus* mesure 18,5 m de long, mais il manque une grande partie de la queue. L'animal entier avait probablement quelque 23 m de long. Le cou à lui seul mesure 8 à 9 m.

Comme les autres sauropodes, *Mamenchisaurus* était herbivore.

Kunglung (« dragon terrible ») est le nom chinois du dinosaure. Depuis les années 1950, on a fait de nombreuses découvertes de dinosaures en Chine et *Mamenchisaurus* est probablement le plus spectaculaire d'entre eux.

Le cou, incroyablement long, est constitué de 19 vertèbres dont chacune est évidée, l'ensemble formant une charpente creuse extrêmement robuste. C'est une caractéristique de la plupart des grands sauropodes. De cette façon, le poids de la masse osseuse se trouve réduit, sans diminuer pour autant la puissance. Chaque vertèbre du cou est fixée à la suivante par des bandes osseuses, ce qui donne une structure très rigide. La seule courbure possible se serait faite au niveau de la tête ou de l'épaule.

À quoi pouvait servir un tel cou ? Si nous pouvons imaginer *Mamenchisaurus* se dressant sur ses pattes arrière, comme les autres diplocidés semblent avoir été capables de le faire, l'animal aurait alors pu atteindre les feuilles et les rameaux à une hauteur de plus de 15 m ! Une autre idée est que les sauropodes ont peut-être passé une grande partie de leur temps dans les étangs et les lacs. Si tel était le cas, *Mamenchisaurus* aurait pu, en balançant son cou, saisir des herbes aquatiques sur de grandes surfaces.

Ce cou est si inhabituel que de nombreux paléontologues ne considèrent pas *Mamenchisaurus* comme un diplocidé et le classent dans une autre famille.

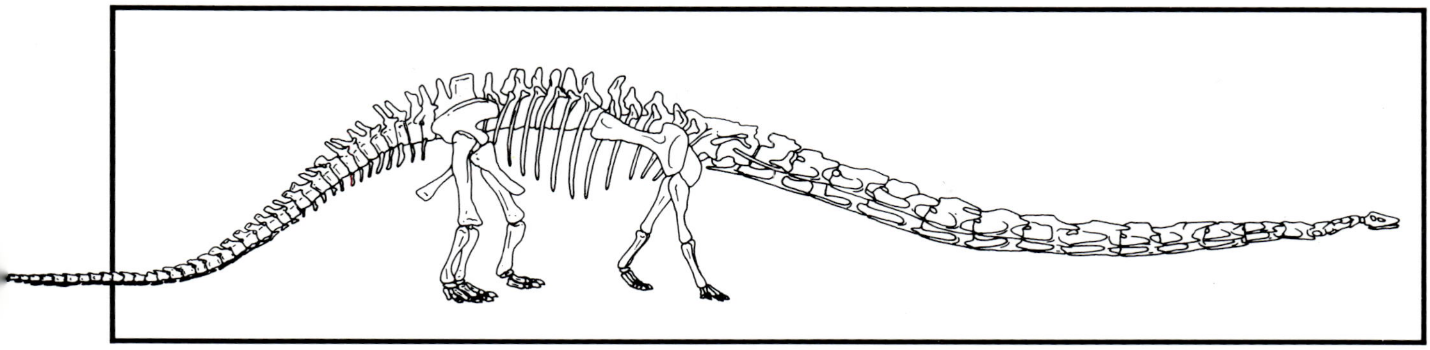

Les os du cou sont bien conservés dans le squelette presque complet, sur lequel il manque surtout des parties du corps et de la queue.

Le grand cou, avec ses 19 vertèbres, permettait peut-être à Mamenchisaurus d'atteindre sa nourriture sur une vaste surface autour de lui.

Ce long cou permettait aussi bien d'atteindre les plus hautes branches des arbres que de cueillir les plantes aquatiques à la surface des lacs et étangs.

Mamenchisaurus *semble avoir eu le cou le plus long.*

STEGOSAURUS ARMATUS

STÉGOSAURE, STÉGOSAURIDÉ

JURASSIQUE SUPÉRIEUR

AMÉRIQUE DU NORD (EMBLÊME FOSSILE DU COLORADO)

De nombreux restes de stégosaures ont été dégagés dans des carrières du Colorado et du Wyoming dans les années 1870 et 1880 par les équipes d'Othniel Charles Marsh. Ce dernier publia le premier rapport sur ces restes en 1877, mais il ne publia pas de description du squelette complet avant 1891.

Stegosaurus est le plus grand des stégosaures connus : il atteignait une longueur de 7,4 m pour un poids de 3,5 tonnes.

Il mangeait des plantes, broutant probablement les herbes et les branches basses des arbres.

Stegosaurus doit être l'un des dinosaures les plus familiers avec ses splendides rangées de plaques sur le dos, sa queue hérissée de pointes et sa tête minuscule. De grandes discussions subsistent parmi les paléontologues pour savoir comment les plaques étaient exactement disposées et à quoi elles servaient.

Il y avait deux rangées de plaques : nul ne le conteste. Mais étaient-elles disposées par paires ou en quinconce ? *In situ* dans la roche, les plaques ont tendance à se chevaucher, mais cette disposition peut-être artificielle a pu être acquise au moment de la décomposition de la carcasse. Chez d'autres stégosaures, on observe des plaques et des pointes nettement disposées par paires. Pourquoi ne serait-ce pas le cas chez *Stegosaurus* ?

On s'interroge sur la fonction de ces plaques. Selon une explication traditionnelle, ces plaques auraient formé une cuirasse protégeant la colonne vertébrale. Cependant, des travaux effectués dans les années 1970 suggèrent qu'il pourrait s'agir de dispositifs régulateurs de température, comme le voile de *Spinosaurus* (pp. 96-97). Si tel devait être le cas, il serait alors plus logique de retenir la disposition en quinconce.

▲ *Celui qui présente quatre paires de pointes caudales est* Stegosaurus ungulatus *; celui qui possède de très grandes plaques sur le dos est probablement un stégosaure apparenté :* Diracodon.

▶ *Si les plaques étaient utilisées comme régulateurs thermiques, les deux paires de pointes dressées sur la queue constituaient la seule arme défensive de* Stegosaurus.

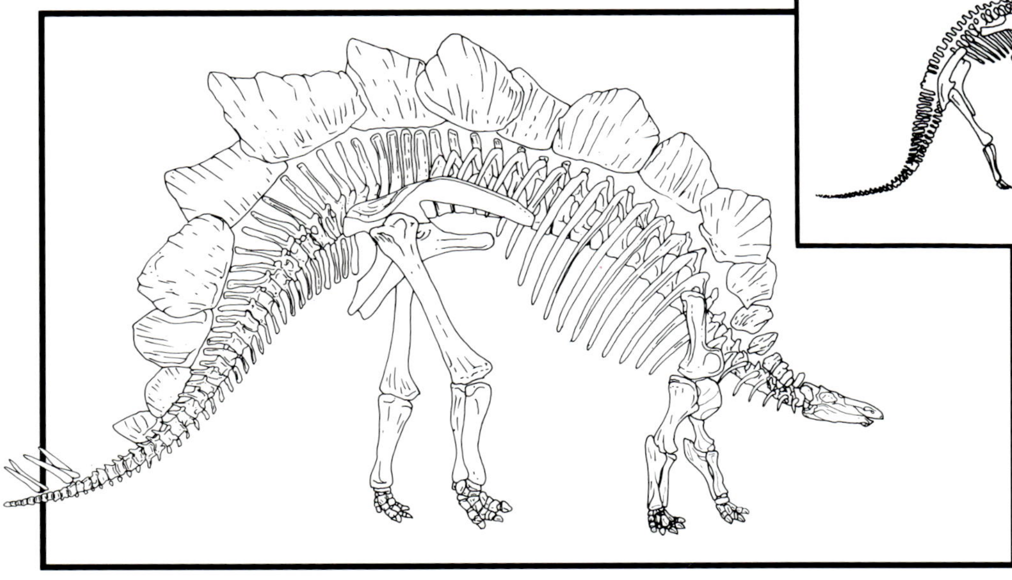

▲ *Les longues pointes de la colonne vertébrale au-dessus des hanches suggèrent la présence d'une puissante masse de muscles. La force de levier produite par ces muscles aurait aisément permis aux Stegosaurus de se dresser sur leurs pattes postérieures et d'atteindre les rameaux feuillés des arbres.*

KENTROSAURUS AETHIOPICUS

STÉGOSAURIEN, STÉGOSAURIDÉ

JURASSIQUE SUPÉRIEUR

TANZANIE (AFRIQUE ORIENTALE)

La mise à jour de plusieurs squelettes de ce dinosaure fut l'une des plus importantes réalisations de l'expédition allemande de 1909-1912 en Afrique orientale. L'animal fut décrit et nommé en 1915 par Edwin Hennig, l'un des trois paléontologues de l'expédition. Si l'un des squelettes assemblés est conservé au Musée de Paléontologie de l'Université de Humboldt, à Berlin, la plupart des autres restes de *Kentrosaurus* furent perdus quand le musée fut endommagé par les bombardements alliés au cours de la Seconde Guerre mondiale.
Kentrosaurus était un petit stégosaure herbivore, de 2,5 m de long tout au plus.
C'était un herbivore.

Les animaux du Jurassique supérieur de Tendaguru, en Tanzanie, étaient très semblables à ceux qui ont été découverts dans la Formation Morrison sur le flanc est des montagnes Rocheuses, et qui vivaient en Amérique du Nord à la même époque, lorsque ces deux régions n'étaient pas encore séparées.

Kentrosaurus est la version africaine de *Stegosaurus*. Mais c'était un animal beaucoup plus petit et plus svelte. Plaques et pointes osseuses étaient assez différentes : sur le cou, les épaules et la moitié antérieure du dos, les plaques étaient étroites ; les apophyses épineuses, d'abord discrètes sur le cou, s'allongeaient et se dressaient en paires majestueuses sur le reste du dos et jusqu'à l'extrémité de la queue ; autre différence, une paire supplémentaire divergeait latéralement au niveau des hanches. Il est probable que c'était un moyen de défense, non un dispositif de thermorégulation comme cela semble avoir été le cas chez *Stegosaurus*. *Kentrosaurus* n'était pas capable de se dresser sur ses pattes postérieures.

▼ *Les plaques de* Kentrosaurus *étaient assez étroites et les apophyses épineuses médiodorsales réellement spectaculaires.*

Les stégosaures étaient des animaux plutôt lents. La longueur de l'os de la cuisse, comparée à celle de la patte, montre qu'ils n'étaient pas bâtis pour la course ; quant à la boîte crânienne, elle ne pouvait assurément pas abriter un gros cerveau.

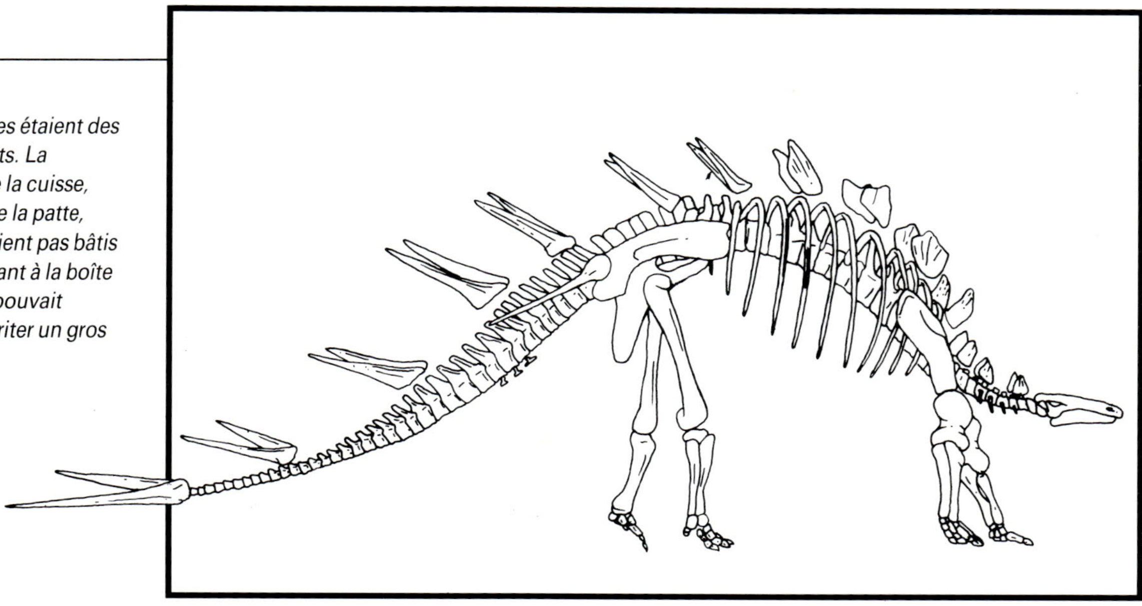

Des stégosaures autres que Kentrosaurus *avaient aussi des pointes sur les hanches, tel* Lexovisaurus, *découvert en Angleterre et en France.*

LE CRÉTACÉ INFÉRIEUR

Dans la première partie du Crétacé, à partir de – 145 millions d'années environ, le Gondwana, partie méridionale de la Pangée, commençait à se morceler. Un vaste ensemble, comprenant l'Antarctique, la Nouvelle-Zélande et l'Australie futurs, s'en détachait progressivement, tout comme l'Inde et Madagascar... L'Amérique du Sud commençait à s'écarter de l'Afrique, des fossés jalonnant leur séparation. Deux bras grandissants de l'océan Atlantique naissant se développèrent ainsi du sud au nord et vers l'est, à partir des Caraïbes. De sorte qu'à la fin du Crétacé inférieur, ces deux bras s'étant rejoints, l'Amérique du Sud et l'Afrique se trouvèrent irrémédiablement séparés. L'extrémité méridionale de cette zone s'était étirée depuis le Trias, engendrant des volcans.

Entre l'Amérique du Nord et l'Europe, des voies marines existaient aussi, mais ces deux zones n'avaient pas encore commencé à se séparer vraiment. L'Europe était toujours une sorte de grossière mosaïque insulaire : les îles étaient vastes, l'une d'elles couvrant seule toute la zone des îles Britanniques actuelles. Les mers peu profondes qui les entouraient tendaient à s'assécher, voire à se transformer en lacs d'eau douce. L'un d'eux s'étendait du Weald, région du sud de l'Angleterre, jusqu'à l'Allemagne du Nord : ses dépôts ont donné naissance à des roches sédimentaires aux caractéristiques très particulières (« faciès wealdien »). Plus à l'est encore, au-delà de l'archipel de l'Oural, le bassin de l'Ob couvrait encore une grande partie de l'Asie septentrionale ; il était seulement plus petit qu'au Jurassique.

L'Australie semblait s'ouvrir et s'enfoncer : des mers peu profondes s'engouffraient par le nord de ce vaste territoire et submergeaient la majeure partie de l'intérieur. La mer de Sundance recouvrait encore une grande partie de l'Amérique du Nord ; les montagnes Rocheuses approchaient leur altitude actuelle. De l'autre côté de la Laurasie – la partie non morcelée de la vieille Pangée – des arcs d'îles et des chaînes de volcans se formaient en bordure de la Panthalassa. Ces rives ressemblaient à la côte pacifique actuelle de l'Asie, avec des arcs insulaires, des mers peu profondes et des fosses plus profondes. Tandis que la Pangée se fragmentait et s'éparpillait, les dépôts océaniques s'accumulaient en profondeur.

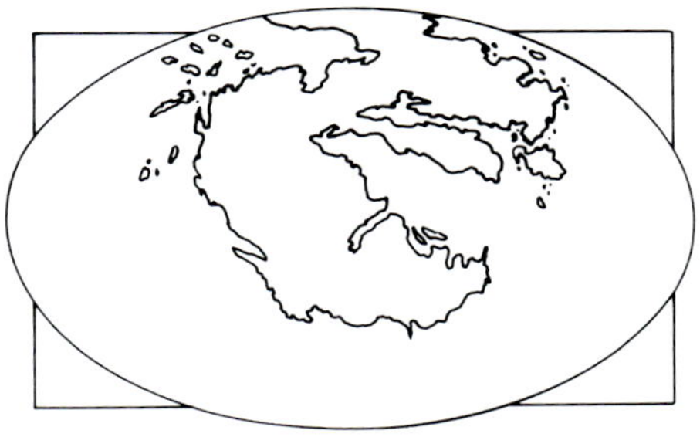

TRIAS
Il y a 215 millions d'années

▶ *Au Crétacé inférieur, le supercontinent est en lambeaux, des bras de mer morcellent le Gondwana et en isolent les morceaux de la Laurasie. Une telle configuration rendait la dispersion de la faune et de la flore terrestres de plus en plus difficile. Aussi, les espèces se développant dans une zone donnée pouvaient-elles dès lors évoluer en toute indépendance et acquérir des caractères originaux. Ce n'est que lorsque le niveau de la mer s'abaissait ou qu'un isthme naissait à partir d'une chaîne d'îles volcaniques, que les plantes et les animaux pouvaient essaimer d'un continent à l'autre.*

JURASSIQUE SUPÉRIEUR
Il y a 145 millions d'années

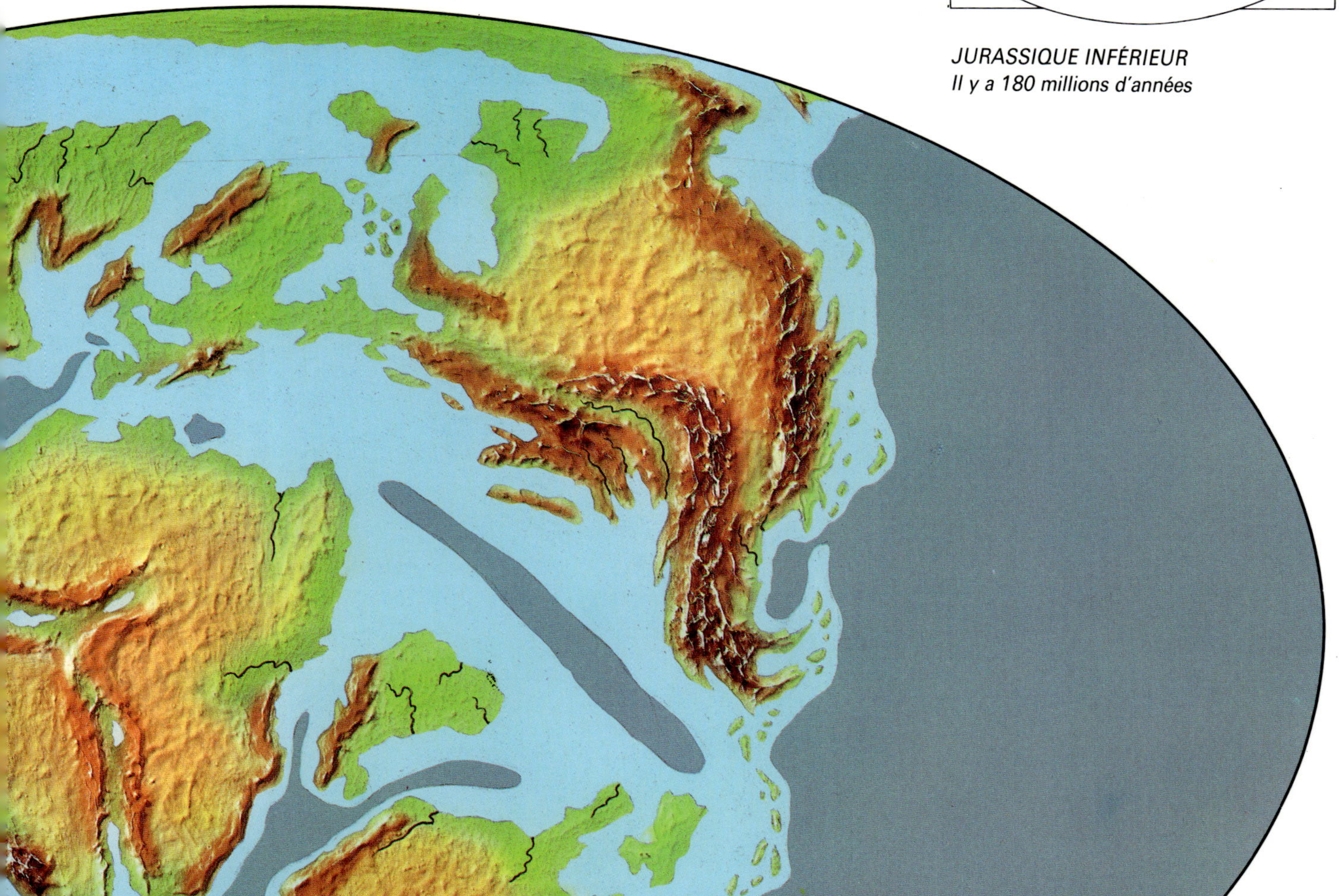

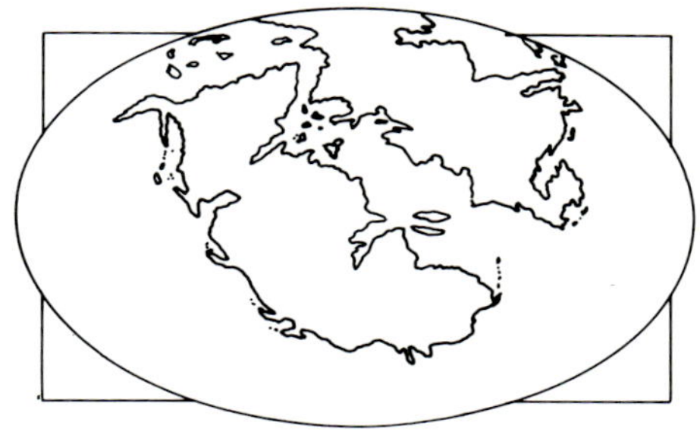

JURASSIQUE INFÉRIEUR
Il y a 180 millions d'années

CRÉTACÉ SUPÉRIEUR
Il y a 70 millions d'années

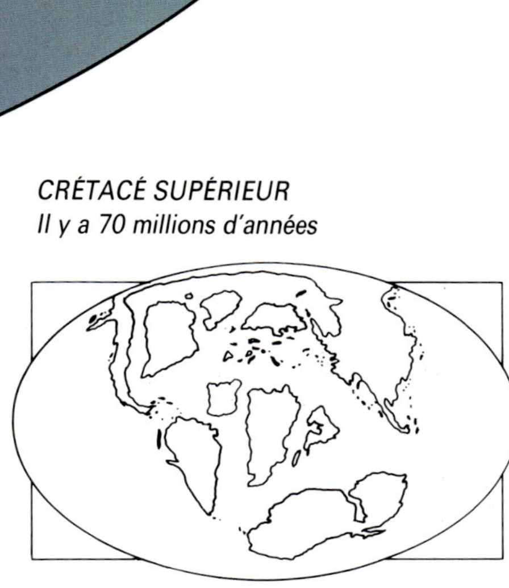

LES CONDITIONS DE VIE

Le climat du Crétacé inférieur était tempéré chaud comme au Jurassique. Même aux pôles, le climat n'était pas d'une rigueur extrême. Si de nos jours des calottes glaciaires recouvrent les pôles, ce n'est qu'un caprice de la géographie. Actuellement situé au pôle Sud, le continent Antarctique se trouve soustrait à l'influence réchauffante de la mer : il y fait donc très froid. Le pôle Nord, quant à lui, est situé dans une zone maritime, mais cette zone est presque totalement encerclée par les terres, ce qui interdit tout échange avec d'autres masses océaniques plus chaudes : aussi y fait-il également très froid. Au Mésozoïque, les pôles se trouvaient dans des zones maritimes ouvertes sur les régions chaudes du monde. La circulation des eaux océaniques était telle que les pôles se trouvaient à l'abri des venues d'eau froide et profitaient au contraire des courants chauds. D'où l'absence de calottes glaciaires permanentes.

Sur la terre ferme, florissaient encore des forêts de type jurassique : futaies de conifères, de gingkos et de cycas, sous-bois de fougères et de prêles. Sur les rives du lac Wealdien, au sud de l'Angleterre et en Belgique, les étendues de prêles servaient de pâture aux troupeaux d'*Iguanodon* (pp. 86-87) et d'*Hypsilophodon* (pp. 84-85), que traquaient des *Megalosaurus* (pp. 78-79) toujours affamés, tandis que les *Baryonyx* (pp. 80-81) pêchaient dans les nombreuses rivières des basses plaines.

*La plupart des dinosaures du Crétacé inférieur que nous connaissons vivaient dans les forêts au bord du grand lac Wealdien en Europe du Nord. À leurs côtés, des crocodiles peuplaient les petites rivières et des ptérosaures tels qu'*Ornithodesmus *se faufilaient entre les arbres.*

Dans certaines régions, le climat était plus sec qu'avant. En Amérique du Nord, les montagnes Rocheuses, finissant de se soulever, dressaient une barrière quasi infranchissable entre l'océan et le continent. Des bandes féroces de *Deinonychus* (pp. 82-83) chassaient dans un paysage plutôt rabougri. Dans les zones sèches d'Afrique du Nord, loin des vents humides de la mer, *Ouranosaurus* (pp. 88-89) cherchait sa nourriture parmi les maigres buissons d'étendues désertiques. L'intérieur aride de l'Asie orientale possédait aussi des dinosaures tels que le petit *Psittacosaurus* qui ressemblait à un perroquet (pp. 90-91).

La vie dans les océans était toujours aussi foisonnante. Si les ichthyosaures étaient en voie de disparition, d'autres reptiles aux énormes corps de crocodiles, les mosasaures, les remplaçaient. À la même époque, dans les mers épicontinentales d'Australie, prospérait le plus grand des pliosaures à cou court, *Kronosaurus*.

Au Crétacé inférieur, certaines aires continentales demeuraient très éloignées de la mer. Ces régions avaient donc tendance à être beaucoup plus sèches que les régions côtières. Tel était toujours le cas du centre de l'Amérique du Nord, où vivaient de multiples espèces de dinosaures.

Les mers peu profondes du Crétacé inférieur regorgeaient de vie. Les ammonites y étaient particulièrement abondantes. De grands reptiles marins s'y développaient. Le plus grand et le plus lourd des plésiosaures à cou court était Kronosaurus *d'Australie, sorte de version reptilienne de notre cachalot.*

MEGALOSAURUS BUCKLANDI

THÉROPODE, MÉGALOSAURIDÉ
JURASSIQUE ET CRÉTACÉ INFÉRIEUR
EUROPE ET AFRIQUE

Megalosaurus fut le premier dinosaure à être identifié comme tel. Son nom apparut pour la première fois en 1822 dans un article écrit par le médecin James Parkinson. Il décrivait une mâchoire et des dents étudiées par un paléontologue en renom, William Buckland. En 1824, Buckland lui-même écrivit un rapport scientifique complet sur le fossile.

Au cours des 150 dernières années, un grand nombre d'os fossiles ont été appelés *Megalosaurus* mais aucun squelette complet n'a jusqu'ici été trouvé. Il était d'ailleurs en usage d'appeler *Megalosaurus* tous les restes de théropodes européens : ce qui explique que beaucoup d'entre eux aient été rebaptisés depuis.

Megalosaurus devait mesurer dans les 9 m et peser environ une tonne.

C'était un carnivore.

La place de *Megalosaurus* dans l'histoire de la paléontologie – en tant que premier dinosaure décrit – en fait un animal important. Pourtant, nous n'avons pas encore une idée très claire de son allure générale. Sans matériel de comparaison, les paléontologues l'ont d'abord reconstitué comme un monstrueux quadrupède. Or ce n'est qu'au bout de plusieurs dizaines d'années, après que des théropodes semblables aient été découverts en Amérique du Nord, que l'on réalisa qu'il devait s'agir d'un bipède.

La tête était grande, armée de dents acérées capables de dilacérer la viande, le cou très flexible, une longue queue équilibrait le corps au niveau des hanches. Les pattes étaient massives, supportant l'énorme poids de l'animal ; elles avaient probablement trois doigts principaux et un plus petit tourné vers l'arrière. Les membres antérieurs étaient plus petits que les membres postérieurs et n'avaient peut-être que trois ou quatre doigts.

▶ *Les premiers restes fossiles à avoir été reconnus comme appartenant à un dinosaure sont cette mâchoire et ces dents de* Megalosaurus *découvertes à Oxford, en Angleterre.*

▶ *Ce célèbre dessin, souvent reproduit, ne représente pas un squelette authentique de* Megalosaurus. *Ce sont en effet des vertèbres d'un spinosaure,* Altispinax *(p. 97), qui ont été utilisées pour cette reconstitution, ce qui explique la haute crête qui court tout le long du dos.*

▼ Megalosaurus *chassait les iguanodons dans les forêts de basses plaines et les clairières du Jurassique et du Crétacé inférieur d'Europe septentrionale.*

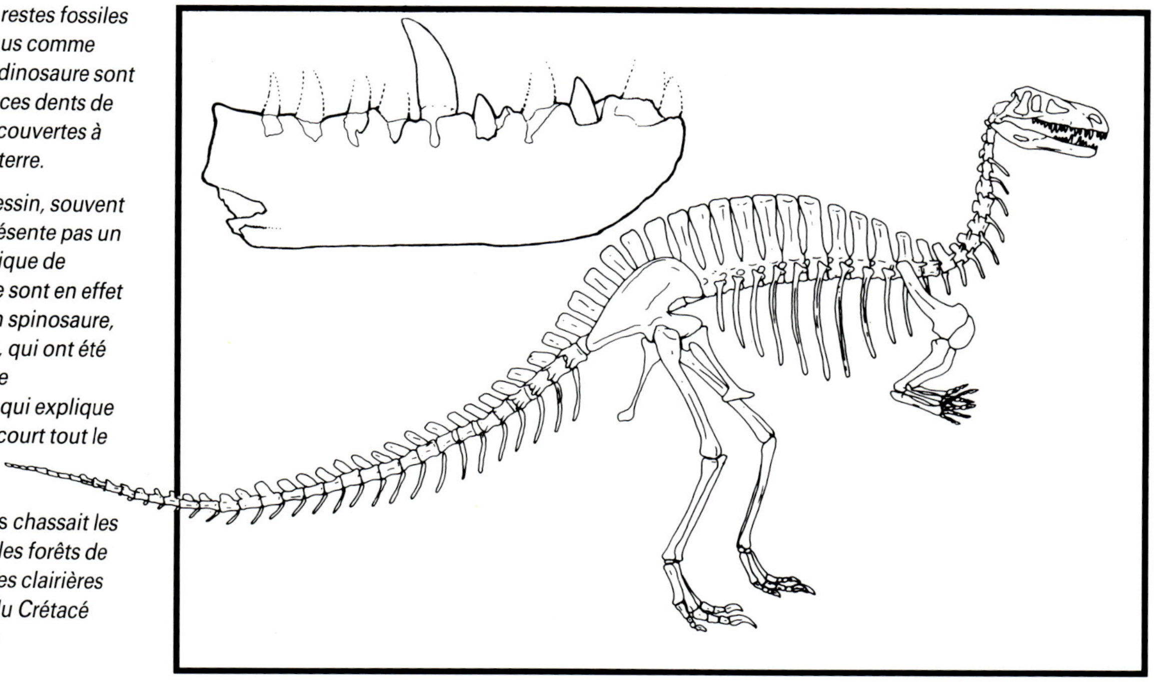

BARYONYX WALKERI

THÉROPODE, BARYONYCHIDÉ
CRÉTACÉ INFÉRIEUR
SUD DE L'ANGLETERRE

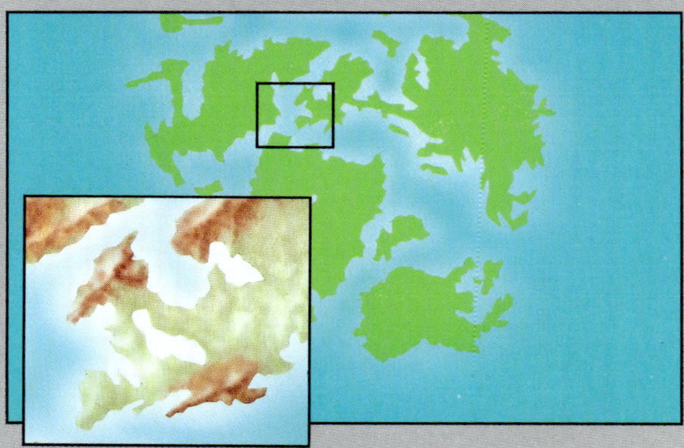

Deltas et plaines fluviales s'étendaient depuis les hauteurs de la région de Londres vers le lac Wealdien qui recouvrait une grande partie de l'Europe du Nord.
Baryonyx fut décrit pour la première fois en 1986 par deux chercheurs du British Museum de Londres, Alan Charig et Angela Milner. Le seul et unique spécimen actuellement connu avait été découvert en 1983 par un collectionneur de fossiles amateur, William Walker, à qui il fut naturellement dédié. Il correspond à peu près à 70 % du squelette complet.
Le premier fragment récolté est une énorme griffe que Walker aperçut saillant sur la paroi calcaire d'une carrière.
Baryonyx avait environ 6 m de long.
Il se nourrissait probablement de poissons.

▶ Baryonyx *pêchait probablement dans les rivières qui coulaient vers le grand lac Wealdien qui s'étendait sur l'Europe septentrionale au Crétacé inférieur.*

B*aryonyx* enfreignait toutes les règles propres aux dinosaures carnivores ! Il se déplaçait probablement sur ses pattes postérieures, mais ses pattes avant étaient anormalement grandes pour ce type d'animal. Aussi se peut-il qu'il ait passé une grande partie de son temps à quatre pattes. Comme certains autres carnivores, il possédait un énorme ergot, mais cet ergot était situé sur la main, non sur le pied (du moins les scientifiques le pensent, étant donné la puissance des os du bras). Le cou était assez long mais peu flexible, et la tête n'était pas placée à angle droit, comme c'est habituellement le cas chez les autres théropodes. Les mâchoires étaient particulièrement longues : elles ressemblaient à celles d'un crocodile, avec deux fois plus de dents que les autres carnivores. Il avait une crête sur le museau.

Le grand nombre de dents, les longues mâchoires, la présence d'écailles de poissons dans la cavité du corps, suggèrent que *Baryonyx* se nourrissait de poissons. Si tel est bien le cas, la fonction de la griffe est évidente : l'animal se tapissait probablement sur la bordure d'une rivière, voire dans le cours d'eau, et attrapait les poissons au passage – comme le fait le grizzly de nos jours.

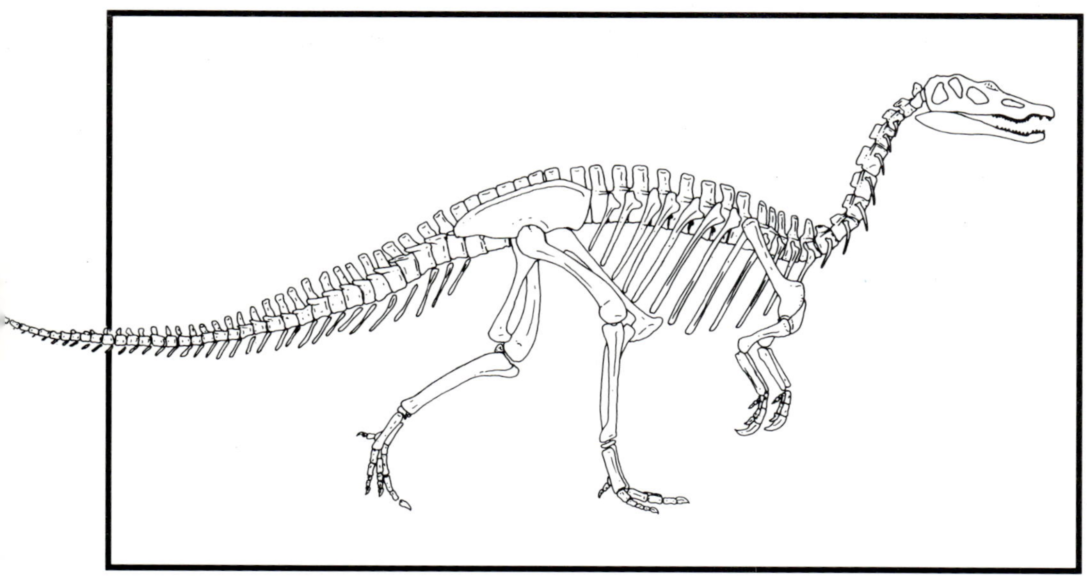

▲ *La posture à quatre pattes et l'absence de courbe en S du cou donnent l'impression d'un animal très long et relativement bas.*

◀ *Le crâne avait des mâchoires de type crocodile avec de nombreuses dents et une crête.*

◀ *Il y avait des os d'iguanodons parmi les restes fossilisés du squelette de* Baryonyx.

DEINONYCHUS ANTIRRHOPUS

THÉROPODE, DROMAEOSAURIDÉ

CRÉTACÉ INFÉRIEUR

AMÉRIQUE DU NORD OCCIDENTALE

Nous avons coutume d'imaginer que les dinosaures les plus féroces et les plus terribles étaient d'énormes carnivores tels que *Tyrannosaurus* (pp. 98-99) ou *Ceratosaurus* (pp. 58-59), qui chassaient sur les chauds continents du Jurassique et du Crétacé. Mais la découverte en 1964 du poids plume *Deinonychus* mit à bas cette vision. La découverte fut si remarquable que son premier descripteur, John Ostrom, le désigna comme « un théropode insolite » dans le titre de son rapport scientifique.

Il devait s'agir d'un chasseur très actif, comme nous pouvons le constater d'après la taille de ses membres. Le corps de l'animal était équilibré au niveau des hanches par une longue queue rigide. Chaque pied comptait deux doigts supportant le poids de l'animal, un troisième doigt étant modifié en une puissante serre. Cette serre était manifestement l'arme principale du chasseur. Il apparaît que *Deinonychus* pouvait se tenir sur une patte et taillader avec la griffe de l'autre, utilisant alors sa queue comme balancier. Le cerveau était assez développé pour diriger la complexe coordination de tous ces gestes. L'ergot pouvait être rétracté et levé quand l'animal marchait ou courait. Les mains étaient aussi très grandes, avec chacune trois longs doigts griffus servant à maintenir une proie en train de se débattre, tandis que la griffe arrière servait à lacérer les chairs.

Deinonychus fut découvert en 1964 à flanc de coteau dans le Montana (États-Unis) et le rapport définitif fut publié en 1969 par John Ostrom. Un *Deinonychus* adulte devait mesurer de 3 à 4 m de long, pour 1,5 m de haut. La majeure partie de la longueur correspondait à la queue et il est vraisemblable que l'animal ne pesait guère plus de 70 ou 75 kg.

Les *Deinonychus* chassaient probablement en bandes, comme les loups actuels, et ils pouvaient attaquer des proies bien plus grandes qu'eux.

▼ *Le squelette ressemblait à celui d'un oiseau, avec sa disposition à angle droit sur le cou. On ignore la forme exacte du bassin, qui pouvait être aussi bien de type oiseau que de type lézard.*

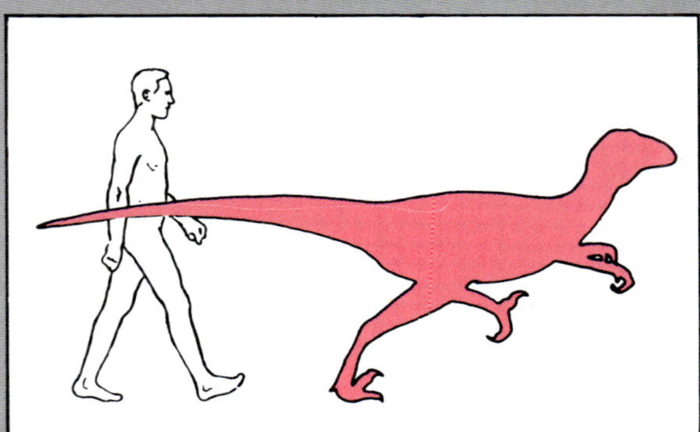

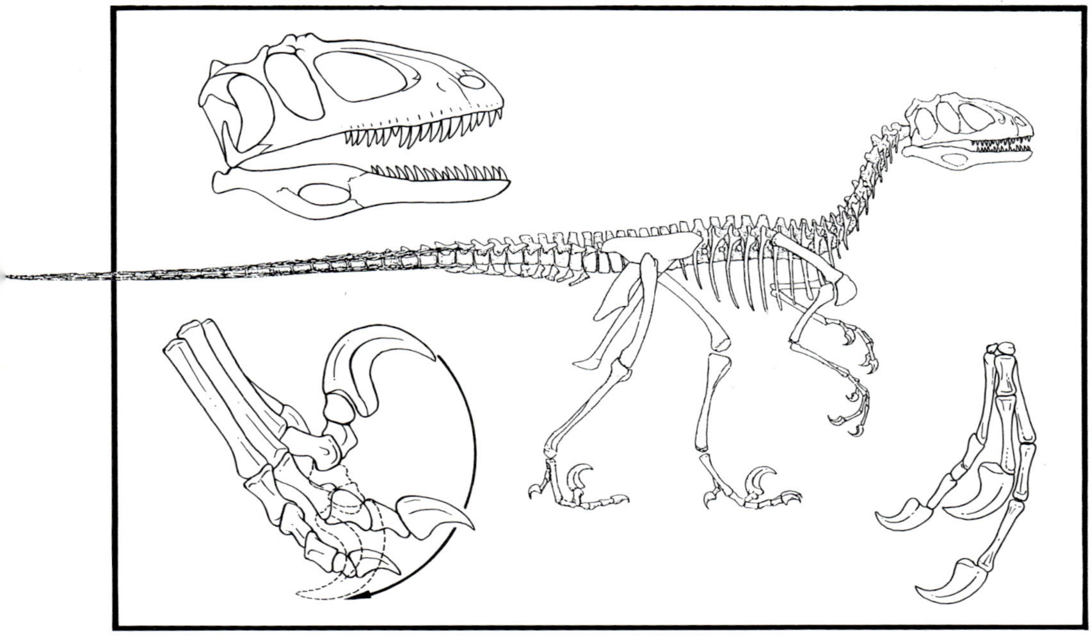

L'ossature de Deinonychus, *très voisine de celle des oiseaux, a conduit certains paléontologues à penser que cet animal était peut-être couvert de plumes, ce qui lui aurait permis de garder une température constante – caractéristique nécessaire pour son style de vie actif.*

Les os de la main ressemblaient à ceux des premiers oiseaux, ce qui suggère l'existence plausible d'ancêtres communs.

Chassant en bandes, Deinonychus *devait être aussi grand et aussi puissant qu'un léopard actuel. C'était le « tigre à dents en sabre » des forêts du Crétacé inférieur.*

HYPSILOPHODON FOXI

ORNITHOPODE, HYPSILOPHODONTIDÉ

CRÉTACÉ INFÉRIEUR

EUROPE (SUD DE L'ANGLETERRE, PORTUGAL) ET ÉTATS-UNIS (DAKOTA DU SUD)

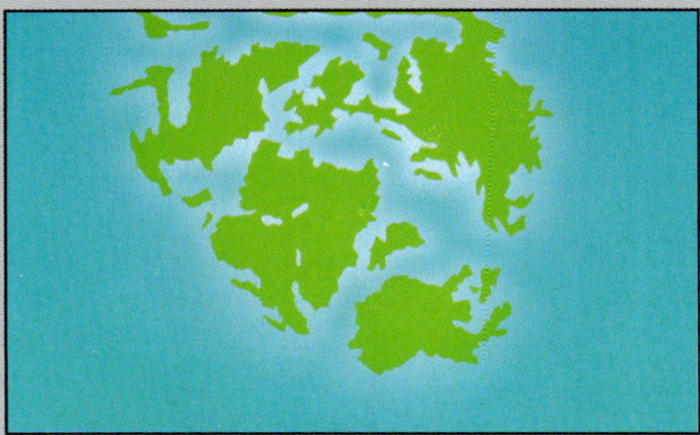

Hypsilophodon était un animal d'aspect plutôt primitif pour un reptile du Crétacé. Il avait le bec des dinosaures à bassin d'oiseau, mais il avait aussi des dents à l'avant de la mâchoire, cinq doigts à la main et quatre au pied : caractéristiques davantage propres à des dinosaures plus primitifs.

Le groupe des Hypsilophodontes, dans son ensemble, s'est perpétué sans grands changements pendant une très longue période, du Jurassique supérieur à la fin du Crétacé. Il doit sa longévité au fait que ses représentants étaient magnifiquement adaptés à leur milieu de vie. Herbivores paissant dans la végétation basse, dotés d'une morphologie de coureur rapide, les *Hypsilophodon* échappaient facilement à des prédateurs tels que *Megalosaurus* ou *Baryonyx* en filant à vive allure dans les sous-bois forestiers.

Les premiers os d'*Hypsilophodon* furent mis à jour en Angleterre en 1849, mais on pensait alors qu'ils appartenaient à un bébé d'*Iguanodon* (pp. 86-87). La première description correcte fut faite en 1870 par T.H. Huxley. Depuis lors, de nombreux squelettes ont été découverts, surtout dans l'île de Wight, dans le sud de l'Angleterre.
La description de 1870 fut faite à partir de plusieurs squelettes découverts en 1868 par le révérend William Fox, un amateur de fossiles, en l'honneur de qui fut choisi le nom de cette espèce.
En 1882 il fut suggéré qu'*Hypsilophodon* avait pu grimper aux arbres, comme un kangourou arboricole. Mais d'autres travaux, effectués en 1974 par P.M. Galton, infirment cette hypothèse.
Hypsilophodon était un petit dinosaure, de moins de 2,50 m de long.
Il était un herbivore.

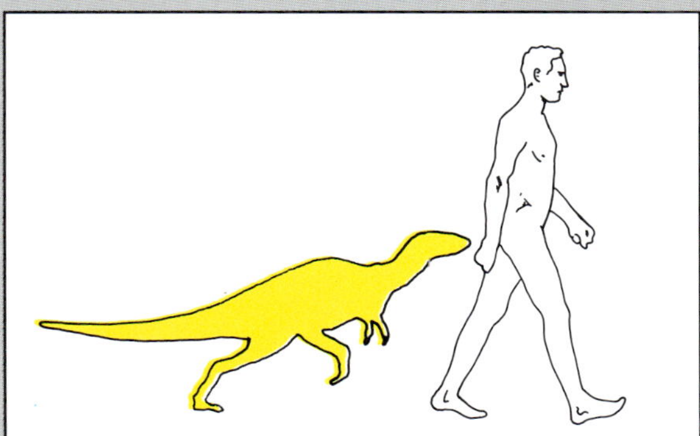

▶ Hypsilophodon *était l'un des plus petits et des plus rapides parmi les dinosaures herbivores du Crétacé.*

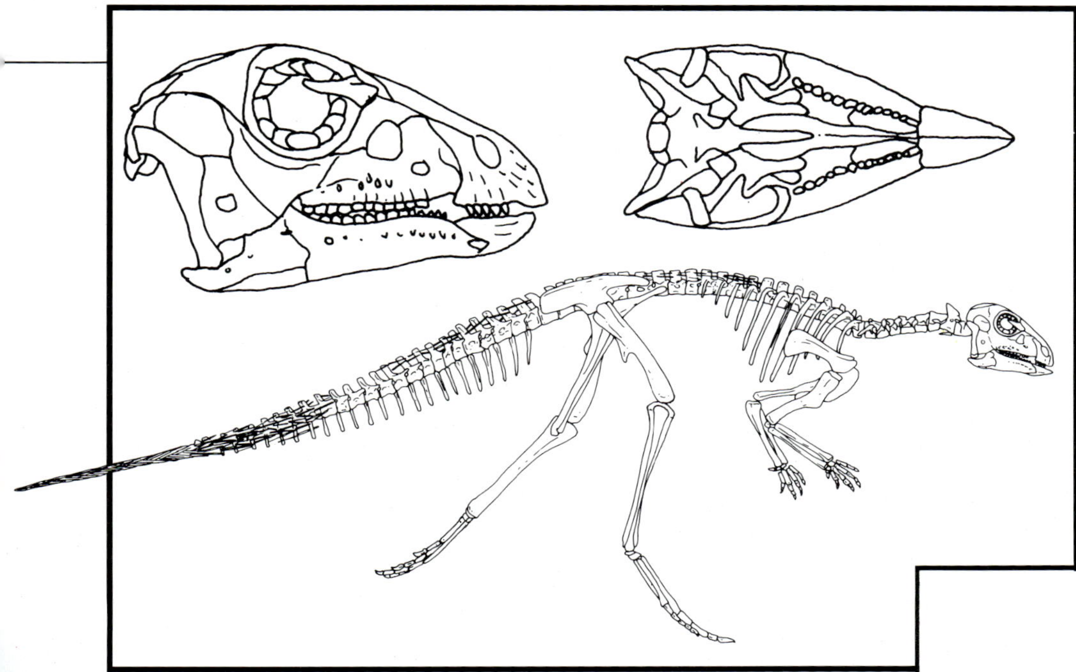

Les mâchoires possédaient des dents sur le devant, ainsi qu'un bec corné.

Le corps léger, la queue rigide et les pattes fort longues montrent que les Hypsilophodon étaient de très rapides coureurs.

La plupart des hypsilophodontidés étaient petits, à peu près de la taille d'un homme. L'un d'eux toutefois, Tenontosaurus, pouvait atteindre 6,5 m de long.

IGUANODON MANTELLI

ORNITHOPODE, IGUANODONTIDÉ
CRÉTACÉ INFÉRIEUR
EUROPE (SURTOUT SUD DE L'ANGLETERRE ET BELGIQUE), AFRIQUE DU NORD, AMÉRIQUE DU NORD OCCIDENTALE, CERCLE ARCTIQUE (MONGOLIE ET SPITZBERG)

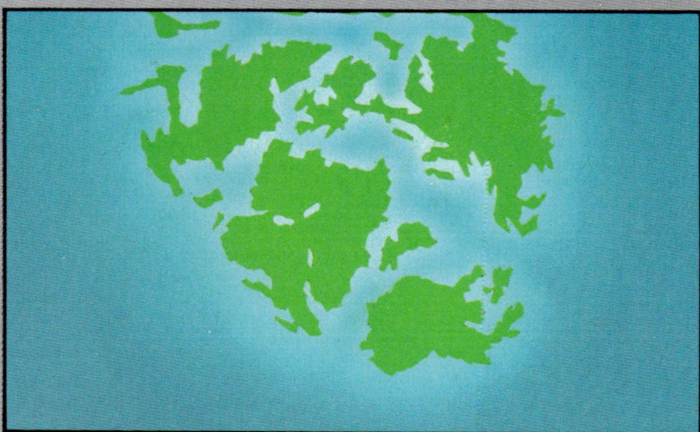

Le Dr Gideon Mantell (à qui fut offert l'hommage de cette espèce), et sa femme Mary en découvrirent les premiers os et les premières dents dans le Sussex (Angleterre) au début des années 1820. Mantell en publia la première description en 1825, mais celle-ci n'était pas très précise, faute de documents suffisants. On pensait alors que les dents ressemblaient à celles de l'iguane actuel, d'où le nom de genre.
La découverte la plus célèbre fut faite en 1878 dans une mine, à Bernissart, en Belgique. Trente-neuf squelettes, la plupart quasiment complets, furent trouvés dans ce qui avait autrefois été un ravin. Le premier rapport consacré à cette récolte exceptionnelle fut publié en 1882 par le paléontologue français Louis Dollo. Depuis lors, de nombreuses découvertes ont été faites. Le plus grand squelette découvert d'*Iguanodon* mesure 9 m de long.
Herbivores, ils se nourrissaient probablement de fougères et de prêles.

Le fossile d'un animal nommé *Probactrosaurus* fut trouvé en Asie en 1966 ; puis un autre, appelé *Muttaburrasaurus* fut découvert en Australie en 1981. Tous deux ressemblaient beaucoup à l'*Iguanodon* de Bernissart, ce qui indique que les iguanodontidés étaient répartis sur presque tout le globe durant le Crétacé inférieur. Des empreintes de pieds d'iguanodontidés ont été trouvées au Spitzberg, à l'intérieur du Cercle Arctique. Or, peu de temps après, le continent commença à se fractionner : ce fut ainsi la dernière fois qu'un groupe important d'animaux terrestres eut la possibilité d'essaimer dans le monde entier.

▼ *Les squelettes d'*Iguanodon *découverts à Bernissart en Belgique prouvent que ce dinosaure se déplaçait en groupe et que les mâles et femelles n'avaient pas la même taille.*

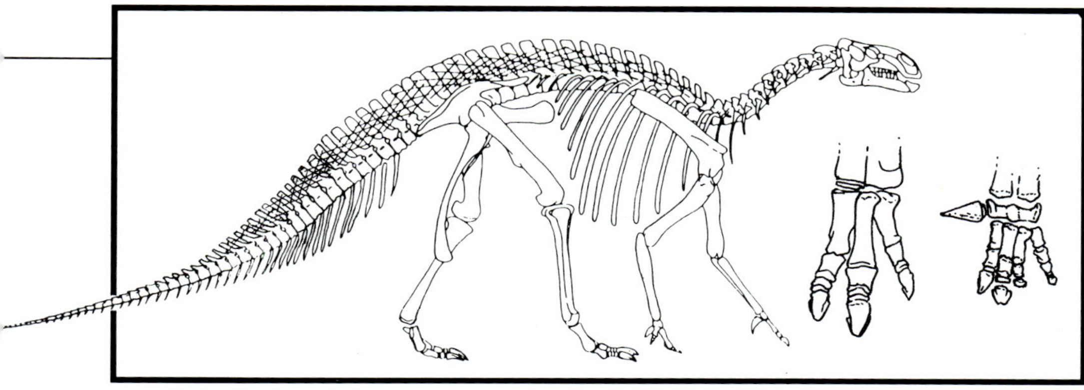

La main de l'Iguanodon avait une grande pointe sur le pouce. Elle pouvait servir à la défense, à la récolte de la nourriture ou encore à l'accouplement. Les trois doigts centraux portaient des sabots et servaient à marcher. Le cinquième doigt était petit et flexible ; il devait servir à la manière d'un pouce lorsque l'animal mangeait.

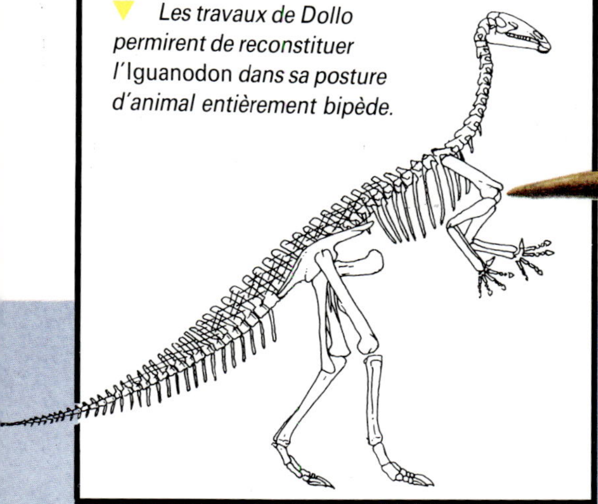

Les travaux de Dollo permirent de reconstituer l'Iguanodon dans sa posture d'animal entièrement bipède.

Des reconstitutions plus anciennes présentaient l'Iguanodon comme une sorte de grand lézard.

Des reconstitutions plus modernes ont rendu à l'animal sa posture de quadrupède.

OURANOSAURUS NIGERIENSIS

ORNITHOPODE, IGUANODONTIDÉ
CRÉTACÉ INFÉRIEUR
AFRIQUE OCCIDENTALE

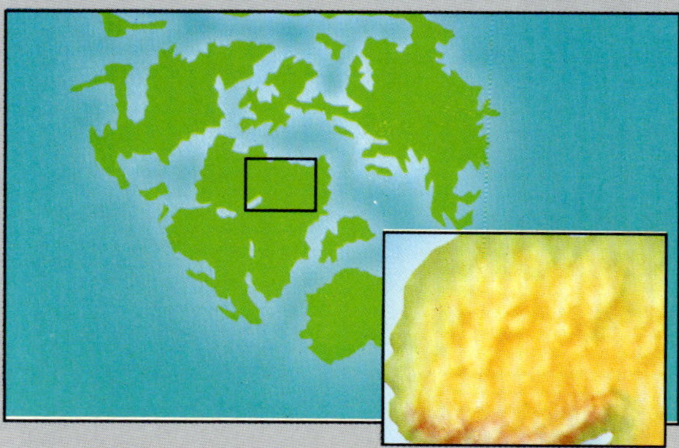

Le squelette presque complet d'*Ouranosaurus* fut découvert en 1966 par une expédition du Musée national d'Histoire naturelle de Paris. Le squelette fut reconstitué et le Dr Philippe Taquet en publia une description en 1976.
L'animal mesurait 7 m de long.
Comme tous les autres iguanodontes, *Ouranosaurus* était herbivore.

▶ Ouranosaurus *vivait à découvert, dans les plaines fluviales infestées de crocodiles.*

La différence évidente entre *Ouranosaurus* et les autres iguanodontes – et à vrai dire tous les autres ornithopodes – réside dans l'étrange structure qui descendait le long de son dos. Les épines de la colonne vertébrale se dressaient comme une série de planches, un peu comme les lattes d'une barrière. Chez l'animal vivant, cette barrière était probablement couverte de peau et utilisée par l'animal à la fois comme panneau solaire et radiateur captant l'énergie thermique pour réchauffer l'animal quand elle était tournée vers le soleil, et le rafraîchissant quand elle était exposée au vent. Il se peut aussi qu'elle ait été la base d'une proéminence charnue, semblable à la bosse du bison nord-américain. La première hypothèse demeure la plus plausible. Le genre *Spinosaurus* (pp. 96-97) est une forme voisine qui a vécu dans la même région et presque de la même époque.

Ouranosaurus était un animal assez lourd. Bien qu'il ait eu la main type des iguanodontidés, avec le pouce doté d'une pointe, il passait manifestement la plupart de son temps à quatre pattes. Celles-ci, assez massives, n'étaient certainement pas prévues pour une course rapide.

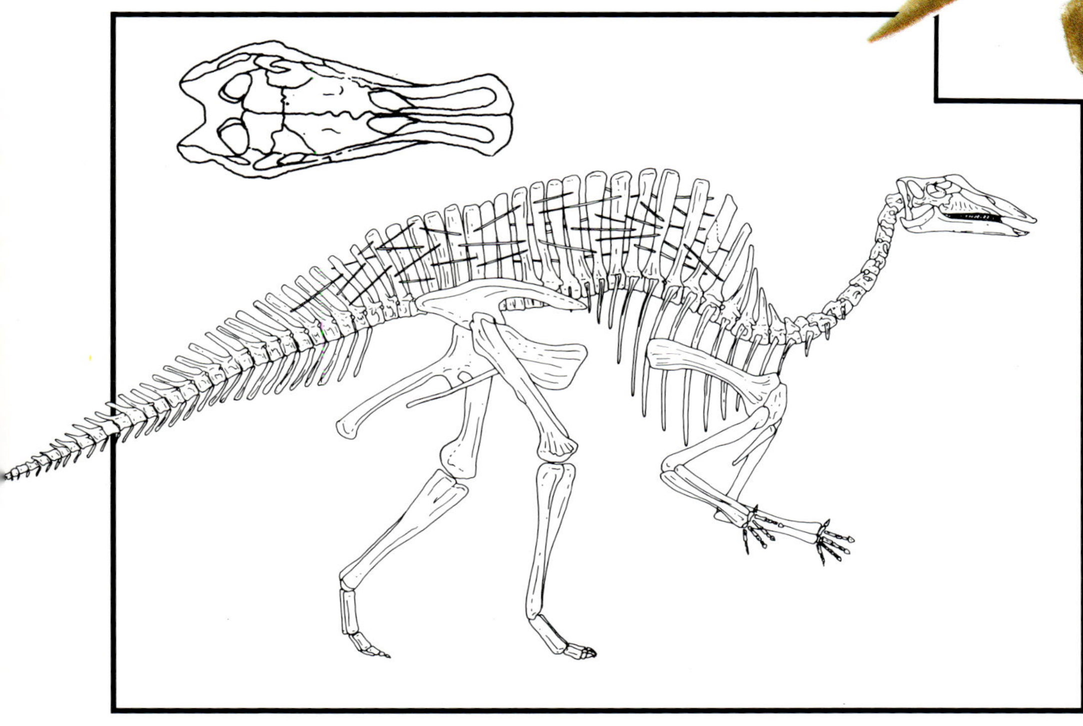

▲ *On ignore à quoi servait la curieuse structure du dos des Ouranosaurus : au maintien d'une bosse ou à l'insertion d'une voilure ?*

◀ *Le crâne était large et plat, comme celui des « becs-de-canard » ultérieurs, et doté d'une espèce de petite crête sur le sommet.*

◀ *Le corps et la queue semblaient former une masse rigide. Le cou, par contre, était très flexible.*

PSITTACOSAURUS MONGOLIENSIS

CÉRATOPSIEN, PSITTACOSAURIDÉ
CRÉTACÉ INFÉRIEUR
CHINE (KANSU ET SHANTUNG) ET MONGOLIE

Les deux premiers spécimens de *Psittacosaurus* furent découverts au cours de l'expédition du Musée américain d'Histoire naturelle de 1922-1925. La première description fut publiée par Henry Fairfield Osborn en 1923.
D'autres spécimens de *Psittacosaurus* furent rapportés par l'expédition, mais le musée américain ne s'en rendit compte qu'en 1980, lorsque Walter Coombes s'aperçut qu'un certain nombre de petits fragments d'os fossiles jusqu'alors laissés pour compte appartenaient en fait à un jeune *Psittacosaurus*.
Le *Psittacosaurus* adulte avait environ 1,5 m de long et devait peser dans les 22 kg. Les petits ne mesuraient que 25 cm de long.
C'étaient des herbivores.

Psittacosaurus mongoliensis, le plus ancien cératopsien connu, était bien différent des autres membres plus récents de ce groupe. En fait, il était bâti davantage comme un petit ornithopode du type *Hypsilophodon* (pp. 84-85). À tel point que de nombreux paléontologues préfèrent le classer comme un dinosaure ornithischien à structure légère, et non comme l'un de ces lourds dinosaures à corne du Crétacé supérieur, à allure de rhinocéros, du type *Triceratops* (pp. 126-127). Dans l'enchaînement évolutif des dinosaures, *Psittacosaurus* se situe peut-être à un stade de divergence où un groupe se différencie à partir d'un autre.

Son squelette est comme celui d'un petit ornithopode, avec de courtes pattes antérieures, des mains étroites et une posture de bipède. C'est le crâne carré qui présente les caractéristiques des cératopsiens. À l'avant de la gueule, le bec est très grand, et il n'a plus de dents antérieures. Une lourde crête prend place à l'arrière, zone d'insertion des muscles maxillaires. C'est cette crête qui, plus tard, donnera naissance à la collerette postérieure et au bouclier nucal des cératopsiens.

Psittacosaurus cependant n'est pas l'ancêtre de ce groupe. Certains cératopsiens ultérieurs, tels que le primitif *Protoceratops* (pp. 120-121), auront encore des dents antérieures, alors que *Psittacosaurus* les a déjà perdues. Ils auront aussi cinq doigts aux membres antérieurs, alors que *Psittacosaurus* n'en a que quatre. Ainsi *Psittacosaurus* avait-il déjà parcouru une bonne partie de sa propre évolution, tandis que les cératopsiens suivaient manifestement, sur une tout autre voie évolutive, un destin différent.

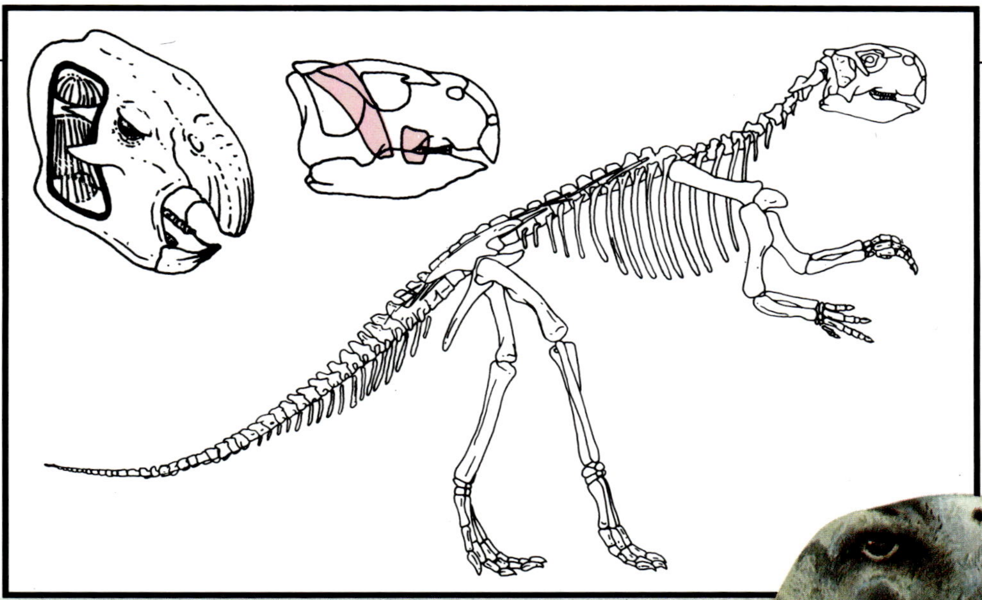

◄ *La tête de* Psittacosaurus *ressemblait à celle d'un perroquet avec son bec puissant et l'arête située à l'arrière du crâne.*

◄ *L'arête crânienne qui, plus tard, donnera la collerette des cératopsiens, supportait ici de puissants muscles maxillaires.*

◄ *Le squelette de* Psittacosaurus *ressemblait beaucoup à celui d'un petit ornithopode.*

▼ Psittacosaurus *se nourrissait probablement de plantes herbacées.*

LE CRÉTACÉ SUPÉRIEUR

Dans la seconde partie du Crétacé, à partir de – 90 millions d'années environ, presque tous les continents s'étaient définitivement écartés les uns des autres : la Pangée n'existait plus. À la fin de la période, il y a 65 millions d'années, les seules régions continentales non encore morcelées étaient l'Australie, toujours solidaire de l'Antarctique, et le Groenland encore uni à la Scandinavie. À cette exception près, toutes les pièces du puzzle géographique actuel se dirigeaient vers la position que nous leur connaissons aujourd'hui.

L'une des conséquences de ces déplacements est la transgression généralisée des eaux marines sur les basses terres. Il se peut que la séparation des continents ait engendré de gigantesques crêtes océaniques sur les nouvelles marges des plaques, et que ces crêtes aient entraîné des masses d'eau sur les parties basses des continents.

Une vaste voie marine de faible profondeur, la Niobrara, (du nom d'un affluent actuel du Missouri, né dans le Wyoming, et qui coule principalement dans le nord du Nebraska) s'étendait nord-sud sur la ligne de l'ancienne mer de Sundance, séparant complètement les montagnes Rocheuses du reste du continent nord-américain. L'Europe, à l'exception de la Scandinavie, était presque totalement submergée. Coupant le continent africain en deux, une autre mer s'avançait vers le sud à travers l'Afrique du Nord, là où se trouve actuellement le Sahara. Pratiquement, les seules zones qui ne s'enfonçaient pas sous la mer étaient les bordures de l'ancienne Panthalassa, qui avait progressivement acquis son identité d'océan Pacifique. Là, tout au long des côtes d'Australie, d'Asie orientale et d'Amérique, des montagnes et des chaînes d'îles se dressaient, tandis que les anciens fonds océaniques se trouvaient engloutis sous les continents en expansion.

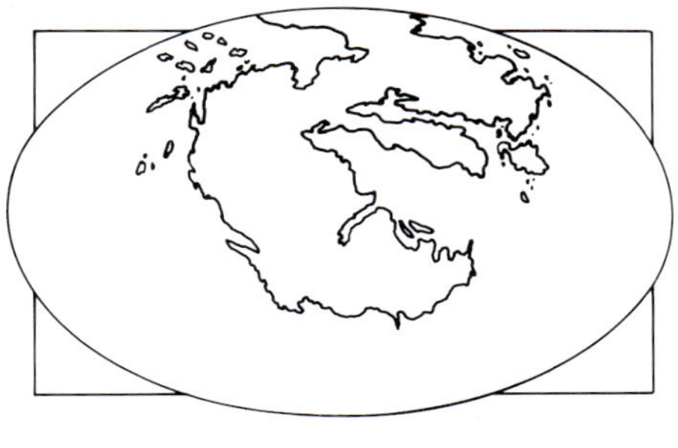

TRIAS
Il y a 215 millions d'années

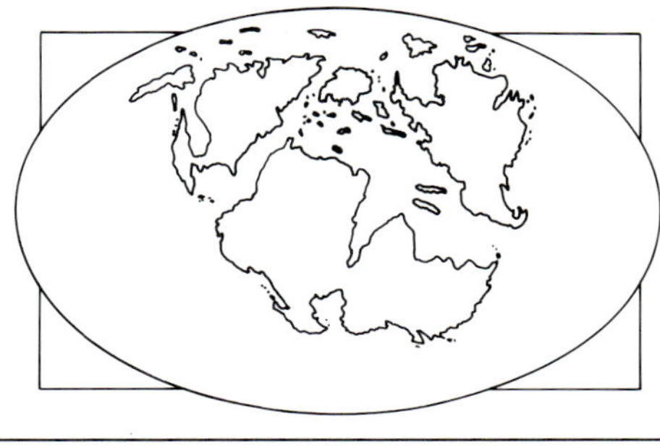

JURASSIQUE SUPÉRIEUR
Il y a 145 millions d'années

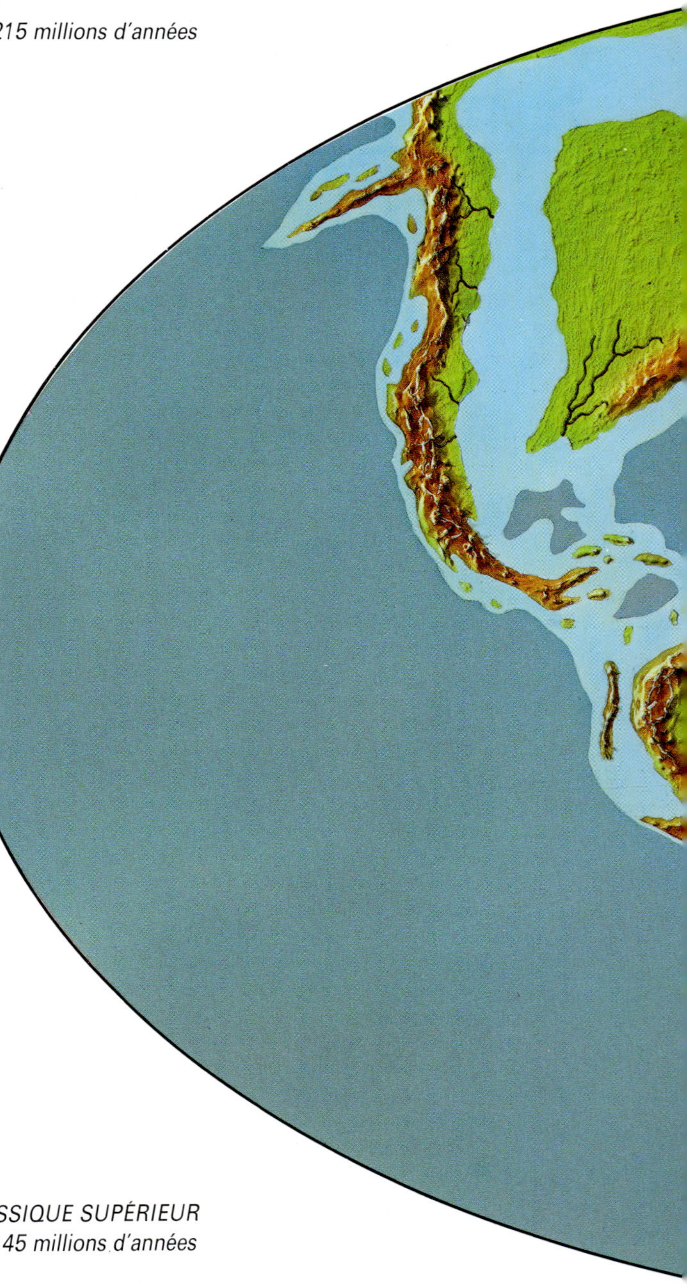

▶ Au Crétacé supérieur, le monde est bien différent de ce qu'il avait été durant le Trias et le Jurassique. La Pangée a disparu : à sa place flottent des îles-continents dispersées. La Panthalassa non plus n'a pas résisté. Cette fin du Mésozoïque est caractérisée par une transgression générale : le niveau de la mer s'est élevé, peut-être en raison de toutes les crêtes océaniques nouvellement formées. Les mers épicontinentales, peu profondes, ont conquis d'innombrables territoires et compliqué la géographie de l'époque.

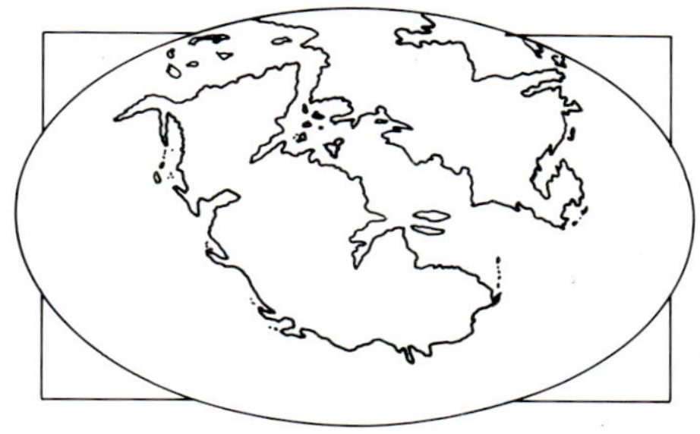

JURASSIQUE INFÉRIEUR
Il y a 180 millions d'années

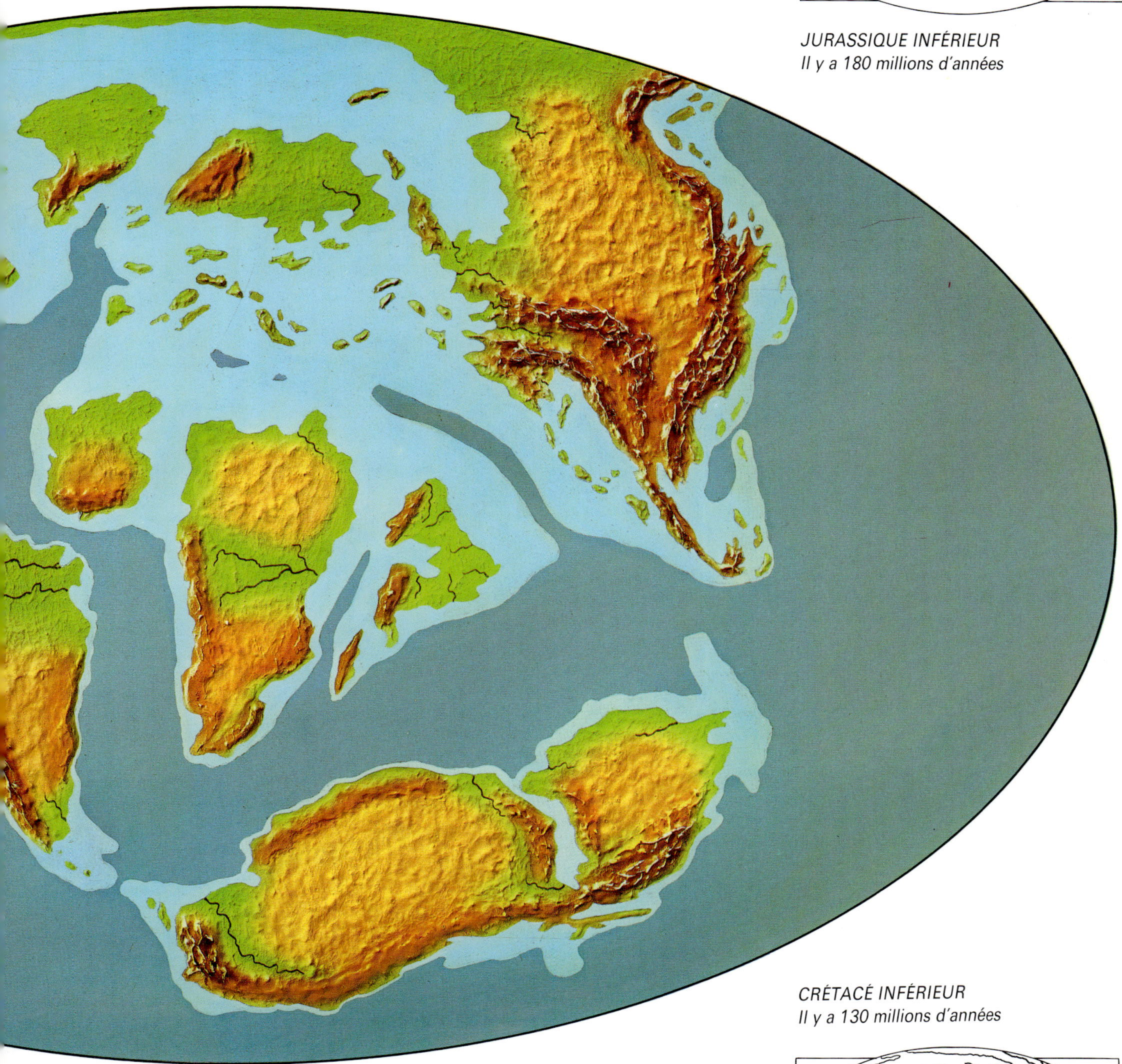

CRÉTACÉ INFÉRIEUR
Il y a 130 millions d'années

Les climats commençaient enfin à se rafraîchir et, pour la première fois, se diversifiaient dans le monde entier.

Des forêts de plantes modernes se développaient, avec des saules, des chênes, des érables, des hickorys (encore appelés « noyers blancs d'Amérique »), et bien d'autres arbres encore que nous reconnaîtrions dans la nature actuelle. Les cycas demeuraient abondants. Cependant il n'y avait pas encore de véritables plantes herbacées telles que nos graminées.

Étant donné le morcellement des continents et les multiples étendues de mers peu profondes qui les séparaient, chaque continent avait tendance à produire ses propres types d'animaux, tout comme l'Australie actuelle possède ses kangourous et ses koalas. L'Amérique du Nord était épisodiquement reliée à l'Asie septentrionale dans la région de l'actuel détroit de Béring. En conséquence, la vie animale était très similaire dans ces deux régions : toutes deux avaient des dinosaures à bec-de-canard, tels qu'*Anatosaurus* (pp. 108-109), *Saurolophus* (pp. 110-111) ou *Parasaurolophus* (pp. 112-113), et de grands ou petits carnivores, tels que *Tyrannosaurus* (pp. 98-99).

Des zones arides existaient encore en Mongolie, où vivaient *Protoceratops* (pp. 120-121) et *Velociraptor*

▲ *En Amérique du Nord, les forêts du Crétacé supérieur ont vu leur flore considérablement renouvelée par rapport à celles du Jurassique et du Crétacé inférieur. À vrai dire, cette flore ressemblait déjà beaucoup à la flore actuelle. Mais ce changement n'eut guère d'effet sur les dinosaures, dont les divers représentants s'adaptèrent facilement à la nouvelle végétation.*

▲ *Le plus grand ptérosaure connu,* Quetzalcoatlus, *planait dans le ciel de ce qui est maintenant l'Amérique du Sud. Les plaines ouvertes et sèches de ces contrées auraient produit des masses ascendantes d'air chaud propices au vol d'animaux aussi volumineux.*

▼ *Au centre de l'Amérique du Nord, se déposèrent d'épaisses couches de vases calcaires qui ont donné les formations de craie du Kansas. Là vécurent des plésiosaures à long cou, tels qu'*Elasmosaurus, *des mosasaures comme* Tylosaurus, *et les premiers oiseaux marins tels* Ichtyornis *et le curieux* Hesperornis *sans ailes.*

(pp. 102-103), et en Afrique du Nord où chassait le redoutable *Spinosaurus* (pp. 96-97). Dans les montagnes d'Amérique du Nord vivaient des dinosaures cuirassés tels que *Stegoceras* (pp. 114-115).

La plupart de ces animaux demeurèrent confinés dans certaines régions : par exemple, si les becs-de-canard étaient nombreux en Amérique du Nord et en Asie, ils étaient rares en Amérique du Sud, où vivaient surtout des herbivores à long cou tels que *Saltasaurus* (pp. 106-107).

Des ptérosaures sillonnaient le ciel, certains d'entre eux, tels les *Pteranodon* pêchant comme des albatros dans les eaux marines poissonneuses. D'autres, comme les *Quetzalcoatlus*, de la taille d'un petit aéroplane – à notre connaissance la plus grande créature volante de tous les temps – vivaient à l'intérieur des terres, menant probablement une existence de charognards.

Dans les océans, les plésiosaures poursuivirent leur évolution en allongeant démesurément leur cou, comme par exemple *Elasmosaurus*. Les redoutables mosasaures atteignirent une taille gigantesque, et il ne fait aucun doute que les *Telosaurus* longs comme de petits bateaux, ont eux aussi battu tous les records de férocité.

SPINOSAURUS AEGIPTICUS

THÉROPODE, SPINOSAURIDÉ

CRÉTACÉ SUPÉRIEUR

AFRIQUE DU NORD

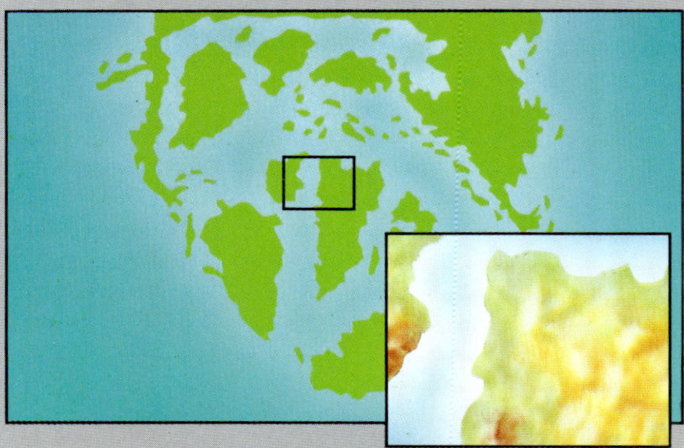

Spinosaurus fut décrit pour la première fois en 1915 par Stromer, à partir de morceaux trouvés près de Baharije, en Égypte.
Ces documents originaux furent malheureusement perdus pendant la Seconde Guerre mondiale. D'autres restes ont été découverts au Niger (Afrique).
Spinosaurus était un très grand animal, d'environ 12 m de long. Son dos était hérissé d'épines dorsales en forme de massue, longue de 1,8 m.

Quel animal pouvait être plus impressionnant que ce dinosaure carnivore massif – l'un des plus grands ayant jamais existé – avec son énorme voilure sur le dos ? Notre surprise devant cet ornement dorsal peut jeter quelque lumière sur sa fonction, car si nous sommes stupéfaits rien qu'en y pensant, on peut imaginer l'effet qu'il devait produire sur ses contemporains ! Ce pouvait être un signal d'avertissement indiquant aux autres animaux de rester à l'écart. Ce pouvait être un pavillon, brillamment coloré, susceptible d'attirer l'attention d'un congénère, comme peut le faire la queue d'un paon.

La voilure agissait peut-être comme un régulateur thermique. *Spinosaurus* ayant probablement eu à supporter des températures très élevées, une telle voilure tenue au vent aurait rafraîchi le sang de l'animal. À l'inverse, tournée vers les premiers rayons du soleil matinal, elle aurait restitué quelque chaleur après le froid nocturne, permettant ainsi à *Spinosaurus* de s'activer rapidement et de partir chasser plus tôt que d'autres animaux.

Des dinosaures herbivores tels qu'*Ouranosaurus* (pp. 88-89) – n'ayant aucun lien de parenté avec les spinosauridés – et qui menaient une existence similaire sous le climat torride d'Afrique du Nord, à peu près à la même époque, possédaient eux aussi de telles voilures.

Une voilure tournée vers le soleil matinal aurait réchauffé l'animal engourdi par le froid nocturne. Puis généreusement exposée au vent lors des fortes canicules de la journée, elle l'aurait au contraire rafraîchi. La voile était peut-être de couleur vive, servant alors de signal visuel.

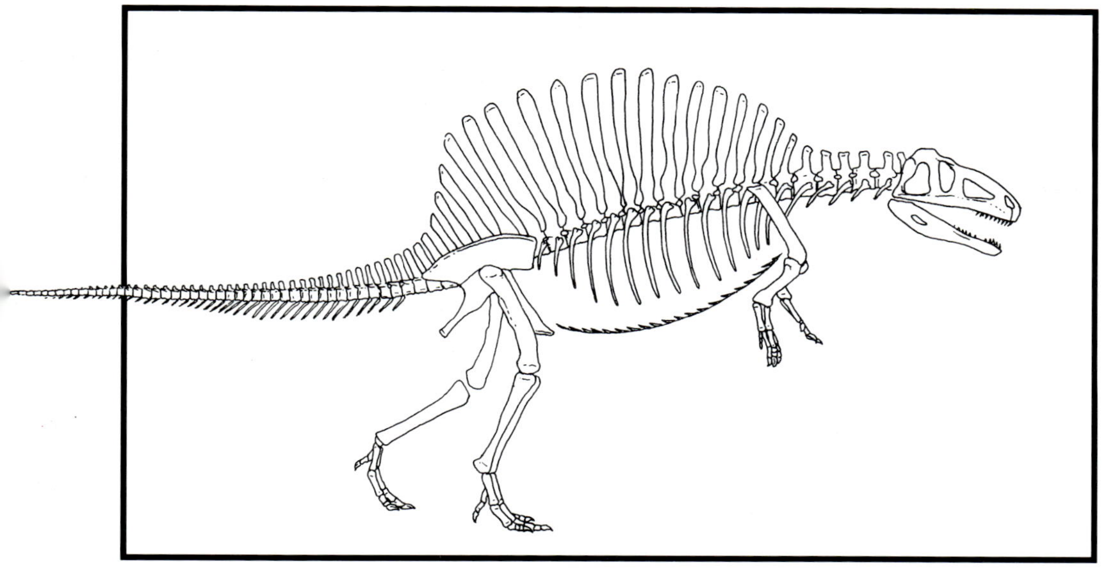

◀ *À l'exception de la voilure,* Spinosaurus *était bâti comme tout autre grand dinosaure carnivore. Les dents découpant la viande étaient cependant droites, et non courbées comme chez la plupart des autres carnivores. Les membres antérieurs étaient plus grands que ceux d'animaux similaires. La voilure était supportée par des épines dressées à la verticale sur chaque vertèbre dorsale.*

▶ *D'autres spinosaures étaient dotés d'épines beaucoup plus basses sur le dos, tel* Altispinax *(1), du Crétacé inférieur anglais. Quant à la voilure, elle n'était pas nouvelle : on la connaît dès le Paléozoïque chez d'autres fossiles, par exemple chez* Dimetrodon *(2), reptile carnivore, et* Platyhystrix *(3), amphibien terrestre, tous deux découverts dans le Permien du Texas (États-Unis).*

TYRANNOSAURUS REX

THÉROPODE, TYRANNOSAURIDÉ

CRÉTACÉ SUPÉRIEUR

AMÉRIQUE DU NORD

Ce grand dinosaure fut décrit et nommé pour la première fois par Henry Fairfield Osborn en 1905, à partir d'un squelette incomplet découvert en 1902 dans le Montana (États-Unis) par un collectionneur de fossiles, Barnum Brown. Depuis lors, de nombreux squelettes ont été trouvés, eux aussi incomplets.

En ce qui concerne la queue, on n'en a jamais trouvé que des fragments, de sorte que les spécialistes se sont livrés à de grandes discussions quant à sa longueur exacte. On peut raisonnablement estimer cette longueur à une douzaine de mètres.

Tyrannosaurus était un saurischien carnivore qui devait peser dans les 6 tonnes.

Avec ses énormes mâchoires musculaires, ses dents comme des cimeterres en dents de scie, son puissant cou flexible et ses fortes pattes arrière, *Tyrannosaurus* fut incontestablement le plus puissant tueur terrestre de tous les temps. Sortant de la jungle et brisant tout sur son passage, il pouvait s'abattre avec fracas sur les plus grands des animaux contemporains, les tuant et les déchirant à grands coups de pattes et de dents. Mais les tyrannosaures étaient-ils véritablement ces monstres apocalyptiques ? Si leurs énormes dents sont indéniablement des outils de carnivores, étaient-elles pour autant des armes de carnassiers ? Autrement dit, servaient-elles simplement à dilacérer la chair de carcasses déjà pourrissantes ou bien à dépecer des proies encore vivantes ? *Tyrannosaurus*, simple charognard ou bien terrible prédateur ?

Des doutes naquirent dans les années 1960, lorsque de nouvelles études révélèrent que les hanches des *Tyrannosaurus* ne leur auraient pas permis de faire de grandes enjambées, ce qui aurait limité leur vitesse de déplacement à 5 km par heure ! Mais on a constaté que leurs yeux pouvaient être dirigés vers l'avant, ce qui leur donnait un type de vision tridimensionnelle, que seuls possèdent les chasseurs actifs. Par ailleurs, leurs dents étant suffisamment fortes pour agripper des proies agonisantes, leurs pieds étant équipés de petites griffes et dotés d'une musculature relativement légère (ce qui témoignerait plutôt d'une adaptation à la course), le crâne et les maxillaires puissamment musclés paraissant capables de supporter sans dommage une collision contre un corps de 6 tonnes à une vitesse de 30 km par heure (par exemple le flanc d'un hadrosaure), on peut tout aussi bien penser à un chasseur actif.

▶ Tyrannosaurus *rôdait dans les forêts du Crétacé supérieur en Amérique du Nord, tuant des hadrosaures ou se nourrissant de leurs charognes.*

▶ *Le crâne de* Tyrannosaurus *était court et haut, avec d'énormes dents de tailles différentes. Les perforations du crâne, à proximité des dents, auraient laissé passer des vaisseaux sanguins et des nerfs vers les muscles des lèvres.*

▶ *Les fortes hanches et les côtes ventrales semblent indiquer que* Tyrannosaurus *passait une grande partie de son temps allongé sur le sol.*

▼ *Les bras étonnamment petits, dotés d'une main à deux doigts, devaient aider l'animal à se relever.*

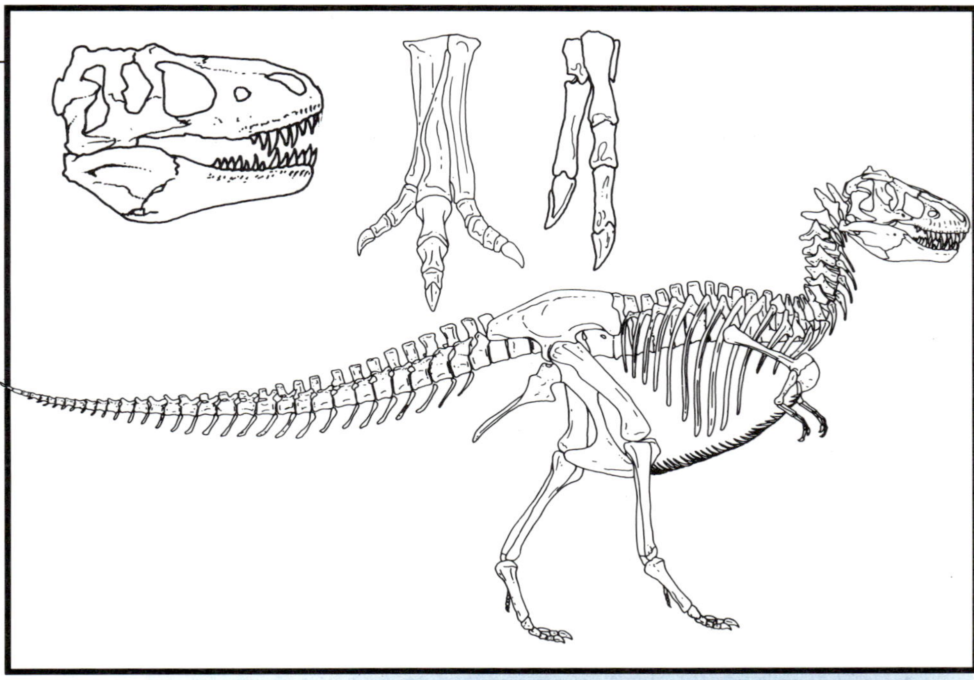

ORNITHOMIMUS VELOX

THÉROPODE, ORNITHOMIMIDÉ

CRÉTACÉ SUPÉRIEUR

ÉTATS-UNIS (COLORADO ET MONTANA)

Les ornithomimidés vivaient dans les plaines d'inondation marécageuses, entre les montagnes Rocheuses et la mer de Sundance.
Ornithomimus fut le premier dinosaure découvert ressemblant à une autruche : quelques os du pied trouvés par George Cannon en 1889, près de Denver, dans le Colorado. Frappé par la ressemblance avec une patte d'oiseau, Othniel Charles Marsh leur donna le nom d'*Ornithomimus*. Ce n'est qu'à partir de 1917, lorsqu'un squelette presque complet fut décrit par Henry Fairfield Osborn, que les scientifiques surent à quoi ressemblait réellement un dinosaure de ce type. Ce squelette était celui d'un proche parent, qui fut baptisé *Struthiomimus* (*Struthio* est le nom scientifique de l'autruche).
Ornithomimus avait environ 3,5 m de long et possédait les proportions d'un corps d'autruche. *Ornithomimus* fourrageait probablement près du sol, picorant des plantes basses et de menus animaux vivant sur le sol. Peut-être aussi se nourrissait-il d'œufs volés ou même de pousses et de rameaux arrachés au sommet des buissons.

Le nom d'*Ornithomimus* a été choisi en raison de la morphologie particulière de ces reptiles, qui ressemblaient effectivement à des oiseaux tels que nos autruches, et non en raison de leur mode de locomotion, puisque de fait ils étaient incapables de voler. Ils devaient compter parmi les dinosaures les plus gracieux, les plus élégants. Leur corps, porté par des sortes d'échasses, possédait une très petite tête au bout d'un long cou. Tout comme les oiseaux, ces reptiles n'avaient pas de dents.

Il est évident, à l'examen de cette constitution, que les ornithomimidés étaient des animaux conçus pour la course. Les pattes postérieures étaient bâties pour courir, avec une musculature fortement concentrée sur la cuisse. De longs tendons descendaient le long des jambes et actionnaient les os des pieds. Ces pattes n'avaient que trois doigts, le petit quatrième doigt que possèdent la plupart des théropodes faisait ici défaut. Cette particularité correspondait à un pied léger de coureur : les ornithomimidés étaient manifestement capables de détaler à toute vitesse en cas de danger.

▼ *Si les ornithomimidés mangeaient des rameaux, ils pouvaient aisément atteindre le sommet des buissons grâce à leur long cou et à leurs mains effilées et griffues.*

▶ *Les mâchoires étaient dépourvues de dents et probablement gainées d'une sorte de bec d'oiseau. L'œil était assez grand et protégé par un anneau osseux.*

▼ *Il se peut que les ornithomimidés aient mangé des œufs de dinosaures enfouis dans le sable. Pour cela, ils devaient être capables de les mettre à jour en grattant le sol avec leurs membres antérieurs et de les frapper avec la pointe de leur bec.*

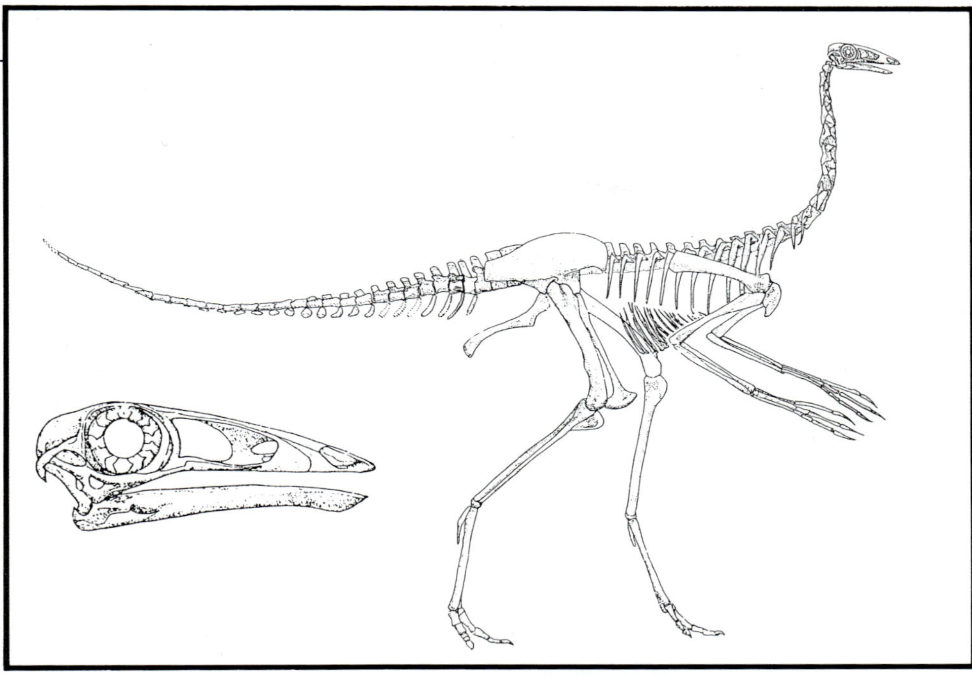

▲ *Certains ornithomimidés vivaient en plaine, mais* Ornithomimus *habitait plutôt en sous-bois, vivant dans les marais de cyprès du Crétacé supérieur en Amérique du Nord.*

VELOCIRAPTOR MONGOLIENSIS

THÉROPODE, DROMAEOSAURIDÉ

CRÉTACÉ SUPÉRIEUR

MONGOLIE

Velociraptor fut décrit pour la première fois en 1924 par Henry Fairfield Osborn. Le premier spécimen se trouvait parmi les nombreux restes de dinosaures rapportés par l'expédition du Musée américain d'Histoire naturelle en Asie centrale, expédition initialement organisée pour une collecte de fossiles humains. Un spécimen fort bien conservé fut découvert en 1971 par une expédition paléontologique polono-mongolienne.

Velociraptor avait environ 1,8 m de long, avec une tête mesurant 15,5 cm.

Des indices probants ont révélé que *Velociraptor* se nourrissait de dinosaure à corne, *Protoceratops* (pp. 120-121).

Avec la découverte de *Deinonychus* (pp. 82-83) et la parution de son étude en 1969, bien des questions que se posaient jusqu'alors les paléontologues trouvèrent une réponse. Il fut désormais possible de reconstituer de manière plausible la vie encore énigmatique d'autres dinosaures. L'un d'eux est précisément le *Velociraptor*. Nul ne savait si cet animal était une grande version des petits carnivores ou un modèle réduit des plus grands. Il devint évident que *Velociraptor*, *Deinonychus* et bien d'autres encore, en particulier *Dromaeosaurus* (qui a donné son nom à la famille de *Velociraptor*), appartenaient à un groupe spécial de chasseurs de taille moyenne. Cette famille comptait en son sein des bêtes féroces et très actives qui parcouraient en bandes les paysages du Crétacé, en quête de proies.

Nous avons une preuve spectaculaire de la façon dont ces animaux tuaient leurs victimes. Imaginez que vous chatouilliez le ventre d'un chat : ce dernier saisira votre main avec ses pattes antérieures et la lacérera à coups de griffes avec ses pattes arrière. Or un fossile de *Protoceratops* cornu fut trouvé en Mongolie en 1971, en compagnie d'un *Velociraptor* surpris par la mort dans une position rappelant celle du chat. Manifestement, l'attaquant avait agrippé le petit cératopsien herbivore sous sa carapace nucale le dos contre le sol, lui lacérant le ventre de ses pattes arrière. Pour une raison non expliquée, les deux animaux étaient morts pendant cette lutte et ils avaient été fossilisés dans cette position de combat.

▶ Velociraptor *courait probablement parmi les dunes de sable du Crétacé supérieur en Asie centrale, chassant par bandes des herbivores moins rapides.*

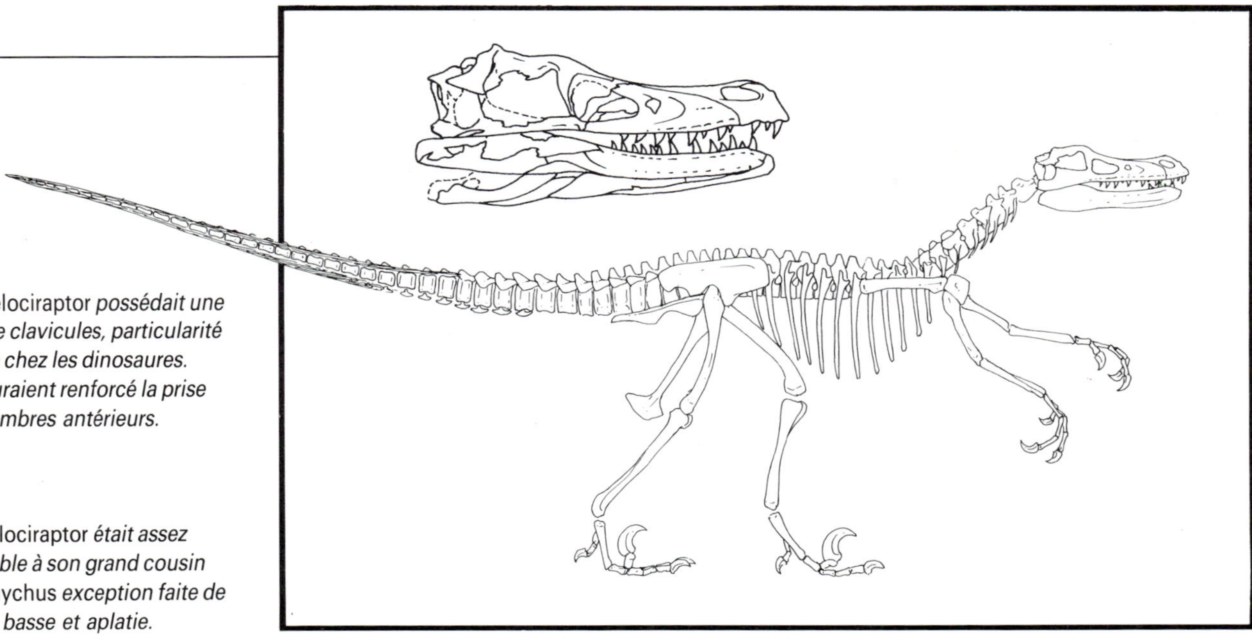

▶ Velociraptor *possédait une paire de clavicules, particularité insolite chez les dinosaures. Elles auraient renforcé la prise des membres antérieurs.*

▼ Velociraptor *était assez semblable à son grand cousin* Deinonychus *exception faite de la tête, basse et aplatie.*

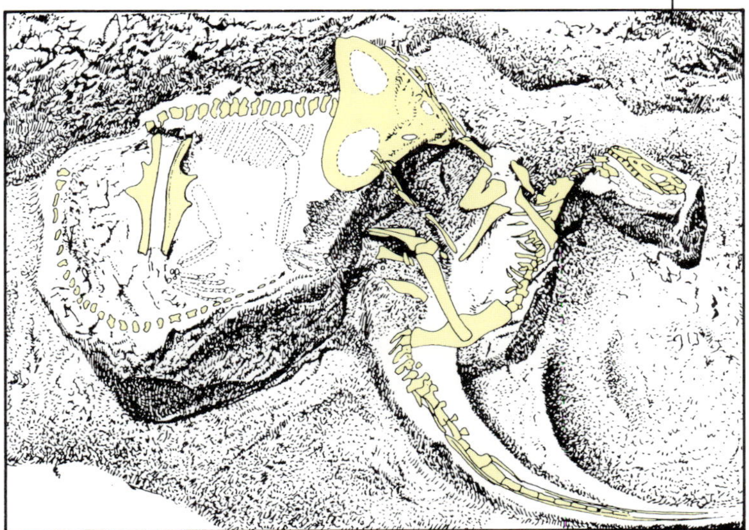

▶ *Les squelettes de* Velociraptor *et de* Protoceratops, *apparemment en train de s'étrangler mutuellement, nous montrent que des combats mortels se produisaient entre dinosaures.*

SAURORNITHOIDES MONGOLIENSIS

THÉROPODE, SAURORNITHOÏDIDÉ

CRÉTACÉ SUPÉRIEUR

MONGOLIE

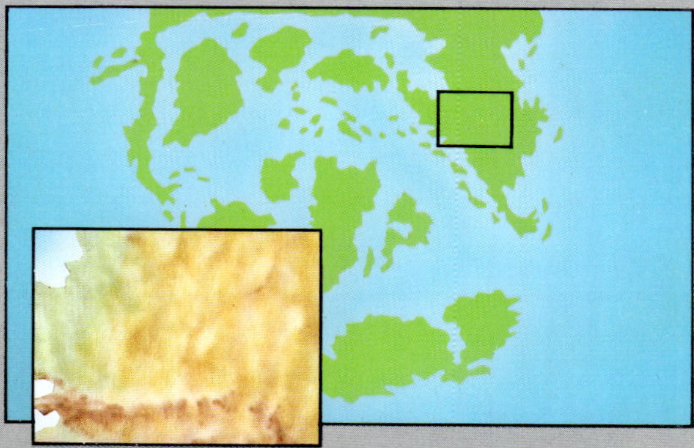

À cette époque, la Mongolie était un désert aride, comme de nos jours.
Saurornithoides fut décrit en 1924 par Henry Fairfield Osborn à partir des restes incomplets découverts au cours de la fameuse expédition en Asie centrale du Musée américain d'Histoire naturelle.
Saurornithoides était un saurischien carnivore de 2 m de long et qui pesait entre 30 et 45 kg.
Un saurornithoïdidé similaire, *Stenonychosaurus*, fut découvert en 1932 dans l'Alberta (Canada). Mais les restes mis à jour ne représentent qu'environ 15 % du squelette complet. Certains paléontologues pensent que *Stenonychosaurus* et *Saurornithoides* ne sont en fait qu'un seul et même animal.
L'intelligence des saurornithoïdidés était telle que le paléontologue canadien Dale Russell a suggéré qu'ils auraient peut-être évolué en une forme humaine s'ils avaient survécu jusqu'à l'époque actuelle...
C'était un carnivore.

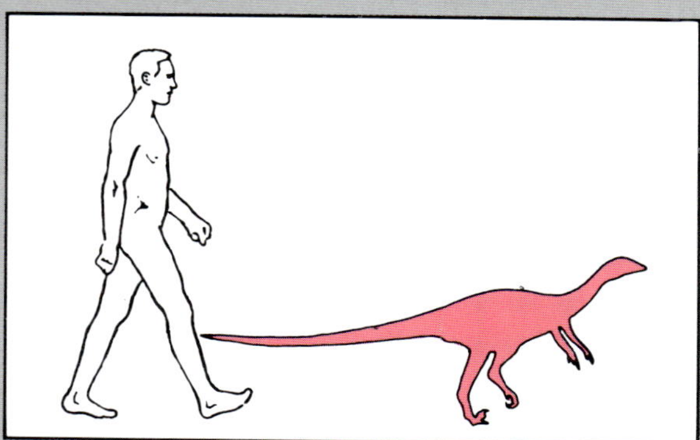

Les saurornithoïdidés avaient un ergot sur le pied, plus petit que celui des dromaeosaures.

Les saurornithoïdidés apparaissent comme un groupe de dinosaures très intelligents, comme les ornithischiens les plus évolués. La taille du cerveau semble montrer qu'ils étaient aussi intelligents que les émeus actuels et certainement plus que n'importe quel reptile moderne. Cette intelligence leur aurait permis de coordonner leurs actions pendant la chasse, surtout lorsqu'ils s'attaquaient à de petits animaux très actifs comme les mammifères du Mésozoïque, à la tombée de la nuit. Cela signifie aussi qu'ils pouvaient s'occuper de leurs jeunes, les protégeant probablement comme le font de nos jours les autruches et les émeus.

Saurornithoides et les autres saurornithoïdidés étaient proches parents des dromaeosaures comme *Deinonychus* (pp. 82-83). Les deux groupes avaient un ergot en forme de faucille sur le pied et des mains aptes à saisir et à tenir des objets. Cependant, chez les saurornithoïdidés, l'ergot-faucille n'était pas aussi bien développé que chez les dromaeosauridés, et la queue n'était pas aussi rigide.

Le squelette était de construction légère, comme celui des autres petits dinosaures carnivores. Ce qui permet de penser maintenant que certains morceaux d'os dépareillés trouvés en Europe de l'Est et attribués jadis à des oiseaux du Mésozoïque, proviendraient en fait de saurornithoïdidés.

▲ Saurornithoides *chassait probablement de petits mammifères.*

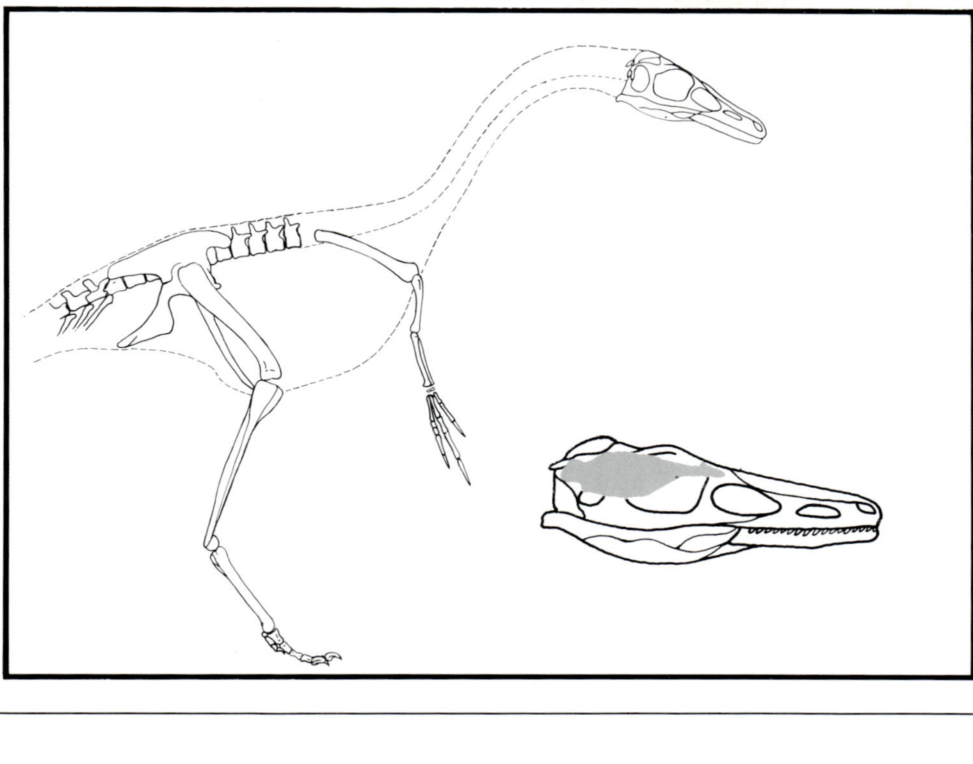

◀ *Aucun squelette complet de* Saurornithoides *n'a jusqu'ici été trouvé. La première découverte se composait du crâne, des hanches, d'une partie de la colonne vertébrale et des membres. Cela suffit amplement pour que nous ayons une idée précise de l'allure générale de cet animal.*

◀ *Les grands yeux de* Saurornithoides *étaient très écartés et pouvaient être dirigés vers l'avant. Leur cerveau était de grande taille pour des dinosaures. Leur maxillaire portait de nombreuses dents dont le bord postérieur était crénelé.*

SALTASAURUS LORICATUS

SAUROPODOMORPHE, SAUROPODE

CRÉTACÉ SUPÉRIEUR

ARGENTINE

Au Crétacé supérieur, l'Amérique du Sud était une île. Les saurischiens sauropodes y prospéraient, alors qu'ils avaient décliné ou même disparu ailleurs, insuffisamment compétitifs face aux becs-de-canard qui, se nourrissant plus efficacement, les privaient de nourriture.

Ce sauropode fut exhumé pour la première fois en 1980 et fut décrit et nommé par José Bonaparte et Jaime Powell, d'après le nom de la province de Salta, dans le nord-ouest de l'Argentine, où l'on découvrit les restes.

Saltasaurus était moins grand que la plupart des autres sauropodes, n'atteignant que 12 m de long.

Comme tous les sauropodes et tous les dinosaures cuirassés, les *Saltasaurus* mangeaient des végétaux.

Comme les diplodocidés, ils pouvaient probablement se dresser sur leurs pattes arrière et atteindre ainsi la cime des arbres.

La découverte de *Saltasaurus* en 1980 conduisit les paléontologues à placer l'*Ornitholestes* parmi les ptérosaures ! Jusqu'à cette époque, on pensait que tous les dinosaures cuirassés appartenaient au groupe des ornithischiens, comme les stégosaures et les ankylosaures, et l'on croyait aussi que la grande taille des sauropodes était à elle seule une protection suffisante contre les carnivores. Or voici qu'avec la découverte de ce surprenant dinosaure argentin, on se trouvait en présence d'un sauropode cuirassé ! Cela mis à part, *Saltasaurus* est un sauropode assez ordinaire, plutôt apparenté aux diplodocidés qu'aux brachiosauridés.

Dès qu'on eût compris que les Sauropodes pouvaient avoir été cuirassés, les paléontologues se mirent à regarder de plus près les autres restes de carapaces fossiles. Plusieurs morceaux de cuirasse que l'on pensait appartenir à des ankylosaures semblent à présent pouvoir être attribués à des sauropodes. À vrai dire, un certain dinosaure du nom de *Titanosaurus* initialement décrit comme un sauropode en 1893, puis considéré plus tard comme un ankylosaure du seul fait que l'on avait repéré des morceaux de cuirasse parmi ses restes, pourrait être bel et bien un sauropode.

L'Amérique du Sud était une île au Crétacé supérieur. Elle formait une espèce de « continent perdu », sur lequel des sauropodes avaient survécu alors que partout ailleurs ils étaient remplacés par les becs-de-canard, brouteurs d'arbres par excellence. Comme ces becs-de-canard ne prirent jamais pied en Amérique du Sud, les sauropodes s'y maintinrent longtemps encore, et ce fut dans ce groupe en sursis qu'apparurent les inattendues formes cuirassées.

Exception faite de la cuirasse, le squelette de Saltasaurus *ressemblait à celui de n'importe quel autre sauropode de type* Diplodocus.

La cuirasse se composait d'une mosaïque légère de minuscules clous et d'un grand nombre de plaques de la taille d'une soucoupe. Les plaques supportaient probablement des pointes cornées.

Laplatasaurus, *autre sauropode argentin du Crétacé supérieur, était généralement représenté comme sur le dessin ci-contre. Mais à présent, nous pensons qu'il possédait probablement une cuirasse comme* Saltasaurus.

ANATOSAURUS COPEI

ORNITHOPODE, HADROSAURIDÉ

CRÉTACÉ SUPÉRIEUR

AMÉRIQUE DU NORD

Les hadrosaures sont souvent appelés becs-de-canard, en raison de la morphologie de la tête (et non pour une inexistante capacité à la nage). L'avant du crâne, élargi latéralement en un bec plat comme celui des canards, servait à couper feuilles et rameaux. L'arrière de la gueule, quant à elle, n'avait rien à voir avec celle d'un canard : elle comportait plusieurs milliers de molaires, denture qui permettait aux *Anatosaurus* de broyer facilement les végétaux les plus coriaces dans leurs abajoues, et de vivre en broutant les branches des arbres dans les forêts tropicales qui les abritaient.

Les restes d'*Anatosaurus* découverts en 1908 étaient remarquables du fait qu'ils présentaient une peau fossilisée. À la mort de ces animaux, leur peau se dessécha sans doute très vite, laissant sa marque dans le lit de boue sur lequel gisaient les corps. Ces empreintes, fidèlement conservées, révèlent une peau écailleuse à l'aspect de cuir, et le galbe musculaire de la cuisse.

Il semble que les membres postérieurs sortaient du corps à hauteur du genou et non au niveau de la hanche. Pattes et pieds étaient très puissants et les mains possédaient des sabots sur deux des doigts, et présentaient des coussinets amortissant le poids de l'animal. *Anatosaurus* devait passer une grande partie de son temps à quatre pattes, bien qu'il ait été fondamentalement bâti comme un bipède.

Les hadrosaures furent les premiers dinosaures à être identifiés en Amérique du Nord. Joseph Leidy découvrit le premier (le genre type *Hadrosaurus* lui-même) en 1858. Les meilleurs spécimens de son proche parent *Anatosaurus* furent trouvés en 1908 par Charles Hazelius Sternberg et ses trois fils, qui travaillaient pour le paléontologue Edward Drinher Cope. L'étude la plus importante consacrée à cet animal fut publiée par Lull et Wright en 1942.

Un *Anatosaurus* adulte mesurait 9 m de long. Des restes d'aiguilles de conifères, de graines et de rameaux ont été trouvés dans la région stomacale des squelettes d'*Anatosaurus* bien conservés. L'animal broutait manifestement dans les arbres.

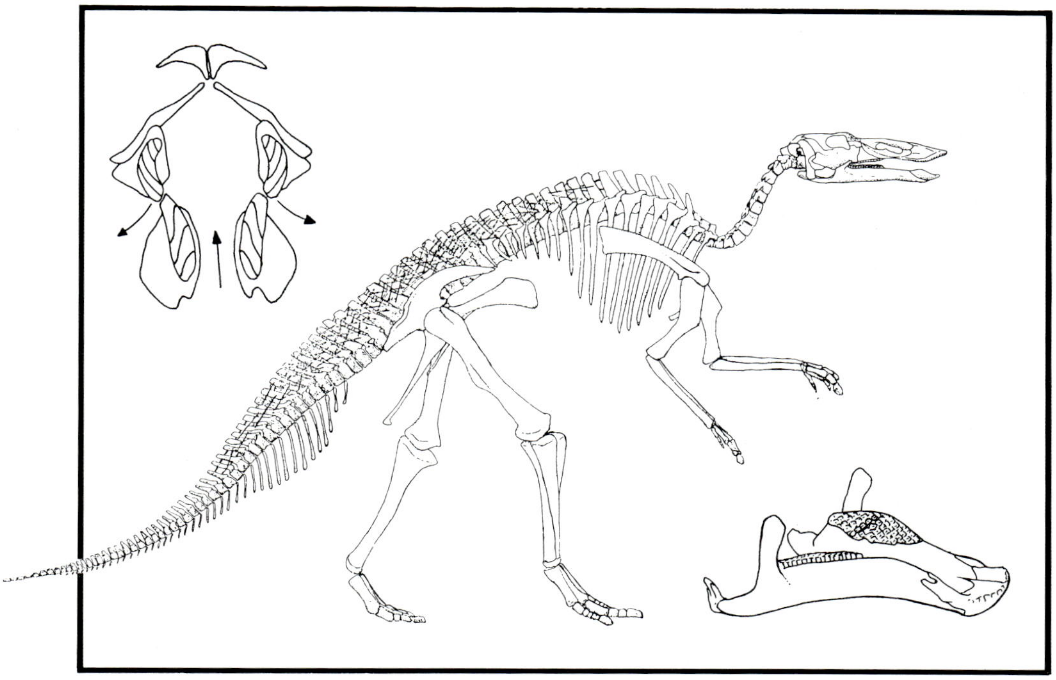

Les squelettes des hadrosauridés ressemblent beaucoup à ceux des iguanodontidés. La courbure des épaules vers le bas montre qu'ils devaient chercher leur nourriture près du sol.

Les dents, très serrées avaient une croissance continue et étaient renouvelées au fur et à mesure de leur usure. La mâchoire supérieure s'écartait lorsque la mâchoire inférieure montait, les aliments étaient broyés entre les deux jeux de dents qui coulissaient l'un sur l'autre.

La peau écailleuse avait un aspect de cuir.

Anatosaurus *broutait la végétation du sous-bois et les rameaux feuillés dans les forêts de conifères.*

SAUROLOPHUS OSBORNI

ORNITHOPODE, HADROSAURIDÉ
CRÉTACÉ SUPÉRIEUR
CANADA (ALBERTA) ET MONGOLIE

Saurolophus osborni fut décrit pour la première fois d'après un squelette complet découvert au Canada en 1912 par le célèbre collectionneur de dinosaures Barnum Brown, qui travaillait pour le Musée américain d'Histoire naturelle. Le succès de Brown dans cette expédition embarrassa les autorités canadiennes et les incita finalement à monter leur propre chasse aux dinosaures. Une autre espèce, *Saurolophus angustirostris*, fut découverte en Mongolie en 1952.

La répartition des hadrosaures en Asie et en Amérique du Nord montre qu'à cette époque un passage terrestre existait entre ces deux continents. Si l'extension des becs-de-canard ne concerna que ces régions septentrionales, sans doute est-ce dû au fait que les autres continents s'en trouvaient déjà séparés.

Brown dédia sa découverte à Henry Fairfield Osborn, son supérieur au Musée américain d'Histoire naturelle.

L'espèce américaine *Saurolophus osborni* mesurait 9 m, et sa sœur asiatique *Saurolophus angustirostris* était encore plus grande, avec 12 m de long.

Comme les autres becs-de-canard, *Saurolophus* broutait dans la forêt.

Bien que de nombreux dinosaures à bec-de-canard aient eu la tête plate, d'autres présentaient une crête sommitale. Certaines crêtes étaient creuses et correspondaient aux naseaux, d'autres étaient pleines, formant des reliefs solides et des proéminences osseuses. *Saurolophus* faisait partie du type à crête pleine.

Les crêtes étaient probablement utilisées comme des signaux. Elles donnaient à chaque animal un aspect particulier qui permettait de le distinguer des autres becs-de-canard. Les hadrosaures à tête plate et à crête solide devaient probablement posséder aussi des lambeaux de peau sur leur large museau, au-dessus des narines. Ces lambeaux cutanés se seraient dilatés lorsque l'animal respirait, particularité qui lui aurait permis d'émettre à l'occasion un mugissement effrayant. De nos jours, les grenouilles, les phoques et même les éléphants utilisent leur appareil respiratoire mou pour émettre de semblables signaux sonores. Dans le cas des becs-de-canard à crête solide, la crête aurait joué un rôle dans la production de tels mugissements.

Entre 1979 et 1982, une découverte remarquable fut faite dans le Montana : toute une colonie de nids de dinosaures ! Les nids avaient environ 3 m de diamètre et 1,5 m de haut. Les œufs étaient pondus dans un cratère de 2 m de large et de 0,70 m de profondeur maximale. Les nids étaient séparés les uns des autres par un espace d'environ 7 m. Ils avaient été bâtis en boue, comme les nids des flamants modernes. L'auteur de ces constructions était un bec-de-carnard du nom de *Maiasaura*, à crête pleine comme celle de *Saurolophus*. De nombreux jeunes furent ainsi trouvés dans les nids, à tous les stades de développement, ce qui révélait une certaine forme de structure familiale : les parents becs-de-canard devaient s'occuper de leurs jeunes.

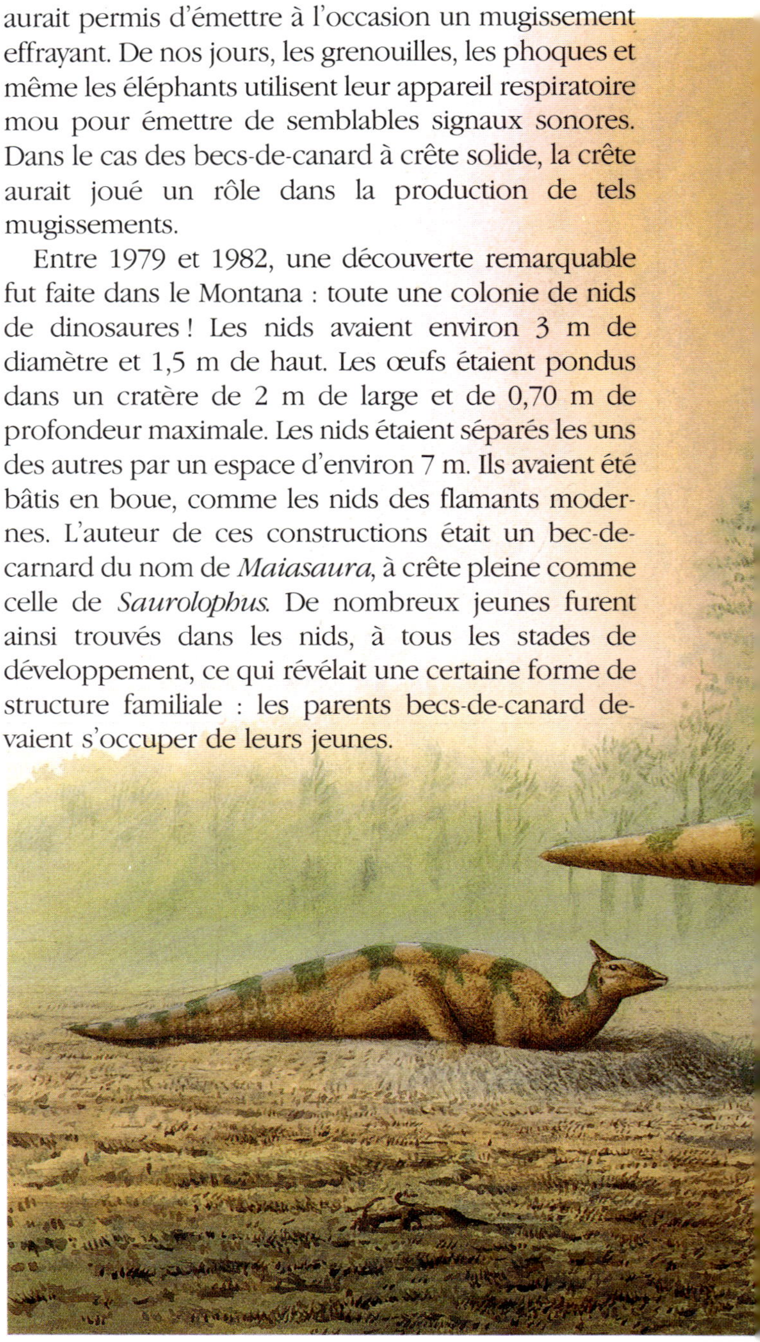

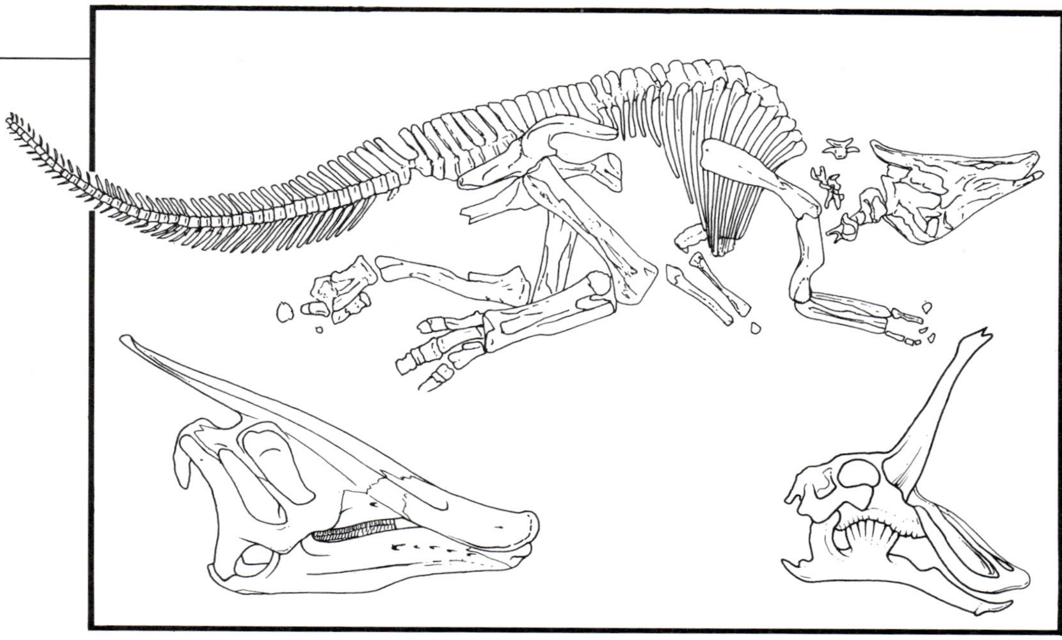

Les squelettes de Saurolophus *et des autres becs-de-canard à crête solide étaient tout à fait semblables à ceux de leurs cousins à tête plate.*

La crête solide des becs-de-canard fut poussée à l'extrême chez Tsintaosaurus. *Celle-ci arborait une grande pointe saillant vers le haut, comme chez un unicorne.*

Les becs-de-canard comme Saurolophus *nichaient ensemble, en troupeaux, s'occupant probablement de leurs jeunes jusqu'au moment où ils étaient capables de se débrouiller seuls.*

Un lambeau de peau au-dessus des narines permettait peut-être aux becs-de-canard, à tête plate ou à crête solide, de lancer des mugissements, signaux sonores destinés à leurs congénères ou à des ennemis.

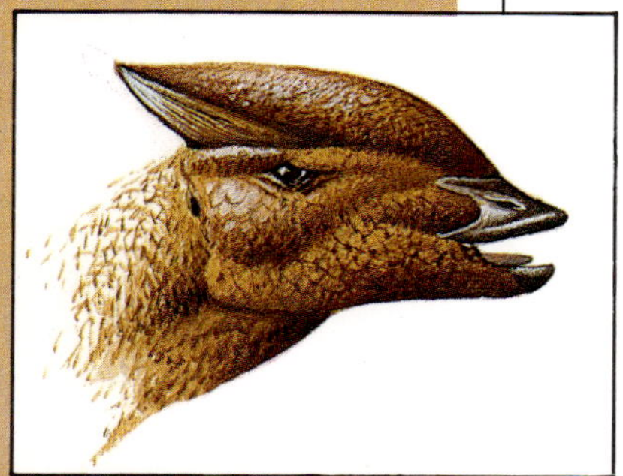

PARASAUROLOPHUS WALKERI

ORNITHOPODE, HADROSAURIDÉ

CRÉTACÉ SUPÉRIEUR

CANADA (ALBERTA), ÉTATS-UNIS (UTAH) ET NOUVEAU-MEXIQUE

Parasaurolophus fut décrit pour la première fois par William Parks en 1923, à partir de restes trouvés dans l'Alberta (Canada).

Comme pour la plupart des autres becs-de-canard, un *Parasaurolophus* adulte atteignait environ 9 m de long et pesait probablement quelque 4,4 tonnes.

Le museau des becs-de-canard à crête creuse était plus étroit que celui des becs-de-canard à tête plate ou à crête pleine. Cela signifie probablement qu'ils pouvaient sélectionner des morceaux de choix dans la végétation.

Le plus spectaculaire des becs-de-canard à tête creuse était *Parasaurolophus*. Les os du nez étaient modifiés en longs tubes creux qui s'incurvaient en arrière du crâne. À quoi servait une telle structure ?

Les paléontologues n'ont à ce sujet aucune certitude. C'était peut-être un système d'amplification sonore, comme les membranes nasales sur la tête des becs-de-canard sans crête. Avec un tel instrument, l'animal pouvait produire un son comme un trombone, signal d'accouplement ou cri d'avertissement. Mais il pouvait aussi s'agir d'un dispositif de circulation d'air autour du crâne, pour garder le cerveau au frais pendant les fortes chaleurs. La crête flamboyante de *Parasaurolophus* a peut-être encore eu une autre fonction : écarter le feuillage quand l'animal se frayait un chemin dans la forêt dense (observez comment la crête semble s'adapter dans une encoche de la colonne vertébrale pour produire une forme très profilée). Il se peut que toutes ces interprétations soient simultanément fondées et que la crête ait eu de multiples fonctions.

Si la crête de *Parasaurolophus* servait à lancer un signal, elle semblerait avoir été appuyée en cela par la queue : une queue aplatie et très large, presque comme un panneau d'affichage. Les grandes zones de peau sur les côtés étaient sans doute brillamment colorées, ornées de dessins faisant office d'avertissement ou de signe de reconnaissance.

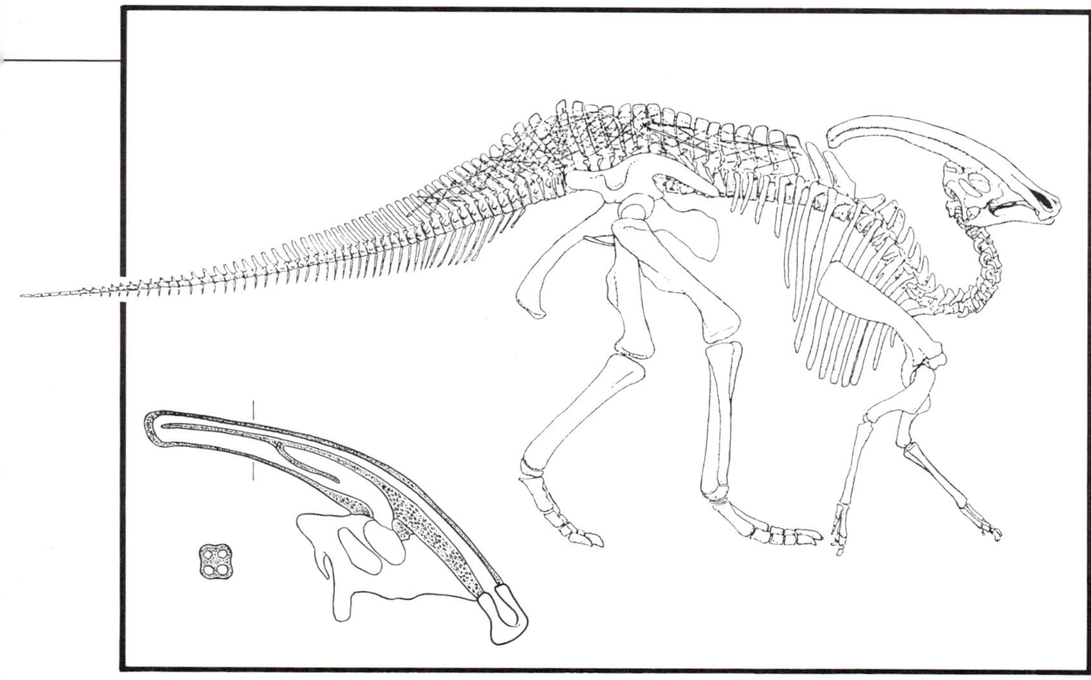

La crête de Parasaurolophus *formait un double tube s'étendant en arrière, depuis les narines jusqu'à l'extrémité de la pointe, puis revenait vers l'avant dans le crâne.*

La forêt retentissait des mugissements des becs-de-canard pendant la saison des amours. La ligne profilée d'un Parasaurolophus *à crête lui permettait de se frayer un passage dans la forêt dense.*

Les restes d'un Parasaurolophus *à courte crête ont été découverts. Il s'agit probablement d'une femelle de la même espèce.*

STEGOCERAS VALIDUS

ORNITHOPODE,
PACHYCÉPHALOSAURIDÉ
CRÉTACÉ SUPÉRIEUR
AMÉRIQUE DU NORD OCCIDENTALE

Les premiers restes, découverts en 1856, consistaient seulement en quelques dents. Puis des fragments crâniens furent trouvés en Alberta (Canada) en 1902, qui reçurent de Lawrence Lambe, du bureau d'études géologiques du Canada, le nom de *Stegoceras.* Un squelette presque complet, et à vrai dire le plus complet de tous les pachycéphalosauridés mis à jour, fut découvert par Charles Gilmore en 1920, également dans l'Alberta.
À l'époque où l'on ne connaissait que les dents, une certaine confusion régnait quant au nom de genre de l'animal. Le terme *validus* attribué ici à l'espèce décrite indique que l'attribution des spécimens au genre *Stegoceras* fut considérée comme bien fondée.
Stegoceras était un dinosaure de taille moyenne, d'environ 2,5 m de long.
Tous les pachycéphalosauridés étaient des ornithopodes herbivores, bien que certaines de leurs dents, observées en place sur des mâchoires, soient pointues et crénelées comme celles des carnivores.

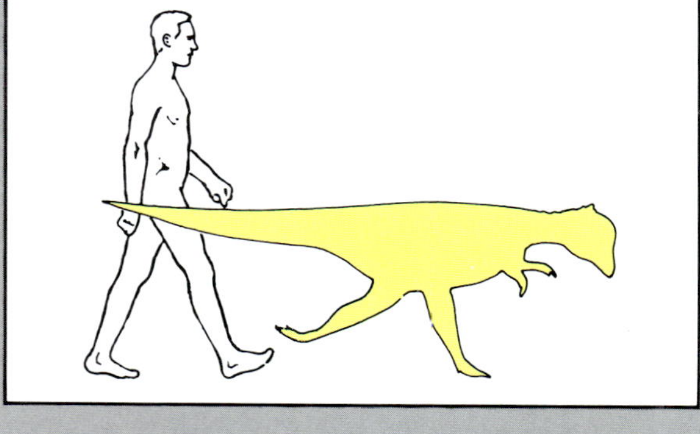

Les pachycéphalosauridés étaient les chèvres de montagne de l'époque. Outre le fait d'avoir eu une corpulence tout à fait comparable, la présence de dents crénelées montre qu'ils avaient le même type de nourriture que les chèvres, à savoir des plantes de montagne rabougries et coriaces. Ils vivaient probablement en troupeaux ou en bandes, comme le font les chèvres, et les mâles devaient entrer en compétition les uns avec les autres en se heurtant de la tête pour pouvoir commander le troupeau.

Généralement, les crânes de dinosaure sont assez rares car ils avaient une structure très légère et se cassaient facilement. Dans le cas des pachycéphalosauridés, leurs débris sont par contre assez communs, du fait d'une plus grande robustesse des os crâniens. La plupart de ces restes proviennent de sédiments fluviatiles et donnent l'impression d'avoir été charriés vers l'aval sur une longue distance. On peut induire de cette constatation que les pachycéphalosauridés vivaient dans les montagnes.

Le solide os de la tête était à l'évidence utilisé comme un bélier. Le reste du squelette semble avoir été bâti en conséquence, avec des vertèbres dorsales et caudales suffisamment solides pour supporter le contrecoup de chocs violents. Les femelles n'avaient probablement pas d'excroissances osseuses aussi saillantes sur le crâne.

Tous les pachycéphalosauridés avaient des crânes épais (ce que signifie leur nom). Stegoceras *possédait une protubérance crânienne en forme de dôme, typique de tous les représentants du groupe.* Homalocephale *avait par contre un crâne en forme de coin, avec un sommet épais mais pas de dôme saillant.*

Bien que toutes les pièces du squelette de Stegoceras *n'aient pas été retrouvées, on a une idée assez précise de l'allure générale de cet animal.*

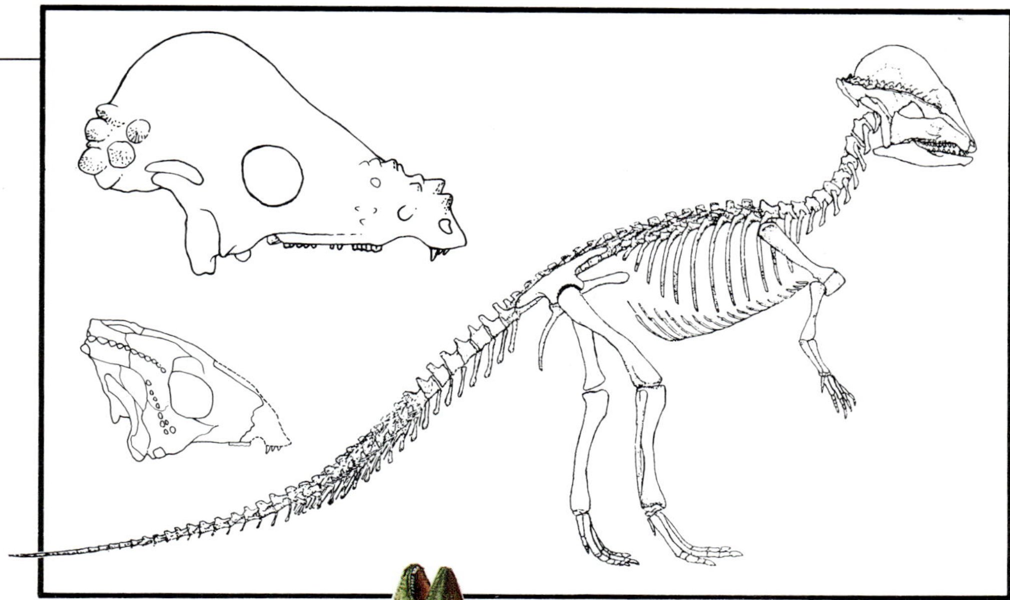

Le bassin des pachycéphalosauridés était très large. Peut-être était-ce une conséquence du renforcement de la colonne vertébrale, ou bien cela montrait-il que ces dinosaures mettaient bas au lieu de pondre des œufs.

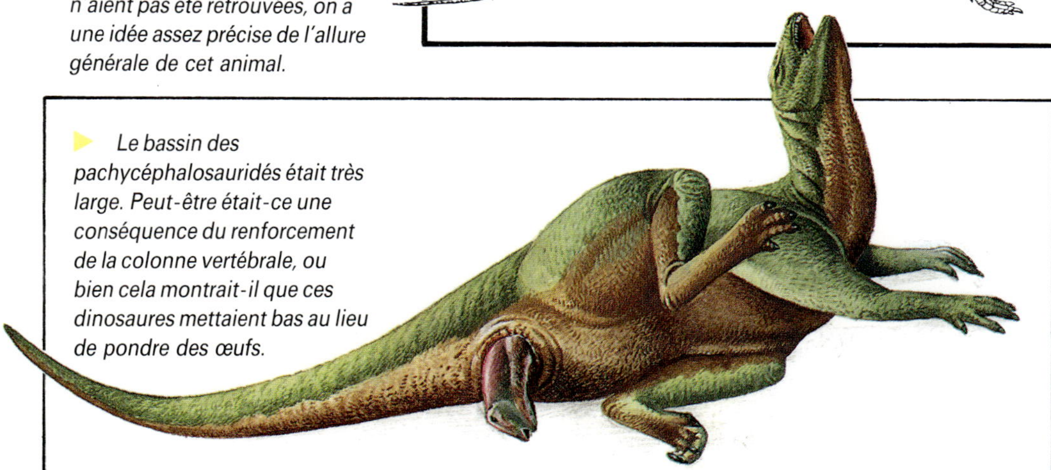

Stegoceras *parcourait probablement en troupeaux les montagnes du Crétacé. Les mâles devaient s'affronter comme des mouflons pour mettre en jeu leur suprématie sur le groupe.*

EUOPLOCEPHALUS TUTUS

ANKYLOSAURIEN, ANKYLOSAURIDÉ

CRÉTACÉ SUPÉRIEUR

CANADA (ALBERTA) ET NORD-OUEST DE LA CHINE

Les ankylosauridés sont peut-être nés en Asie orientale et se seraient ensuite répandus en Amérique du Nord par l'isthme de Béring.
Les restes d'*Euoplocephalus* furent découverts pour la première fois au Canada en 1902, dans la région de la Red Deer River, dans l'Alberta. C'est Lawrence Lambe qui leur donna un nom en 1910. Depuis lors, d'autres restes d'ankylosaures ont été trouvés, qui semblent appartenir à ce même genre. Le Dr Walter Preston Coombes, d'Amherst, dans le Massachusetts (États-Unis) a récemment reclassé tous les ankylosaures. Le travail le plus approfondi sur *Euoplocephalus* fut fait dans les années 1980 par le Dr Kenneth Carpenter, à Boulder, dans le Colorado. À cette occasion, certaines conceptions jusqu'alors admises sur le groupe des ankylosauridés en général, et sur *Euoplocephalus* en particulier, furent déclarées erronées et abandonnées.
Euoplocephalus n'était pas le plus grand des ankylosaures mais adulte, il aurait cependant atteint une longueur de 5,25 m et un poids de 2,7 tonnes.
C'était un herbivore, broutant et paissant près du sol.

Euoplocephalus *broutait probablement en terrain découvert, se défendant efficacement grâce à sa cuirasse et à sa massue.*

« Tête bien cuirassée », telle est la signification du nom latin de ce reptile. Une désignation parfaitement justifiée ! Les os du crâne étaient soudés en une boîte crânienne rigide – même les paupières étaient cuirassées, s'abaissant avec fracas comme des volets quand un danger menaçait l'animal. La cuirasse ne se limitait d'ailleurs pas à la tête : comme chez tous les ankylosauridés, le dessus du corps était entièrement couvert de protubérances et de pointes disposées en bandes, et les plus grandes d'entre elles formaient des rangées courant sur toute la longueur de l'animal. Comme arme défensive complémentaire qui pouvait être balancée sur un ennemi avec une force écrasante, la queue était une gigantesque matraque à long manche terminée par une massue. *Euoplocephalus* était un véritable tank vivant !

La tête, bien qu'apparemment solide, était en fait alvéolée, avec des tunnels et des cavités qui devaient servir à réchauffer l'air inspiré.

La découverte de pièces de la cuirasse dorsale d'ankylosauridés est assez commune, comparée à celle d'autres restes de dinosaures. Dans une rivière, le corps d'un ankylosauridé mort devait couler et se poser ventre en l'air, ainsi positionné par le poids de sa cuirasse dorsale. On les trouve d'ailleurs souvent dans cette position au sein des couches sédimentaires.

▲ *D'autres ankylosauridés présentent une disposition de cuirasse différente.*

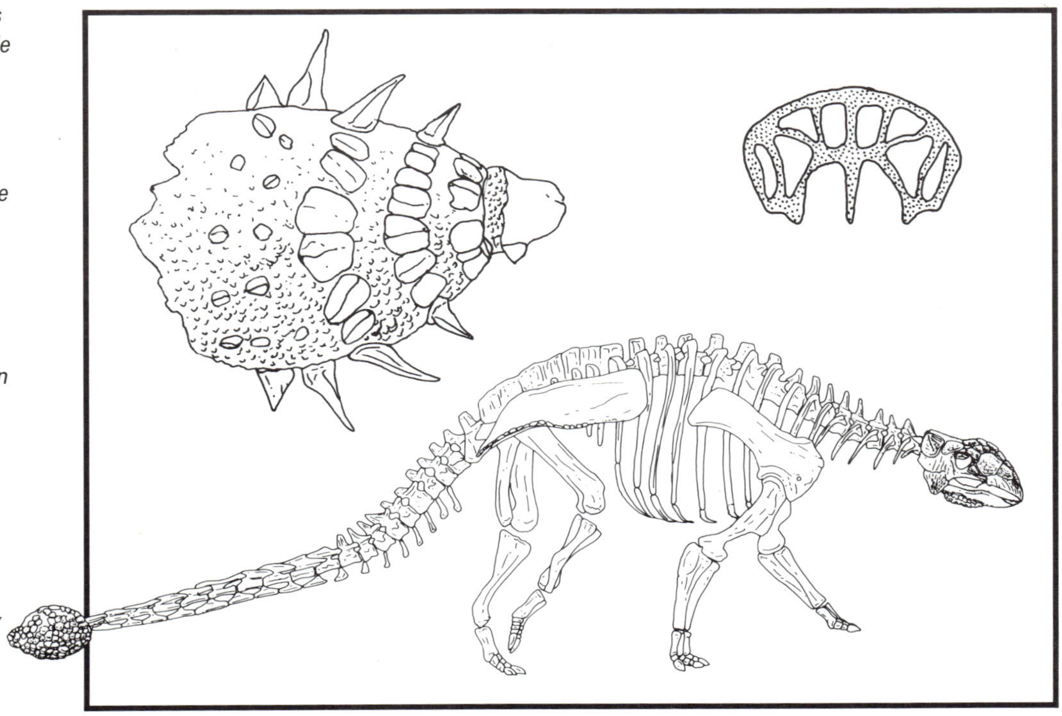

▶ *Des pièces de la cuirasse sont les seules parties du squelette des ankylosaures habituellement trouvées.*

▶ Euoplocephalus *avait un corps en forme de tonneau, fortement cuirassé.*

▶ *La queue était une puissante matraque osseuse, dont le manche rigide servait à asséner des coups violents sur le corps des ennemis.*

PANOPLOSAURUS MIRUS

ANKYLOSAURIEN, NODOSAURIDÉ
CRÉTACÉ SUPÉRIEUR
AMÉRIQUE DU NORD

Panoplosaurus fut l'un des dinosaures découverts lors de la « chasse » aux dinosaures canadienne qui commença en 1912. Il fut décrit et nommé par Lawrence Lambe en 1919.
Ce dinosaure est l'un des plus grands nodosauridés actuellement connus, atteignant une longueur de 7 m.
Panoplosaurus était herbivore. La famille des nodosauridés était caractérisée par des mâchoires plus étroites que celles de leurs proches parents, les ankylosauridés. Cela signifiait probablement qu'ils étaient plus sélectifs quant au type de nourriture consommée.

Les ankylosaures étaient représentés par deux groupes bien distincts : les ankylosauridés, pourvus d'une cuirasse essentiellement composée de plaques et d'une massue osseuse à l'extrémité de la queue ; et les nodosauridés, à cuirasse hérissée de pointes et extrémité caudale dépourvue de massue. *Panoplosaurus* était un nodosauridé typique. Son dos était protégé par des plaques plates disposées en rangées transversales. Ces plaques étaient particulièrement larges dans la région des épaules et du cou. En cela, l'animal ressemblait plutôt aux ankylosauridés, mais sur chaque côté saillaient d'énormes pointes massives qui formaient une véritable rangée de cornes, protégeant les flancs de l'animal avec efficacité. Le crâne était entièrement cuirassé, de sorte qu'il formait un bloc osseux sans frontière visible entre les narines.

Une caractéristique des crânes d'ankylosaures en général était la présence d'un palais, plaque osseuse séparant la cavité buccale de la cavité nasale et permettant à l'animal de manger et de respirer en même temps. Une telle conformation caractérisera plus tard les mammifères. Cela laisse à penser que les ankylosaures mangeaient de grandes quantités de nourriture. La forte taille du corps suggère aussi qu'un grand volume de nourriture pouvait être travaillé en même temps.

Comme chez tous les ankylosaures, les régions céphalique et thoracique de la cuirasse de Panoplosaurus *sont les parties le plus fréquemment conservées du squelette.*

Les restes de nodosauridés sont trouvés dans des roches sédimentaires, fluviatiles et palustres, accumulés dans les dépressions. La cuirasse était si résistante que les corps pouvaient être transportés sans se briser sur de longues distances.

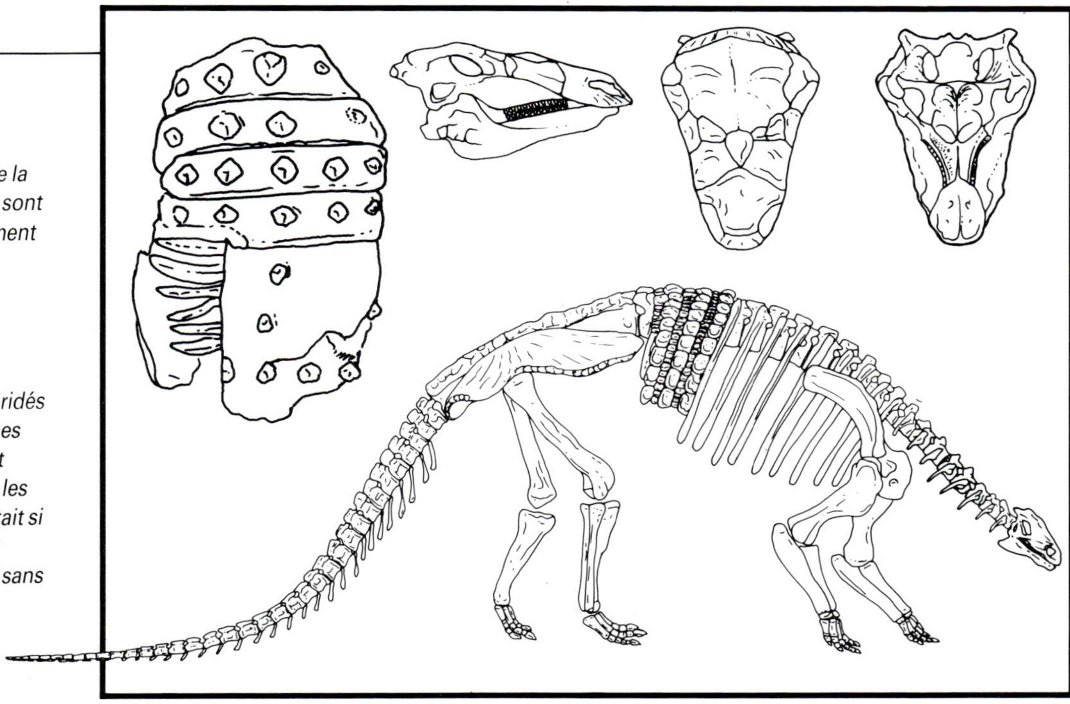

La charge d'un Panoplosaurus *tout caparaçonné et hérissé de pointes, devait être un spectacle remarquable.*

L'animal était vraisemblablement doté d'un grand volume d'intestins capable de traiter d'énormes quantités de nourriture non broyée, les dents minuscules ne pouvant assurer aucun travail efficace.

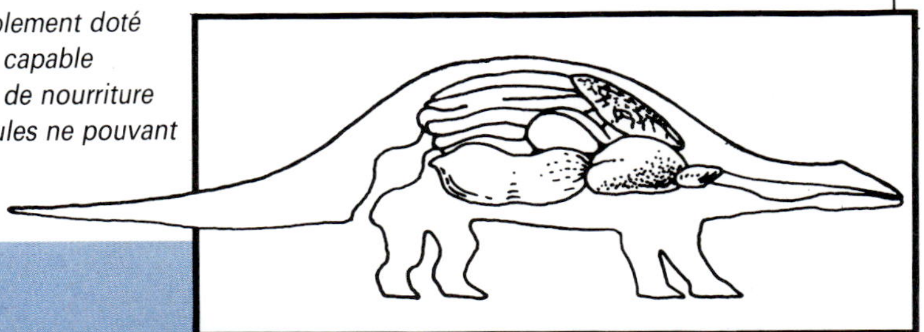

PROTOCERATOPS ANDREWSI

CÉRATOPSIEN, PROTOCÉRATOPSIDÉ
CRÉTACÉ SUPÉRIEUR
MONGOLIE

L'expédition en Mongolie du Musée américain d'Histoire naturelle, en 1922-1925, découvrit plus d'une centaine de squelettes et de nombreux nids de *Protoceratops.* La description fut publiée en 1923 par Walter Grander et William K. Gregory. L'espèce *Protoceratops andrewsi* fut nommée en l'honneur de Roy Chapman Andrews, le chef de l'expédition.
Pour un cératopsien, *Protoceratops* était plutôt petit, n'atteignant au mieux que 2,7 m de long. *Protoceratops* possédait des mâchoires puissantes, et ses dents étaient développées pour hacher plutôt que pour mâcher. Son corps, ressemblant à un tonneau, renfermait probablement un gros intestin. Tout cela suggère que *Protoceratops* mangeait des végétaux coriaces.

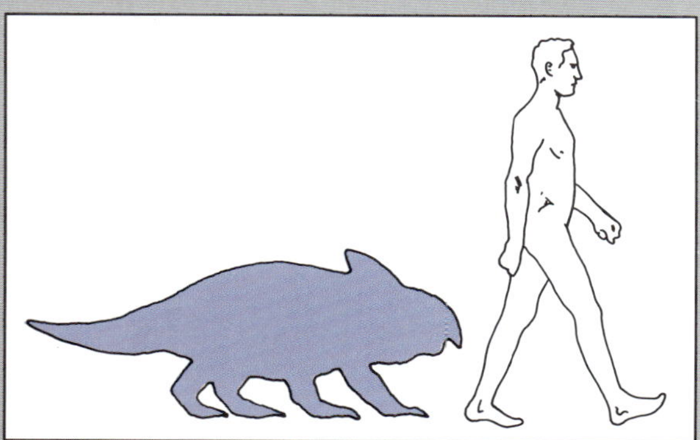

▼ Protoceratops *ne possédait pas encore les cornes spectaculaires des cératopsiens ultérieurs, mais les vieux mâles avaient toutefois développé une courte excroissance cornée au-dessus de leur bec massif.*

Au cours du Crétacé supérieur, les cératopsiens se mirent à développer de grandes têtes lourdes et, contrairement à leurs ancêtres tels que *Psittacosaurus*, ils adoptèrent une allure de quadrupède, et *Protoceratops* fut l'un des tout premiers à le faire. Le cou présentait une « fraise », grande collerette intérieurement alvéolée, et les bords des cavités servaient de lignes d'ancrage pour les puissants muscles de la mâchoire. Cette collerette des protocératopsidés n'était pas encore le bouclier cuirassé qui caractérisera les cératopsiens ultérieurs.

Le fait le plus plus important de la découverte des *Protoceratops* de Mongolie – en un lieu du désert de Gobi au romantique toponyme de « Collines Flamboyantes » – est la découverte des nids remplis d'œufs en forme de saucisse et disposés en cercles. Pour la première fois, on avait la preuve que les dinosaures pondaient réellement des œufs. Le site révéla encore toutes sortes de détails complémentaires sur la vie de *Protoceratops.* Un petit dinosaure-autruche voleur d'œufs, *Oviraptor,* fut découvert dans l'un de ces nids, probablement étouffé par la tempête de sable qui ensevelit les œufs et en permit ainsi la remarquable fossilisation. Un carnivore à griffe-faucille, *Velociraptor* (pp. 102-103) fut par ailleurs trouvé, engagé en un corps à corps mortel avec un *Protoceratops* adulte.

◀ *Bien que quadrupède,* Protoceratops *avait des membres antérieurs plus courts que les membres postérieurs. Cela suggère l'idée qu'il n'était pas encore très éloigné de ses ancêtres bipèdes.*

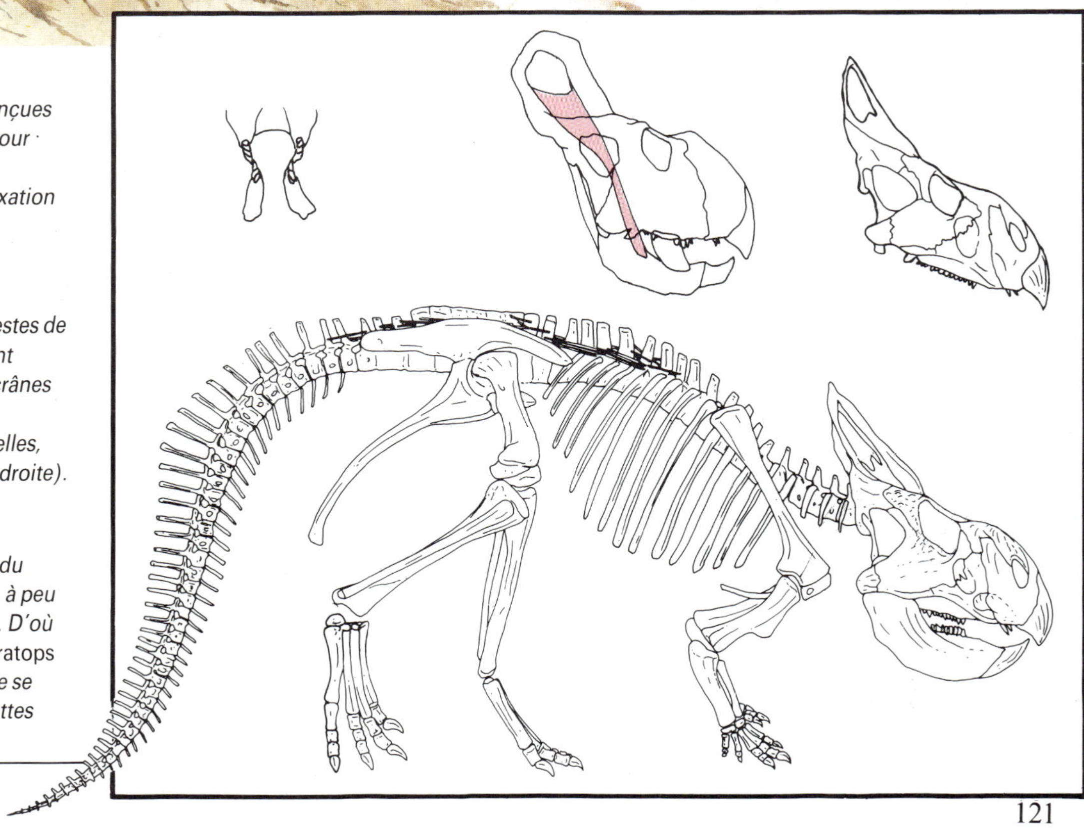

▶ *Les dents étaient conçues pour hacher plutôt que pour mâcher. Les cavités de la collerette servaient à la fixation des puissants muscles maxillaires.*

▶ *Les très nombreux restes de* Protoceratops *récoltés ont permis de distinguer les crânes volumineux des mâles (à gauche) et ceux des femelles, nettement surbaissés (à droite).*

▶ *Le centre de gravité du corps était très en arrière, à peu près au niveau du bassin. D'où l'hypothèse que* Protoceratops *était peut-être capable de se dresser parfois sur ses pattes arrière.*

CHASMOSAURUS BELLI

CÉRATOPSIEN, CÉRATOPSIDÉ
CRÉTACÉ SUPÉRIEUR
CANADA (ALBERTA)

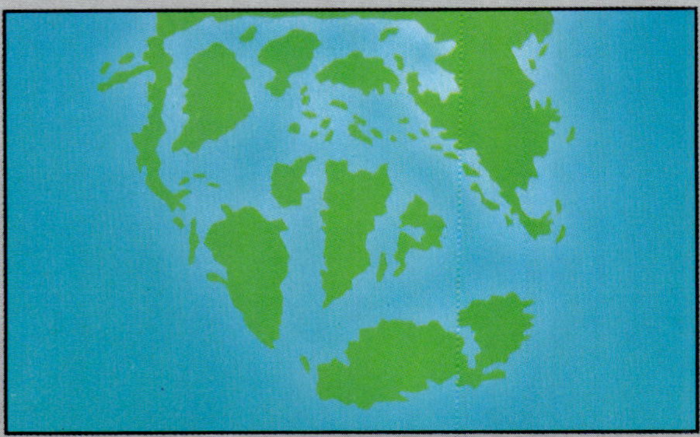

Les premiers restes de *Chasmosaurus*, trouvés en 1902, furent d'abord attribués à un cératopsien à courte collerette, *Monoclonius*. Puis des crânes complets furent découverts dans l'Alberta par Charles Sternberg et ses fils, en 1913, et décrits l'année suivante par Lawrence Lambe, du Bureau canadien de Recherches géologiques. Depuis lors, plusieurs crânes ont été trouvés, mais qui présentent entre eux des différences sensibles. On pense donc qu'il s'agit soit de plusieurs espèces de *Chasmosaurus*, soit d'individus de la même espèce mais de sexes et d'âges différents. *Chasmosaurus* est le plus ancien des cératopsiens à longue collerette.
Il atteignait une longueur de 5 m et un poids de 3,6 tonnes.
Les cératopsiens à longue collerette avaient des faces et des mâchoires plus longues que les spécimens à collerette courte. Peut-être pouvaient-ils ainsi être plus sélectifs dans le choix de leur nourriture.

La collerette était particulièrement développée chez *Chasmosaurus*, s'étendant bien au-delà des épaules en une grande pièce triangulaire nervurée axialement et latéralement. Elle était alvéolée, et ses cavités étaient si grandes qu'il est bien difficile de lui accorder le nom de bouclier. Formée de barres osseuses recouvertes de peau, elle constituait plutôt un épais voile rigide, ou mieux encore un fanion. Et si l'on considère l'ensemble que forment cette collerette et les cornes osseuses saillant sur le front et le museau, ce devait être un spectacle bien impressionnant pour d'autres animaux ! Bien que les cornes postfrontales de certaines espèces, telle *Chasmosaurus kaiseni* par exemple, fussent relativement longues, celles d'autres espèces, comme *Chasmosaurus belli* étaient particulièrement courtes et ne pouvaient guère servir d'armes défensives. Notons que la distinction entre formes à cornes longues et formes à cornes courtes n'indique pas forcément l'appartenance à des espèces différentes. Ce peut être seulement l'expression de ce que les naturalistes appellent un dimorphisme sexuel, les mâles ayant des cornes plus grandes que les femelles.

▼ *Les troupeaux de* Chasmasaurus *étaient peut-être placés sous la protection des mâles, tous tournés vers l'extérieur et présentant de la sorte à l'ennemi un front impressionnant de collerettes et de cornes.*

▶ *L'énorme collerette en forme de cœur de* Chasmosaurus *permet de différencier ce genre des autres cératopsiens.*

▶ *De même que la collerette était plus grande, le crâne était plus long et plus étroit que celui d'un cératopsien type à collerette courte.*

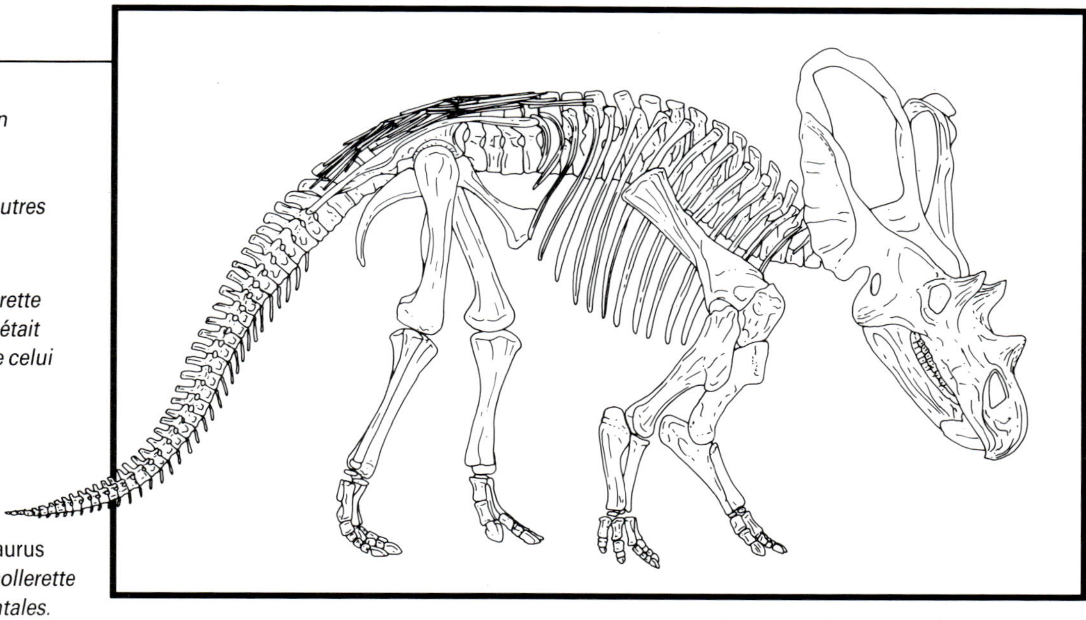

▼ *D'autres cératopsiens à longue collerette, tels que* Torosaurus *avaient une très longue collerette et de longues cornes frontales.*

▼ *La collerette était peut-être ornée de dessins brillants, mettant sa grande taille en évidence.*

STYRACOSAURUS ALBERTENSIS

CÉRATOPSIEN, CÉRATOPSIDÉ
CRÉTACÉ SUPÉRIEUR
CANADA (ALBERTA) ET ÉTATS-UNIS (MONTANA)

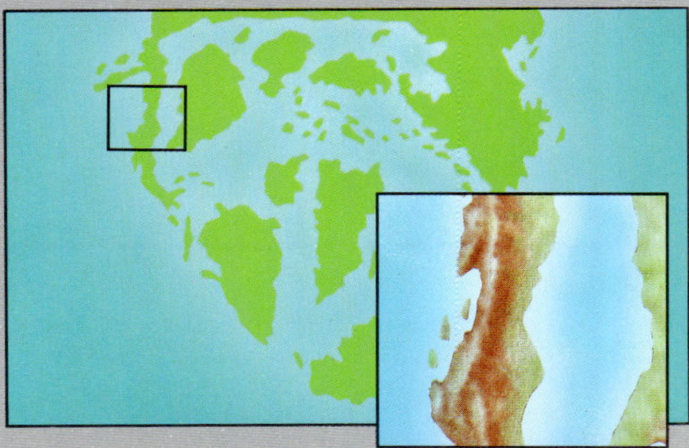

Désireux d'éviter que les équipes bien organisées du Musée américain d'Histoire naturelle ne découvrent et n'emportent tous les restes de dinosaures fossilisés en territoire canadien, le Bureau de Recherches géologiques du Canada effectua une grande expédition en 1913. Charles Sternberg et ses trois fils exhumèrent ainsi de nombreux dinosaures du Crétacé supérieur dans la région de la Red Deer River, et notamment le premier *Styracosaurus*. Le dinosaure à cornes fut aussitôt décrit par Lawrence Lambe.
Styracosaurus atteignait une longueur de 5,5 m environ et pesait quelque 3,5 tonnes.
Sa nourriture et sans doute celle des autres cératopsiens évolués, devait se composer principalement de feuilles de cycas.

Les cératopsidés se divisaient en deux lignées évolutives principales : l'une à courte collerette – à laquelle appartient *Styracosaurus* –, l'autre à longue collerette. La plupart des représentants de la lignée à courte collerette n'avaient qu'une seule grande corne nasale – c'est encore le cas de *Styracosaurus* –, mais certains avaient en outre de courtes cornes postfrontales. Chez *Styracosaurus*, les bords latéraux de la collerette présentaient chacun six petites cornes, tandis que le bord postérieur en arborait autant mais de taille impressionnante, donnant à cette collerette l'apparence d'une coiffure de chef indien. Sa fonction devait être aussi d'intimider ou de terrifier. Quand l'animal chargeait, le fracas de son déplacement devait ajouter à son aspect redoutable et le rendre apparemment plus dangereux qu'il ne l'était réellement. Dans les combats, la longue corne frontale devait être l'arme principale, les autres pointes ne servant qu'à protéger le cou.

▶ *On a découvert des groupes familiaux de cératopsiens à courte collerette : il semble en effet que l'on puisse parler de structure familiale, les adultes s'étant probablement occupé des jeunes.*

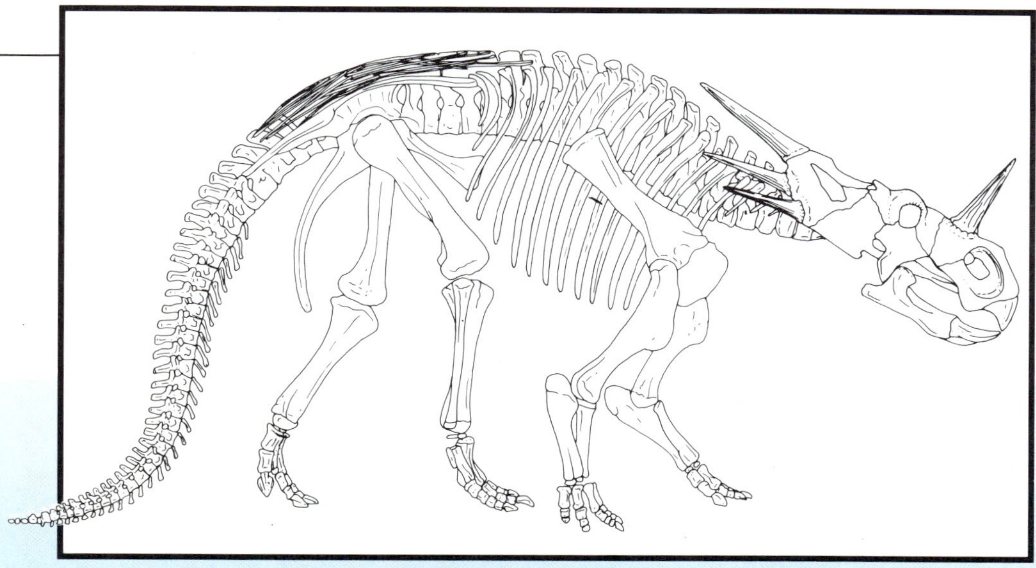

◀ *Le squelette des cératopsiens était très puissant autour des épaules et des membres antérieurs, conformation nécessaire pour supporter le grand poids de la tête.*

▼ *La collerette à pointes de* Styracosaurus *devait être terrifiante.*

TRICERATOPS HORRIDUS

CÉRATOPSIEN, CÉRATOPSIDÉ

CRÉTACÉ SUPÉRIEUR

ÉTATS-UNIS (COLORADO, DAKOTA DU NORD, DAKOTA DU SUD) ET CANADA (SASKATCHEWAN ET ALBERTA)

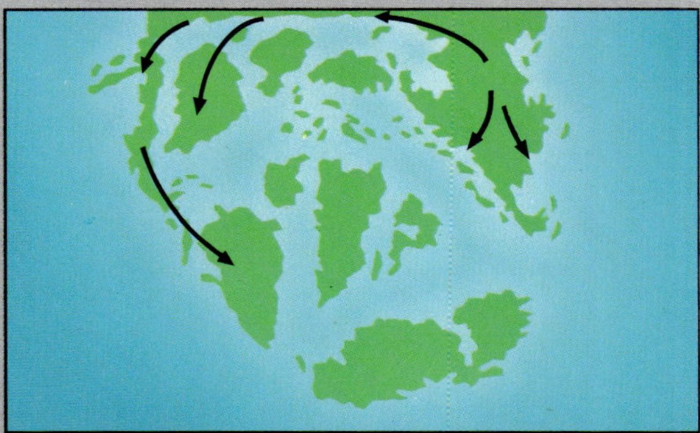

Après que de nombreux fragments non identifiables ont été trouvés dans les années 1850, 60 et 70, les premiers restes, certains de *Triceratops*, furent découverts en 1887 : il s'agissait de la base osseuse sur laquelle se forment les cornes postfrontales. Othniel Charles Marsh – qui pourtant ne se trompait généralement pas – pensa que ces restes appartenaient à un bison. En 1888, on découvrit un crâne complet dans un ranch du Wyoming et John Bell Hatcher, collectionneur professionnel, l'apporta à Marsh. Il fut aussitôt décrit et la publication parut en 1889.

Triceratops fut le plus grand de tous les cératopsiens, atteignant une longueur de 9 m (dont plus de 2 m pour le crâne). Il devait peser au moins 10 tonnes.

C'était un herbivore, broutant la végétation basse sur le sol.

▶ Triceratops *fut le plus grand des dinosaures à cornes. Les mâles se battaient peut-être pour dominer le troupeau, en s'emmêlant les cornes et en se poussant comme le font les bisons de nos jours.*

Alors que la plupart des espèces à courte collerette n'avaient qu'une seule longue corne nasale, celle de *Triceratops* était courte et il avait en outre une paire de cornes massives au-dessus des yeux. La plupart des cératopsiens de ce groupe avaient une collerette alvéolée : celle de *Triceratops* était au contraire une plaque osseuse pleine. De fait, cette collerette de *Triceratops* ne servait plus de zone d'ancrage aux muscles maxillaires, mais jouait le rôle protecteur d'un bouclier nucal.

Nous savons beaucoup de choses sur la tête de *Triceratops*. Habituellement, nous l'avons déjà signalé, les crânes de dinosaures sont rarement conservés intacts parce qu'ils sont composés de pièces osseuses à la structure fragile, aisément brisées lors des différentes phases de la fossilisation. Le crâne de *Triceratops*, par contre, était un bloc osseux massif, capable de résister aux fortes pressions que peuvent exercer des sédiments accumulés sur de grandes épaisseurs. Ce qui explique que l'on ait pu identifier une quinzaine d'espèces différentes de *Triceratops*, toutes établies d'après de légères différences observées dans la structure crânienne.

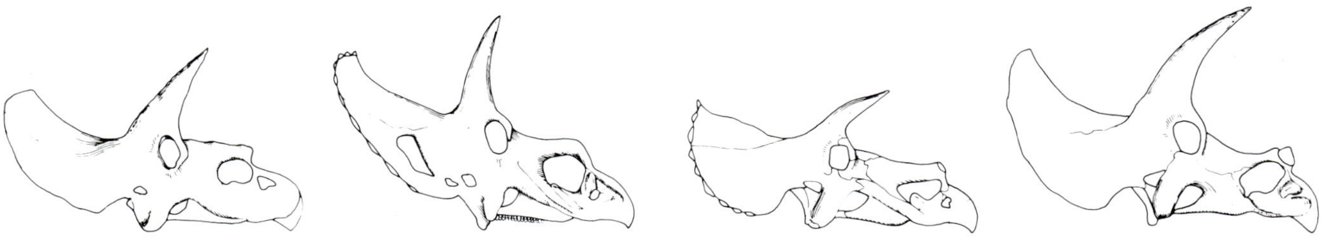

▲ *On distingue de nombreuses espèces de* Triceratops *d'après les caractéristiques structurales du crâne.*

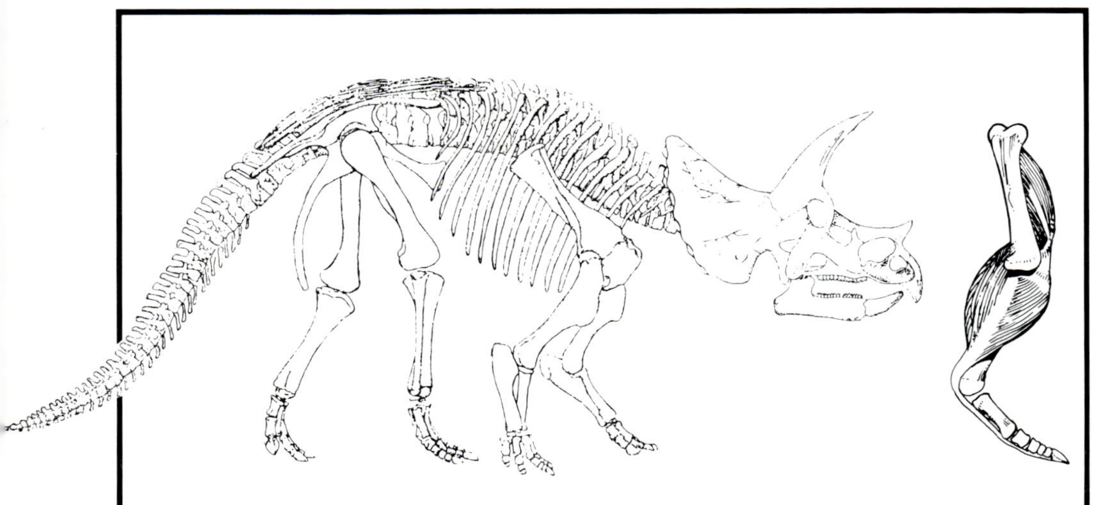

◄ *Les pattes des* Triceratops *étaient nécessairement très puissantes, devant soutenir le poids colossal du corps.*

L'EXTINCTION

Et puis il n'y en eut plus aucun !

À la fin du Crétacé, voici 65 millions d'années, la nature tira un rideau : tous les dinosaures, tous les ptérosaures, tous les prodigieux reptiles marins et toutes sortes d'autres animaux sur la terre et dans la mer disparurent de notre planète ! Le splendide étalage de vie reptilienne qui avait duré pendant 150 millions d'années disparut soudain. Cette disparition fut brutale. Les roches sédimentaires du Crétacé supérieur sont particulièrement riches en fossiles de tous genres, alors que les roches du début de l'ère Tertiaire situées immédiatement au-dessus sont moins fossilifères et ne révèlent pratiquement aucun des fossiles précédents.

Pourquoi ? Nous l'ignorons mais voici quelques théories.

De nombreux savants pensent que l'agent exterminateur vint de l'espace. La première théorie extraterrestre impliquait l'explosion d'une étoile, proche de nous dans la galaxie. Cette explosion aurait bombardé la Terre de radiations cosmiques mortelles pour la plupart des organismes de l'époque. Elle aurait aussi produit des nuages de poussière cosmique qui auraient voilé le soleil, phénomène ayant alors entraîné un important refroidissement. Cette première théorie est loin de faire l'unanimité dans le monde scientifique.

Une autre théorie extraterrestre, plus spectaculaire, invoque la chute sur la Terre d'un énorme météorite d'environ 15 km de diamètre. Ce météorite se serait désintégré, projetant dans l'atmosphère des nuages de poussière et de gaz. Le ciel se serait obscurci pendant des mois et des plantes auraient disparu. Les dinosaures herbivores seraient morts de faim et les carnivores qui s'en nourrissaient auraient succombé à leur tour.

Une variante de cette théorie fait intervenir, non pas un météorite, mais une série de comètes. Il semble que la Terre traverse une épaisse ceinture de comètes tous les 26 millions d'années à peu près, et cela correspondrait à l'époque concernée.

Une preuve à l'appui de l'une ou l'autre variante de cette théorie extraterrestre est fournie par un niveau sédimentaire au sommet du Crétacé. Ce niveau est riche en iridium, un métal rare à la surface de la Terre mais que l'on trouve en plus forte teneur dans les météorites et les comètes. La poussière d'iridium se serait dispersée alentour après l'impact du météorite ou des comètes, et se serait déposée dans les sédiments formés à l'époque. Notons toutefois qu'une intense activité volcanique à la fin du Crétacé expliquerait pareillement la formation d'une couche à forte

▼ *Il se peut que les dinosaures aient été exterminés à la suite d'une énorme explosion due à la collision d'un gigantesque météorite avec la Terre. La fumée et la poussière produites auraient profondément modifié le climat, affectant toute vie sur terre.*

teneur en iridium, cet élément étant normalement présent dans le magma lavique rejeté par les volcans.

De nombreux paléontologues pensent que l'extinction des dinosaures et des autres êtres vivants de l'époque n'a pas été un phénomène aussi brutal qu'il y paraît. Cette extinction aurait été graduelle. Par « graduelle », nous entendons une durée de l'ordre de 1 million d'années. Pour nous, 1 million d'années semble être un temps incroyablement long, mais dans l'histoire de la Terre cela ne représente que peu de chose, le temps que se déposent quelques décimètres, ou même seulement quelques centimètres de sédiments.

Le Crétacé supérieur fut une époque de paysages changeants. Lorsque le niveau moyen des étendues marines s'élevait, des mers peu profondes envahissaient des aires continentales jusqu'alors émergées. Cela pouvait modifier les conditions climatiques dans de nombreuses régions, dans le sens d'un refroidissement, et les grands animaux, accoutumés à un climat tropical, n'auraient pas été capables de s'adapter. Cela expliquerait fort bien le renouvellement de la flore observé dans les terrains du Crétacé supérieur. Mais lorsque le niveau moyen des étendues marines s'abaissait, les bordures continentales jusqu'alors couvertes par des mers de faible profondeur se trouvaient exondées puis asséchées. Ces nouvelles zones de circulation terrestre auraient permis l'installation de nouveaux arrivants, et il n'y aurait pas eu assez de nourriture dans ces régions dès lors surpeuplées. Les envahisseurs auraient aussi apporté des maladies et des parasites auxquels bon nombre des autochtones n'auraient pas résisté. Une autre conséquence de l'abaissement du niveau des mers aurait été qu'avec une superficie réduite des aires maritimes, la masse des algues vertes productrices d'oxygène (à partir du gaz carbonique, suivant le processus de la photosynthèse) aurait considérablement décru, et il y aurait eu saturation de l'atmosphère en gaz carbonique. D'où un réchauffement important à la surface de la Terre. Pas plus qu'un froid excessif, les dinosaures n'auraient supporté de trop fortes chaleurs. L'abaissement du niveau des mers expliquerait pareillement l'extinction généralisée de la faune marine. Et avec moins de matières sédimentaires produisant moins de dépôts dans la mer, l'iridium s'y serait trouvé plus fortement concentré.

Toutes ces théories ont leurs supporters et les discussions continueront aussi longtemps qu'il y aura des paléontologues pour étudier le sujet. Force est de constater que la fin de l'ère Secondaire fut marquée par une importante crise biologique qui extermina non seulement la quasi totalité des reptiles dinosaures, ptérosaures, mosasaures et plésiosaures, mais aussi bon nombre d'invertébrés marins tels que les ammonites et les bélemnites. Pourtant, cette crise n'eut aucun effet sur d'autres reptiles tels que crocodiles, tortues, lézards et serpents. Constat plus surprenant encore, elle n'affecta pas les petits mammifères à fourrure qui vivaient depuis des dizaines de millions d'années, courant sans se faire remarquer dans les pattes des grands dinosaures. Ceux-ci purent alors se développer, se propager et prendre le relais. L'âge des reptiles prenait fin, celui des mammifères commençait.

▼ *Un indice sur les causes de la disparition des dinosaures se cache peut-être dans un niveau sédimentaire du Crétacé supérieur, anormalement riche en iridium, métal habituellement rare dans les roches de notre planète.*

LA VIE APRÈS LES DINOSAURES

AU TERTIAIRE

En dépit des bouleversements biologiques qui ont mis un terme au Crétacé il y a 65 millions d'années, les lents mouvements d'avancée des continents se poursuivaient.

Au début de la période, les climats étaient partout chauds et humides. Forêts tropicales et jungles constituaient les types d'habitat principaux et certains animaux à vrai dire très étranges y vivaient. C'était le début de l'âge des Mammifères. Les grands reptiles avaient récemment disparu et les mammifères prospéraient et prenaient leur place en se diversifiant. Jusqu'alors les mammifères avaient été de petites créatures insignifiantes et discrètes comme des musaraignes. Puis ils avaient conquis une à une les niches écologiques que les reptiles avaient jusqu'alors occupées : des baleines sillonnèrent les mers et des chauve-souris se mirent à voler, bien que les poissons et les oiseaux fussent déjà bien établis dans ces rôles. Toutes sortes d'habitats terrestres furent occupés par de nouveaux mammifères. C'était comme si la nature procédait à des essais pour voir ce qui réussirait le mieux. La plupart des mammifères de cette époque nous apparaîtraient aujourd'hui très bizarres, mais d'autres nous sembleraient assez familiers.

Vers le milieu du Tertiaire, les conditions commencèrent à changer. Le climat se rafraîchit et les forêts denses firent place aux prairies, steppes, pampas et savanes. C'était là quelque chose d'assez nouveau, car il n'y avait guère eu de zones d'herbages ouverts jusqu'alors. La vie animale évolua en conséquence : pour manger des plantes aussi coriaces et indigestes que de l'herbe, l'animal a besoin de dents particulièrement solides et d'un estomac complexe, et pour vivre dans les plaines ouvertes, il a besoin de longues pattes qui lui permettent de s'enfuir devant ses ennemis. Les herbages gagnant du terrain, apparurent et se multiplièrent les chevaux, antilopes, chameaux et autres herbivores (les chameaux étant d'abord des animaux de prairie et non de désert).

Dans des régions isolées comme l'Amérique du Sud et l'Australie, l'évolution suivit un chemin indépendant. La faune se diversifia tout autant, mais se développa à partir de souches différentes. Parmi les étranges mammifères d'Amérique du Sud, naquit une créature ressemblant beaucoup à un petit cheval. Bien qu'elle n'ait eu aucun lien de parenté avec lui, elle en acquit la forme et les adaptations au type d'habitat herbeux. En Australie, se développèrent les kangourous. Avez-vous jamais remarqué la similitude entre la tête d'un kangourou et celle d'une antilope ? Le même type de vie – ici en plaine herbeuse sous la menace de carnassiers agiles – conduit à la même morphologie et aux mêmes adaptations. C'est un exemple maintes fois constaté et bien connu de convergence biologique.

Vers la fin du Tertiaire, le climat commença à se refroidir, annonçant l'âge glaciaire.

Le Tertiaire inférieur fut une époque de forêts tropicales. Toutes sortes de formes animales se développèrent, et notamment les mammifères qui se répandirent rapidement, prenant la place des dinosaures récemment exterminés : mammifères herbivores, mammifères carnivores, certains nageant et volant.

AU QUATERNAIRE

La dernière période des Temps fossilifères, le Quaternaire, est très courte, mais elle est primordiale car elle est marquée par l'émergence de la forme de vie qui a peut-être eu le plus d'influence sur notre planète, l'Homme.

Le Quaternaire a commencé il y a seulement 1,7 million d'années, avant-hier à l'échelle géologique. Il peut être divisé en âge glaciaire (ou Pléistocène) et âge moderne. L'âge moderne a commencé il y a 20 000 ans. En un laps de temps aussi court, il ne peut y avoir eu d'importantes modifications dans la répartition des continents, mais les changements climatiques ont par contre été considérables.

Le refroidissement qui eut lieu dans la dernière partie du Tertiaire atteignit son apogée au Pléistocène, lorsque les calottes glaciaires et des glaciers s'étendirent à partir du pôle Nord vers le sud, couvrant le Canada, le nord de l'Europe et une grande partie de l'Asie septentrionale.

La glace ne couvrit certes pas le monde entier, pas plus qu'elle ne couvrit en permanence les zones affectées : le front des glaces allait et venait, gagnant et perdant tour à tour du terrain.

La vie animale évolua continuellement pour s'adapter à ces conditions changeantes. Malgré le froid extrême, de nombreux animaux acquirent une grande taille, une grosse bête conservant mieux sa chaleur qu'une petite, et développèrent des manteaux à poil long pour une meilleure isolation thermique. Le mammouth et le rhinocéros laineux parcoururent les froides régions de toundra qui entouraient la bordure des calottes glaciaires. Plus au sud, il y eut aussi de grands mammifères, par exemple dans les prairies d'Amérique du Sud où de gigantesques paresseux terrestres atteignirent 6 m de haut, tandis que des glyptodontes ressemblaient à des tatous de la taille d'une voiture.

Des carnivores spécialisés se développèrent pour se nourrir de très grands animaux. Les machairodontes d'Amérique du Nord et d'Europe, apparus au Tertiaire, développèrent de longs crocs pour couper la peau épaisse des animaux gigantesques de l'époque. Avec le retrait final des glaciers, des formes humaines se répandirent dans le monde. Elles chassèrent les autres animaux, parfois jusqu'à l'extinction de l'espèce, dégagèrent des clairières dans les forêts pour y pratiquer l'agriculture et s'y installer, et domestiquèrent les troupeaux d'herbivores.

▲ *Vers la fin du Tertiaire, les prairies s'étendirent et accueillirent de nouvelles formes animales, à la fois rapides coureurs à longues pattes et herbivores à estomac complexe capable de digérer des plantes herbacées plus coriaces que les feuillages tendres des arbres.*

▼ *Durant le Pléistocène, il est parfois arrivé que des mammouths s'enfoncent dans des tourbières, que leur corps quasiment intact y soit enseveli et gelé. Ce cas de fossilisation demeure exceptionnel.*

PREMIÈRES DÉCOUVERTES

LES PLUS ANCIENNES DÉCOUVERTES

Ce n'est pas chose aisée de ramasser un morceau d'os fossilisé et d'essayer de reconstruire la totalité de l'animal à partir de ce reste fragmentaire. Ce devait être encore bien plus difficile il y a deux cents ans, quand personne ne savait ce qu'était un dinosaure. D'abord, les grands os furent pris pour ceux de créatures humaines – parfois géantes – qui auraient existé avant le Déluge. En 1731, le squelette bien conservé d'une salamandre fossile géante fut identifié comme celui d'un pêcheur lors de cette catastrophe biblique ! Des os d'éléphant découverts près de Paris furent généralement considérés comme ayant appartenu à des hommes géants. Même de nos jours, en dépit de connaissances considérables, le même type d'erreur se reproduit de temps à autre. L'un des premiers experts en dinosaures de ce siècle pensait avoir trouvé la dent d'un homme fossile : de fait, c'était une dent de porc !

Le premier fossile de reptile géant à avoir été identifié comme tel fut une paire de maxillaires armés de dents impressionnantes, découverts dans une carrière aux Pays-Bas en 1770. Ces os furent identifiés par un anatomiste comme étant ceux d'un lézard géant. Puis en 1795, l'anatomiste Georges Cuvier affirma que ce devait être une espèce de lézard marin géant. Plusieurs années plus tard, le révérend William Conybeare, expert britannique en reptiles marins fossiles, nomma la créature *Mosasaurus* ou « reptile de la Meuse », d'après le nom de la région où elle avait été trouvée.

▲ *Le Dr Gideon Mantell et sa femme Mary trouvèrent les premiers restes d'*Iguanodon *dans le Sussex, vers 1818. Ce furent les premiers restes de dinosaure herbivore étudiés scientifiquement.*

▲ *Dean William Buckland publia en 1824 la première description d'un maxillaire de dinosaure. C'est son collègue, James Parkinson, qui le baptisa* Megalosaurus.

LES ANNÉES 1880

Les os de dinosaures trouvés en Grande-Bretagne dans la première moitié du XIXe siècle n'étaient que des fragments dépareillés. Sans aucun matériel de comparaison, il était impossible de reconstituer le squelette complet avec précision.

Puis en 1858, un certain nombre de fossiles, y compris un squelette presque complet, furent découverts aux États-Unis, dans le New-Jersey. Joseph Leidy, professeur d'anatomie, remarqua que les membres antérieurs étaient beaucoup plus courts que les postérieurs. Il en conclut que l'animal avait dû se tenir sur ses pattes arrière, comme un kangourou ou un oiseau. Les restes s'avérèrent être ceux d'un dinosaure à bec-de-canard, *Hadrosaurus* très semblable au squelette d'*Anatosaurus* (pp. 108-109). C'était la première fois que quelqu'un entrevoyait que les dinosaures n'étaient pas forcément des quadrupèdes. Dès lors, il fut possible de reconstituer *Iguanodon* et *Megalosaurus* comme des bipèdes.

Puis, comme pour confirmer cette vision des choses, une découverte remarquable fut faite en 1878 dans une mine de charbon à Bernissart, en Belgique. On découvrit un véritable cimetière d'iguanodons, avec au moins 39 squelettes, la plupart d'entre eux complets ou presque. Ces squelettes furent extraits et leur allure bipède reconstituée, comme celle des oiseaux.

Dans la seconde moitié du XIXe siècle, c'est en Amérique du Nord qu'eurent lieu les plus remarquables découvertes lors d'expéditions dirigées indépendamment par Othniel Charles Marsh et Edward Drinker Cope. Marsh était professeur à Yale tandis que Cope était un scientifique indépendant financé par des fonds privés. Les deux hommes se détestaient cordialement ! Chacun d'eux envoya des expéditions dans le Far West, d'après divers rapports établis à la suite de découvertes d'os fossiles dans le piémont des montagnes Rocheuses. Chacun d'eux offrit des récompenses à toute personne qui trouverait des fossiles importants, cela dans le but d'éviter que les restes ne tombent aux mains des expéditions rivales. À

Une remarquable découverte de plusieurs dizaines de squelettes complets d'Iguanodon fut faite en 1878 dans une mine de charbon, en Belgique. Les corps avaient été entraînés par le flot dans une dépression et préservés en masse.

D'importantes découvertes de dinosaures furent faites au pied des Rocheuses dans les années 1880. Une grande partie des fouilles fut effectuée par les expéditions rivales de deux scientifiques, Othniel Charles Marsh (en haut) et Edward Drinker Cope (en bas).

plusieurs reprises, les adversaires en vinrent aux mains. Ils allèrent jusqu'à briser sur place les fossiles qu'ils ne pouvaient emporter afin que le concurrent ne puisse s'en emparer et en tirer profit. La plupart des découvertes furent faites dans la Formation Morrison au pied des montagnes Rocheuses. Elles remontent au Jurassique et concernent les dépôts d'alluvions fluviatiles et lacustres d'une plaine d'inondation fertile renfermant une grande variété de dinosaures.

Les méthodes d'extraction des os de dinosaure, encore utilisées de nos jours, furent mises au point au cours de ces expéditions. Chaque os, dès qu'il était extrait de sa gangue sédimentaire, était recouvert d'une gaine protectrice en plâtre avant d'être transporté au laboratoire en vue d'une étude détaillée. Le résultat de toute cette activité frénétique et de cette lutte pas toujours loyale fut la découverte et la description de 136 nouvelles espèces de dinosaures avant la fin du siècle. De nos jours encore, des paléontologues examinent ce matériel considérable qui n'a pas fini d'être étudié.

En 1811, Mary Anning, alors âgée de 11 ans, et son frère Joseph ramassaient des coquillages et des fossiles pour leur mère – une veuve qui les vendait dans son magasin pour touristes à Lyme Regis, dans le sud de l'Angleterre – quand ils trouvèrent le crâne d'un reptile marin fossile long de 5 m. C'était un crâne d'*Ichtyosaurus*.

L'étude des dinosaures débuta réellement en Angleterre au début du XIXe siècle. Un os maxillaire encore pourvu de dents fut découvert près d'Oxford par William Buckland et baptisé *Megalosaurus*, le « grand reptile », par son ami James Parkinson. Une description en fut publiée en 1824. Vers 1818, un médecin de campagne, Gidon Mantell et sa femme Mary se mirent à collectionner des os et des dents fossiles d'une carrière du Sussex. Certaines de ces pièces étaient des dents en forme de feuille qui rappelaient celles des iguanes modernes. Le nom d'*Iguanodon* fut tout naturellement donné au fossile correspondant en 1825.

Il fallut attendre 1841 pour que le nom de « dinosaure » soit proposé par le brillant anatomiste et paléontologue Richard Owen. Ce savant constata que des créatures comme *Megalosaurus* (pp. 78-79) et *Iguanodon* (pp. 86-87), ainsi qu'une autre forme plus récemment découverte, *Hylaeosaurus*, diffèrent des reptiles modernes à un point tel qu'il les plaça dans un nouveau sous-ordre de la classification, les dinosauriens. Cette classification n'est certes plus valable, mais le terme « dinosaure » – le « lézard terrible » – est encore utilisé de nos jours, et son acception dans le sens populaire est en fait indispensable.

DÉCOUVERTES MODERNES

Au début de ce siècle, le Canada était un paradis pour la recherche des dinosaures. Barnum Brown, un collectionneur de fossiles travaillant pour le Musée américain d'Histoire naturelle, et qui venait juste de découvrir plusieurs squelettes de *Tyrannosaurus* (pp. 98-99) dans le Montana se mit à explorer la Red Deer River en Alberta. Il y trouva des squelettes d'*Hadrosaurus*, les becs-de-canard. Pour ne pas être en reste, les autorités canadiennes louèrent alors les services de Charles Sternberg. Ce dernier, qui avait précédemment travaillé pour Cope, fut rejoint par ses fils. À eux trois, ils découvrirent un grand nombre de dinosaures à bec-de-canard, de dinosaures carnivores et de dinosaures cuirassés, y compris *Styracosaurus* (pp. 124-125).

En 1909, une expédition du musée de Berlin, conduite par Werner Janensch, se rendit en un lieu perdu appelé Tendaguru, en Afrique orientale germanique (actuellement la Tanzanie), à la suite d'histoires courant à propos d'os fossiles que des mineurs auraient trouvés là-bas. Il en résultat la fouille de toute une série de roches, très semblables à la Formation américaine Morrison et contenant une faune tout à fait similaire, avec notamment les genres *Brachiosaurus* (pp. 64-65) et *Kentrosaurus* (pp. 72-73).

Dans les années 1920, la chasse à l'Homme fossile était ouverte. Une expédition cherchant à découvrir les origines de l'Homme fut organisée en Asie centrale organisée par le Musée américain d'Histoire naturelle, sous la direction de Roy Chapman Andrews. L'expédition ne trouva pas d'homme primitif, mais rapporta une impressionnante collection de dinosaures du désert de Gobi. Cette faune dinosaurienne comportait des *Protoceratops* (pp. 120-121) et leurs nids – c'était la première fois que l'on trouvait des œufs de dinosaures !

C'était l'époque où tous les continents faisaient l'objet d'expéditions. La Chine fut prospectée plus tardivement, mais entre les années 1940 et 1970, les trouvailles furent si abondantes qu'elles représentent actuellement le quart de toutes les découvertes de dinosaures. Parmi ces formes chinoises, citons *Mamenchisaurus* (pp. 68-69). Ces reptiles ressemblent tant aux dinosaures d'Amérique du Nord que l'on peut affirmer que les mêmes conditions existaient dans tout l'hémisphère Nord au cours du Mésozoïque.

De nos jours, la chasse aux fossiles se poursuit. Mais il devient cependant de plus en plus difficile d'organiser de grandes expéditions internationales, en raison principalement de leur coût. Il existe aussi des problèmes politiques. De nombreux sites de dinosaures potentiellement favorables se trouvent dans des coins perdus de pays en voie de développement – des pays dont les gouvernements ont tendance à se méfier des équipes internationales fouillant le long de leurs frontières. C'est ainsi que les membres d'une expédition paléontologique internationale passa Noël 1977 derrière les barreaux d'une prison nigérienne à la suite d'un malentendu.

◄ *Entre 1909 et 1912, une équipe allemande de fouilles travailla sur le site de Tendaguru, en Afrique orientale (actuelle Tanzanie). L'un des squelettes alors dégagés, un* Brachiosaurus *est le plus grand squelette jusqu'ici reconstitué.*

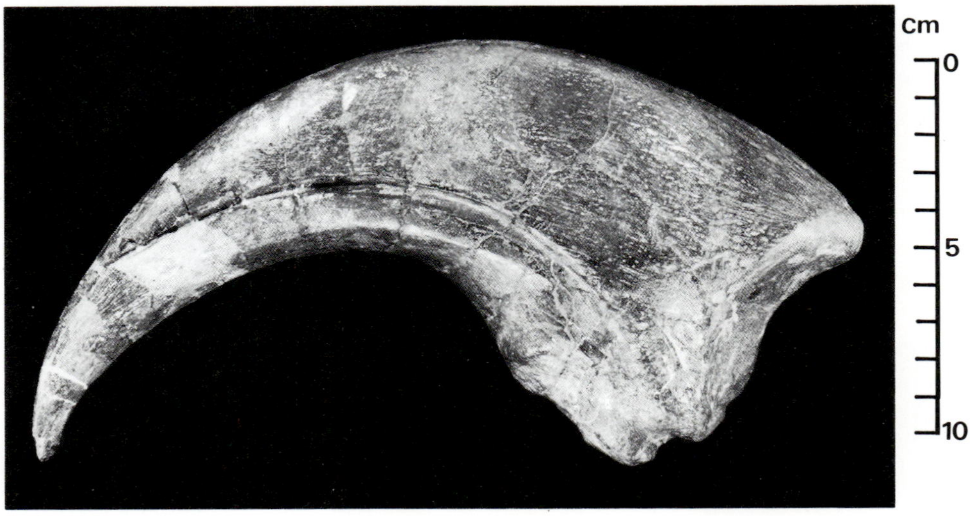

▲ *En 1922, une expédition en Asie centrale organisée par le Musée américain d'Histoire naturelle mit à jour dans le désert de Gobi, en Mongolie, des œufs de* Protoceratops.

▶ *La découverte la plus excitante des dernières années fut celle de* Baryonyx, *en 1983. Le premier os fut trouvé en Angleterre par un amateur. L'animal appartenait à une famille de dinosaures jusqu'alors inconnue.*

Pourtant l'époque où un amateur pouvait faire une découverte stupéfiante ne s'acheva pas avec Mary Anning et les Mantell. En 1983, un chasseur amateur de fossiles, William Walker, ayant trouvé des os dans une carrière d'argile dans le Surrey (Angleterre), une équipe du British Museum (Natural History) exhuma l'ensemble du squelette : il s'agissait d'une forme inconnue qui fut baptisée *Baryonyx* (pp. 80-81). Carriers et ingénieurs de travaux publics découvrent parfois par hasard des restes de dinosaures. Les premières traces de pattes de sauropodes découvertes en Angleterre le furent par un ouvrier dans une carrière de calcaire du Dorset, en 1987. Hélas, les découvertes faites dans les carrières ou lors du creusement des routes ne sont souvent pas scientifiquement exploitées en raison de considérations financières ou commerciales. L'un des exemples les plus regrettables est fourni par le cas du singe fossile *Oreopithecus*. Les propriétaires d'une mine de lignite en Italie, où furent trouvés des restes de ce primate fossile, se refusèrent à une interruption de la production qui aurait permis de procéder à des fouilles. Nous perdîmes là l'occasion d'étudier un maillon important de notre propre lignée évolutive.

IMAGERIE DU DINOSAURE

Quand Charles Dickens écrivait dans le premier chapitre de *Bleak House* (1852-1853) :

« Autant de boue dans la rue que si les eaux venaient de se retirer de la surface de la Terre, et il ne serait pas étonnant de rencontrer un mégalosaure, de quelque quarante mètres de long, pataugeant en remontant Holborn Hill comme un lézard éléphantesque »,

il ne visualisait pas l'animal montré pages 78-79. À cette époque, le dinosaure était une notion assez nouvelle et la nature exacte d'un monstre comme le mégalosaure demeurait mystérieuse. La créature que Dickens imaginait ressemblait plutôt à une espèce de lézard géant.

L'histoire de l'*Iguanodon*, le compagnon crétacé de *Megalosaurus*, le confirme assez bien. Les Mantell avaient quelques problèmes pour identifier les dents et les morceaux d'os qu'ils avaient trouvés dans les années 1920. Cuvier lui-même pensait que les dents avaient dû appartenir à une espèce de rhinocéros. Ce n'est que lorsque Mantell remarqua la similarité entre ces dents et celles de l'iguane, que Cuvier réalisa qu'elles avaient appartenu à un très grand reptile herbivore. Mantell s'en retourna et fit sa propre reconstitution, basée sur les quelques restes dont il disposait. Le résultat fut une sorte de lézard de 20 m de long. Il plaça une pointe osseuse trouvée parmi les restes, sur le nez de l'animal, sans doute influencé par l'idée première du rhinocéros de Cuvier. Ce résultat peut de nos jours paraître singulier, mais on ne pouvait alors faire mieux, compte tenu des connaissances modestes de l'époque et des rares matériels disponibles.

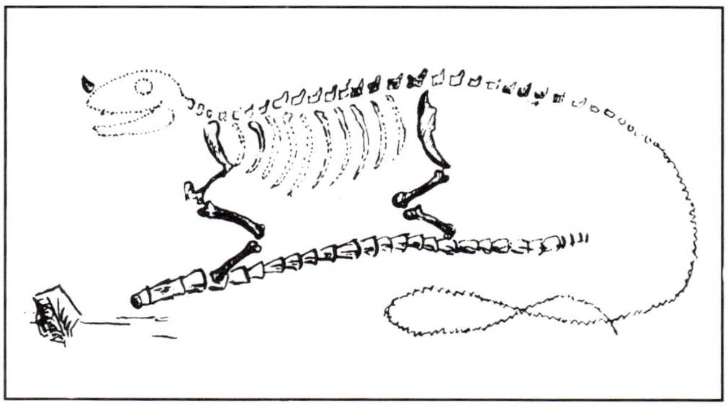

Le Dr Gideon Mantell effectua la première reconstitution d'un dinosaure, celle d'un Iguanodon, *dans les années 1820. L'inexactitude de cette reconstitution est compréhensible, si l'on considère le nombre extrêmement réduit des os sur lesquels il se basa (figurés ci-dessus en traits renforcés).*

Le premier grand spécialiste de la représentation imagée des dinosaures est certainement le peintre britannique John Martin. Cet artiste est célèbre pour ses scènes romantiques de catastrophe biblique, avec des montagnes s'écroulant sur des villes sous un ciel d'orages, et les vagues de l'océan balayant des multitudes de pêcheurs. Dans les années 1840, il peignit une scène de serpents de mer se contorsionnant, pour un premier livre sur les ichtyosaures et les plésiosaures écrit par Thomas Hawkins. Il peignit aussi *Le Pays de l'Iguanodon*, basé sur les études de Mantell. Dans cette œuvre, d'énormes dragons se battent et se déchirent sur fond de paysage rappelant la vallée de la Tyne, dans le nord de l'Angleterre, où il avait passé son enfance. Bien entendu, les dragons étaient *Iguanodon* et *Megalosaurus* tels qu'on les imaginait à l'époque.

Iguanodon *et* Megalosaurus, *tels que John Martin, le premier grand peintre des dinosaures, les a imaginés dans une scène de combat à mort.*

◄ *Des statues d'Iguanodon, grandeur nature, se dressent aujourd'hui dans le parc du Crystal Palace à Londres. Elles montrent l'Iguanodon tel qu'on l'imaginait en 1853.*

▼ *La plus récente reconstruction d'Iguanodon, par le Dr David Norman de l'Université d'Oxford, nous restitue une image plus fidèle de ce dinosaure quadrupède.*

Après la Grande Exposition de 1851, le Crystal Palace, gigantesque pavillon de verre et d'acier construit pour l'exposition, fut déplacé de Hyde Park vers un site permanent, sur une colline de Sydenham, au sud de Londres. Le parc avoisinant fut aménagé et, avec l'approbation enthousiaste du Prince Albert, un espace fut réservé pour la présentation d'animaux préhistoriques. Le sculpteur animalier Waterhouse Hawkins sculpta les dinosaures. Le résultat, comme on pouvait le prévoir, fut un ensemble de dragons à allure de rhinocéros.

Puis en 1878, on découvrit les iguanodons de Bernissart et, pour la première fois, des squelettes entiers pouvaient être étudiés. La corne n'était pas un appendice nasal, mais un ergot sur le pouce. La longueur de l'animal était moindre qu'on ne l'avait d'abord imaginé. Les courtes pattes antérieures suggéraient que l'animal était bipède plutôt que quadrupède. Une forme toute nouvelle d'iguanodon apparut, une sorte de girafe reptilienne comme le fit observer à l'époque le roi Léopold de Belgique. C'était la forme d'iguanodon qui devait être familière au public pendant un siècle.

Enfin, dans les années 1980, cette vieille image fut encore révisée. David Norman, du musée de l'Université d'Oxford (Angleterre), entreprit une nouvelle étude de l'animal. Il montra que la rigidité de la queue rendait invraisemblable que l'iguanodon ait pu se tenir assis en utilisant cette queue comme support. De plus, les mains, que l'on présentait habituellement comme des poings fermés devant la poitrine, étaient en fait fort capables de s'étaler et de supporter le poids de l'animal, tout comme les doigts d'un pied. *Iguanodon* se retrouva donc à quatre pattes ! Les abajoues que montrent les reconstitutions d'*Iguanodon* et des autres dinosaures à bassin d'oiseau dans ce livre sont aussi une découverte récente. Ainsi nous apparaît aujourd'hui l'image de ce fabuleux animal, et cette image durera aussi longtemps que de nouvelles découvertes ne conduiront pas les spécialistes à la modifier une nouvelle fois !

On avait l'habitude de présenter les grands sauropodes, tels que *Diplodocus* (pp. 66-67) et *Brachiosaurus* (pp. 64-65), immergés dans l'eau jusqu'au cou. L'argument principal était que ces animaux énormes avaient besoin d'être soutenus pour soulager leurs pattes et que l'eau leur fournissait en outre une certaine protection contre les carnivores. Mais cette vision des choses était erronée. De nouvelles études morphologiques ont montré qu'ils étaient bâtis pour une vie à découvert, sur la terre ferme (d'ailleurs, il semble que la pression exercée par l'eau sur leur corps immergé ne leur aurait pas permis de respirer suffisamment...). En outre, des empreintes de théropodes ont été trouvées dans les sables de rivière, ce qui montre que les grands carnivores comme *Ceratosaurus* (pp. 58-59) pouvaient gagner l'eau et y attaquer tout aussi bien leurs proies.

La paléontologie est une science en évolution permanente. Tout ce qu'un livre comme celui-ci peut faire, est de présenter les idées les plus modernes sur le sujet – des idées qui seront peut-être en partie démodées dans une dizaine d'années...

GLOSSAIRE

ALGUE Plante primitive vivant dans la mer et assurant la production d'oxygène à partir du gaz carbonique (photosynthèse).

AMPHIBIEN Vertébré, telle la grenouille, capable de vivre à l'air libre, mais se développant dans l'eau lors des premiers stades de leur croissance (têtard) et y pondant leurs œufs.

ANKYLOSAURE Groupe d'Ornithischiens fortement cuirassés du Jurassique et du Crétacé. Ex. : *Scelidosaurus*.

ARCHOSAURE Groupe de reptiles primitifs comprenant non seulement les Dinosaures Ornithischiens et Saurischiens, mais aussi les Crocodiles et les Ptérosaures.

BACTÉRIES Organismes primitifs unicellulaires microscopiques.

BASSIN Ensemble des os de la hanche d'un squelette de vertébré, reposant sur les pattes et supportant la colonne vertébrale.

CALCITE Minéral à base de calcium, constituant la plupart des coquilles des invertébrés et certaines roches sédimentaires telles que la craie.

CARNIVORE Animal se nourrissant de chair, les uns carnassiers (proies fraîchement tuées), les autres charognards (cadavres abandonnés).

CARNOSAURE Théropode carnivore bipède, à tête énorme, cou épais et court. Ex. : *Ceratosaurus*.

CÉNOZOÏQUE (ou TERTIAIRE + QUATERNAIRE) Dans l'échelle des temps fossilifères, ère « récente » qui a débuté il y a 65 millions d'années (à la fin du Mésozoïque) et qui dure encore de nos jours.

CÉRATOPSIEN Groupe d'Ornithischiens cuirassés et cornés du Crétacé supérieur. Ex. : *Triceratops*.

COELUROSAURE Théropode carnivore bipède, à structure légère, petite tête et long cou. Ex. : *Coelophysis*.

CONIFÈRE Arbre portant des cônes, tels que les pins, les sapins.

CRÉTACÉ Troisième période de l'ère Mésozoïque, après le Trias et le Jurassique. Durée : 80 millions d'années (de − 145 à − 65 MA).

DÉRIVE CONTINENTALE Phénomène géologique consistant en un déplacement de grands panneaux solidifiés de la croûte terrestre dérivant sur les zones plus profondes pâteuses.

DINOSAURE Nom populaire désignant l'ensemble des reptiles Saurischiens et Ornithischiens. Les scientifiques ont abandonné ce terme.

ESPÈCE Groupe d'animaux ou de plantes capables de se reproduire entre eux.

ÊTRE VIVANT Assemblage organisé de matière minérale et de matière organique, doué d'une propriété fondamentale : le pouvoir de fabriquer sa propre matière, de la reproduire pour en faire d'autres êtres semblables à lui-même, et cependant capables d'évoluer en se modifiant selon les caractéristiques du milieu. La structure fondamentale d'un être vivant est la cellule. Les bactéries sont formées d'une seule cellule imparfaite, les animaux et les plantes, d'une ou plusieurs cellules parfaites.

ÉVOLUTION CONVERGENTE Type d'évolution tout à fait comparable accompli par des organismes n'ayant entre eux aucun lien de parenté, mais présentant des structures similaires leur permettant d'accomplir des fonctions similaires.

FAUNE (1), FLORE (2) Ensemble des animaux (1) ou des plantes (2) vivant ou ayant vécu dans une région, ou dans un milieu, ou à une époque donnés.

FOSSILE Reste du squelette, ou plus rarement des parties molles, ou encore trace d'activité d'un animal ou d'une plante enfouis après leur mort dans un sédiment progressivement transformé en roche.

FOSSILE VIVANT Plante ou animal connu à l'état fossile et encore représenté dans la nature actuelle.

FOUGÈRE Plante chlorophyllienne sans fleur ni graine portant à la face intérieure des feuilles des organes reproducteurs appelés sporanges. Les fougères ont été particulièrement abondantes à la fin du Paléozoïque (flore du Carbonifère).

HERBIVORE Animal se nourrissant de végétaux.

ILION Os formant la partie supérieure du bassin et fixé à la colonne vertébrale.

INVERTÉBRÉ Animal dépourvu de colonne vertébrale. Ex. : les oursins, les vers...

ISCHION Os courbé formant la base de chaque moitié du bassin.

JURASSIQUE Deuxième période de l'ère Mésozoïque, entre le Trias et le Crétacé. Durée : 70 millions d'années (de − 215 à − 145 MA).

MAMMIFÈRE Vertébré dont le corps est généralement couvert de poils, et pouvant maintenir leur sang à une température constante (animal « à sang chaud »), vivipare (c'est-à-dire donnant naissance à des jeunes vivants, et les allaitant).

MAMMOUTH Grand éléphant fossile du Quaternaire (3,50 m de haut), cousin de l'éléphant d'Asie mais éteint il y a dix mille ans au plus.

MÉSOZOÏQUE (ou SECONDAIRE) Dans l'échelle des temps fossilifères, ère « moyenne » formée de trois périodes (Trias, Jurassique et Crétacé), située entre le Paléozoïque et le Cénozoïque. Durée : 185 millions d'années (de − 250 à − 65 millions d'années).

MINÉRAUX Substances se trouvant à l'état naturel sous forme de solides caractérisés par une structure atomique ordonnée et une composition chimique précise. Les roches sont généralement constituées de plusieurs minéraux.

OISEAUX Classe de Vertébrés apparentés aux Archosaures, porteurs de plumes et adaptés au vol. Le plus ancien est *Archaeopteryx*, du Jurassique de Bavière.

ORNITHOPODE Dinosaure Ornithischien herbivore, possédant des pattes évoquant celles des oiseaux. Ex. : *Iguanodon.*

ORNITHISCHIEN Groupe de Dinosaures caractérisés par une structure squelettique du bassin comparable à celle des oiseaux, subdivisé en Ornithopodes, Pachycéphalosaures, Ankylosaures, Stégosaures et Cératopsiens.

OROGÉNÈSE, ACTIVITÉ OROGÉNIQUE Formation des montagnes.

PACHYCÉPHALOSAURES Groupe d'Ornithischiens crétacés aux os du crâne particulièrement massifs. Ex. : *Stegoceras.*

PALÉONTOLOGUE Spécialiste de fossiles.

PALÉOZOÏQUE (ou PRIMAIRE) Dans l'échelle des temps fossilifères, ère la plus « ancienne » formée de six périodes (du Cambrien au Permien). Durée : 340 millions d'années (de − 590 à − 250 MA).

PHOTOSYNTHÈSE Chez les plantes vertes, réaction chimique qui permet de produire des substances organiques (glucides, lipides, protides) à partir de substances minérales simples (eau, gaz carbonique...). C'est la photosynthèse des algues marines primitives qui a permis le démarrage de la production en masse de l'oxygène entrant dans la composition de l'atmosphère terrestre depuis environ 700 millions d'années.

PRÉCAMBRIEN Dans l'échelle des temps géologiques, période qui a précédé les temps fossilifères (avant le Cambrien, première période de l'ère primaire), jusqu'à −590 millions d'années, et au cours de laquelle sont apparues les formes de vie primitive.

PROSAUROPODES Dinosaure Saurischien du Trias et du Jurassique inférieur, à corps massif supporté par une lourde armature squelettique, avec une petite tête au bout d'un long cou, des pattes antérieures plus courtes que les postérieures, et une queue très longue. Ex. : *Anchisaurus.*

PUBIS Os antérieur du bassin, généralement pointé vers le bas et vers l'avant chez un reptile.

QUADRUPÈDE Animal qui se tient et marche sur quatre pattes, à la différence des bipèdes.

QUATERNAIRE Période correspondant, depuis un peu moins de 2 millions d'années, à la seconde partie de l'ère Cénozoïque, subdivisée en Pléistocène et Holocène, et à laquelle appartient la nature actuelle.

REPTILE Ancienne classe de Vertébrés ovipares (qui pondent des œufs), dont le corps est couvert d'écailles, et dont la température interne varie selon les conditions environnantes (animaux « à sang froid »). Les spécialistes divisent aujourd'hui les Reptiles en plus d'une dizaine de classes parmi lesquelles les Dinosaures ne sont qu'un ensemble aux côtés d'autres classes exclusivement fossiles comme les Cotylosaures, les Pélycosaures, les Ptérosaures, les Plésiosaures ou les Ichtyosaures, et de quatre classes ayant encore des représentants actuels : Tortues, Crocodiles, Lézards et Serpents.

RÉSINE Substance quelquefois poisseuse excrétée par certaines plantes comme les conifères.

ROCHE Matériau de l'écorce terrestre constitué par des minéraux.

ROCHE ENDOGÈNE Ensemble des roches (magmatiques et métamorphiques) formées à partir de la matière fondue provenant des couches profondes de la planète.

ROCHE EXOGÈNE Ensemble des roches (sédimentaires) formées à la surface de l'écorce terrestre.

ROCHE MAGMATIQUE Roche endogène formée à partir du magma profond, plus ou moins rapidement monté en surface et refroidi.

ROCHE MÉTAMORPHIQUE Roche résultant de la transformation d'autres roches (magmatiques ou sédimentaires) sous l'action de fortes pressions et de températures élevées qui en ont modifié la composition minérale et la structure.

ROCHE SÉDIMENTAIRE Roche exogène formée par le dépôt de sédiments. On distingue les roches détritiques (grès, calcaire lithographique) ou organo-détritiques (craie, diatomite) ; les roches physico-chimiques (silex, gypse) ; les roches organiques (pétrole, charbon) ; les roches construites (récifs coralliens).

SAURISCHIEN Groupe de Dinosaures caractérisés par une structure des os du bassin de type lézard, subdivisé en deux sous-groupes, les Théropodes et les Sauropodomorphes.

SAUROPODES Énormes Saurischiens herbivores du Jurassique et du Crétacé, à corps massif (jusqu'à 30 m et plus de 10 tonnes) et long cou. Ex. : *Brachiosaurus.*

SAUROPODOMORPHE Groupe de Saurischiens connus du Trias au Crétacé supérieur, subdivisé en Prosauropodes et Sauropodes.

SÉDIMENTS Dépôts de matière minérale ou organique laissés par des agents comme l'eau ou le vent.

STÉGOSAURES Groupe d'Ornithischiens du Jurassique moyen et du Crétacé, aux membres antérieurs plus courts que les membres postérieurs. Ex. : *Stegosaurus.*

TERTIAIRE Période correspondant à la première partie de l'ère Cénozoïque, de − 65 à − 1,8 million d'années, et subdivisée en Paléogène (Paléocène + Éocène + Oligocène) et Néogène (Miocène + Pliocène). C'est la période d'épanouissement des mammifères.

THÉCODONTES Archosaures primitifs du Permien et du Trias. Ancêtres directs des Dinosaures.

THÉROPODES Groupe de Saurischiens bâtis selon un modèle bipède, connus depuis le Trias en Amérique du Nord. En font partie les Coelurosaures, les Mégalosaures et les Carnosaures.

TRIAS Première période du Mésozoïque. Durée : 35 millions d'années (de − 250 à − 215 MA). Les dinosaures firent leur apparition vers la fin de cette période.

INDEX

A

abajoues 44, 45, 46, 47, 108, 137
Afrique 16, 20, 22, 24, 36, 42, 50, 74, 77, 78
  Nord (du) 86, 92, 95, 96
  occidentale 88
  orientale 52, 53, 58, 64, 72, 134
  Sud (du) 18, 19, 23, 24, 32, 38, 46
âge glaciaire 10, 130, 131
Alberta, Canada 104, 110, 112, 114, 116, 122, 124, 126, 134
algues 13, 18
  bleues 19
  vertes 19
  rouges 19
Allemagne 24, 34, 54, 55, 74, 79
Allosaurus 52, 56, 58
  A. fragilis 60-61
Altispinax 79, 97
Amérique centrale 50
  Nord (du) 20, 21, 22, 24, 26, 28, 36, 38, 39, 44, 50, 52, 53, 56, 57, 58, 60, 62, 64, 66, 70, 72, 74, 77, 78, 82, 86, 92, 94, 95, 98, 101, 108, 110, 114, 116, 118, 131, 134
  Sud (du) 16, 20, 21, 23, 24, 26, 36, 74, 92, 95, 106, 130
amibe 13
ammonites 27, 38, 39, 77, 129
amphibiens 12, 13, 23, 97
Anatosaurus 94, 108, 109, 132
  A. copei 108-109
Anchisaurus 26, 32, 33
  A. capensis 32
  A. polyselus 32-33
Andes 17, 26
Andrews, Roy Chapman 120, 134
Angleterre 27, 48, 66, 73, 74, 76, 80, 84, 86, 97
ankylosauridés 116, 117, 118
ankylosaures 15, 48, 49, 106, 116, 117, 118, 119
Anning, Mary 133, 135
Antarctique 20, 23, 74, 76, 92
Antrodemus 60
Apatosaurus 58, 60, 62
Appalaches 20, 22
Archaeopteryx 53, 54, 55
archosaures 14, 23, 26
Argentine 106, 107
Arizona, USA 40, 44
Asie 20, 22, 24, 50, 74, 77, 86, 92, 94, 95, 102, 110, 116, 131
assemblage mort 11
  fossile 11, 19
  vivant 11
Atlantique 20, 50, 51
Attridge, Dr John 46
Australie 19, 20, 23, 38, 74, 77, 86, 92, 130

B

bactéries 18, 19
Baharije, Égypte 96
Baldwin, David 28
Barapasaurus 38, 42, 43
  B. tagorsi 42-43
Barnsley, Simon 48
baryonychidé 80
Baryonyx 77, 80, 81, 84, 135
  B. walkeri 80-81
bassin 14, 15, 31, 32, 42, 44, 46, 47, 49, 55, 56, 64, 67, 71, 78, 82, 98, 99, 115, 121
bec 15, 46, 84, 85, 90, 91, 100, 101, 108, 120
bélemnites 38, 129
Belgique 76, 86, 132, 137
Béring, détroit (de) 94, 116
Berlin, musée 64, 134
Bernissart, Belgique 86, 132, 137
Bitter Springs, Australie 19
bivalves 21
Bonaparte, José 106
bouclier 90, 102, 120
brachiopodes 21
brachiosaures 64
brachiosauridés 64, 106
Brachiosaurus brancai 42, 53, 62, 64-65, 134, 137
Branca, Dr. W. 64
Brésil 30
Britanniques, îles 74
British Museum 48, 80, 135
Brown, Barnum 98, 110, 134
Buckland, Dean William 78, 132, 133

C

calcite 11, 12
Calcutta 42
Calédoniens, Monts 22
Californie, université de 40
Camarasaurus supremus 52, 62-63
Cambrien 13, 18, 20, 21
Canada 18, 19, 36, 112, 131, 134
Cannon, George 100
Canyon City, Colorado 66
Caraïbes 74
Carbonifère 12, 13, 22, 23
Carnegie, Andrews 66
carnivores 14, 15, 28, 30, 40, 52, 56, 58, 60, 78, 82, 94, 96, 97, 98, 102, 104, 128, 131
carnosaures 58, 59, 60
Caroline du Nord, USA 24
ceinture pelvienne 14
céphalopodes 21
cératopsidés 122, 124, 126
cératopsiens 90, 120, 122, 123, 124, 125, 126
Ceratosaurus nasicornis 52, 56, 58-59, 60, 61, 82, 137
cerveau 13, 63, 73, 82, 104, 105, 112
charbon 22, 23
Charig, Dr. Alan 46, 80
Chasmosaurus belli 95, 122-123
  C. kaiseni 122
Chatterjee 42
Chine 24, 36, 53, 68, 90, 116, 134
chitine 21
climats 17, 24, 38, 39, 50, 52, 76, 77, 94, 128, 129, 130, 131
Coelophysis 26, 28-29
  C. bauri 28-29
coelurosaure 28, 41, 54, 56
coelurosauridé 40
Coelurus 56
Colbert, Edwin H. 28, 30, 44
colonne vertébrale 13, 31, 42, 70, 88
collerette 90, 91, 120, 122, 123, 124, 125, 126
Colorado, USA 60, 62, 64, 66, 70, 100, 116, 126
Como Bluff, Wyoming 56
Compsognathus 53, 54-55
  C. corallestris 54
  C. longipes 54-55
Connecticut, USA 29, 32
continents 16, 17, 18, 20, 22, 26, 38, 50, 77, 86, 92, 94, 110, 129, 130
Conybeare, rev. William 132
Coombes, Walter P. 90, 116
Cope, Edward Drinker 28, 62, 108, 132, 133, 134
Costain, David 48
cou 28, 34, 41, 42, 62, 64, 65, 66, 68, 69, 78, 80, 81, 98, 100
Cox, Dr. Barry 46
crâne 13, 15, 28, 35, 40, 41, 48, 57, 61, 62, 65, 81, 90, 91, 98, 99, 108, 112, 114, 116, 118, 121, 126, 127
Crétacé 8, 9, 64, 66, 74, 75, 76, 77, 78, 80, 82, 83, 84, 86, 88, 90, 92, 93, 94, 95, 96, 98, 100, 101, 102, 104, 106, 107, 108, 110, 113, 114, 115, 116, 118, 119, 120, 122, 124, 126, 128, 129, 130
crête 40, 41, 58, 59, 80, 81, 89, 110, 111, 112, 113
  creuse 112
  courte 113
  pleine 110, 111, 112
crinoïdes 21
crocodile 13, 14, 23, 39, 52, 76, 129
Crocodiliens 14
croûte terrestre 8, 16, 129
Cryptocleidus 39
cuirassé 15, 45, 48, 70, 106, 107, 116, 117, 118, 119, 120
Cuvier, Georges 132, 136
cycas 26, 38, 52, 94, 124

D

Dakota du Nord, USA 126
  du Sud 84, 126
Deinonychus 77, 82, 83, 102, 103, 104
  D. antirrhopus 82-83
deltas 22, 38, 52, 56, 80
dents 14, 23, 28, 29, 30, 33, 35, 41, 44, 45, 48, 56, 57, 58, 59, 62, 65, 67, 78, 80, 85, 90, 97, 98, 99, 105, 109, 119, 120, 121, 130
Denver, Colorado 100
dérive continentale 16
déserts 22, 23, 24, 26, 27, 28, 33, 34, 38, 39, 104
Dévonien 9, 12, 13, 22, 23
Dickens, Charles 136
Dilophosaurus 38, 40-41
  D. wetherilli 40-41
Dimetrodon 97
Dimorphodon 38
« dinosaure » (nom) 33
dinosaures cuirassés 95, 106, 116, 117, 118, 119, 134
  à pattes d'oiseau, voir ornithopodes
  à bassin d'oiseau, voir ornithischiens
  à bec-de-canard, voir hadrosaures
  premier 26, 27
  premier reconnu 78, 79, 132, 133
  à tête plate 110, 111, 112
  plus vieux connu 30, 32
  de type autruche 100, 120
diplodocidés 62, 64, 68, 106
Diplodocus 42, 52, 56, 58, 62, 66, 67, 107, 137

D. carnegii 66
D. longus 66-67
Diracodon 70
Dollo, Louis 86, 87
Dorset, Angleterre 48, 66, 135
dragons 68, 136, 137
dromaeosaures 104
dromaeosaurides 82, 102
Dromaeosaurus 102

E

échelle des temps géologiques 8, 9, 16, 17, 131
Ediacara, Australie 19
Elasmosaurus 95
empreintes 11, 29, 66, 135, 137
Euoplocephalus 95, 116, 117
E. tutus 116-117
Euparkeria 14
Europe 20, 22, 24, 26, 34, 36, 38, 48, 50, 53, 54, 74, 76, 78, 80, 86, 92, 131
évolution 12, 13, 23, 124
convergente 21, 130
expédition en Asie centrale 134, 135
paléontologique internationale 135
paléontologique polono-mongole 102
extinction 128-129, 131

F

fabrosauridé 44, 45
Felch, M.P. 58
Fig Tree Cherts 18
fossiles 10-11, 12, 13, 19, 21, 30, 38, 55, 128, 129, 132, 133
fossilisation 10-11, 21
fougères 22, 23, 26, 38, 52, 76, 86
Fox, rev. William 84
France 34, 54, 73

G

Galton, Peter 32, 84
gastropodes 21
géologues 8, 12, 16, 17, 20, 22
Ghost Ranch, Nouveau-Mexique 28
Gilmore, Charles W. 62, 114
gingkos 38, 52, 76
glaciation 18, 21, 23
glyptodontes 131
Gobi, désert de 120, 134, 135
Gondwana 20, 24, 26, 38, 50, 51, 74, 75
Granger, Walter 120
graptolithe 21
Groenland 24, 36, 92
Gregory, William K. 120
griffes 58, 67, 80, 82, 98, 100, 102, 104
Gunflint, Chert 19

H

hadrosaures 94, 95, 98, 106, 108, 111, 134
hadrosauridés 108, 109, 110, 112
Hadrosaurus 108, 132
Harrison, Dr. J. 48
Hatcher, John Bell 126
Hennig, Edwin 64, 72
herbivores 14, 15, 32, 34, 38, 42, 44, 46, 48, 52, 58, 60, 62, 64, 66, 68, 70, 72, 84, 86, 88, 90, 95, 96, 106, 114, 116, 118, 120, 122, 126, 128, 130, 131
Hesperornis 95
hétérodontosauridé 46
Heterodontosaurus 38, 46, 47
H. consors 46
H. tucki 46-47
Highlands, Écosse 22
Himalayas 17
Homalocephale 115
Humboldt, université de 72, 134
Huxley, T.H. 84
Hylaeosaurus 133
Hypsilophodon 76, 84, 85, 90
H. foxi 84-85
hypsilophodonte 84
hypsilophodontidés 84, 85

I

Iapetus, océan 20, 22
Ichthyornis 95
ichthyosaures 13, 27, 39, 53, 77, 136
Ichthyosaurus 133
iguane 44
Iguanodon 76, 79, 81, 84, 86, 87, 132, 133, 136, 137
I. mantelli 86-87
iguanodontes 88
iguanodontidés 86, 88, 109
île de Wight, Angleterre 66, 84
ilion 14, 15
Inde 17, 20, 23, 38, 42, 50, 74
Indonésie 36
invertébrés 27, 38, 129
iridium 128, 129
ischion 14, 15, 49
isthme 74, 75

J

Jain 42
Jurassique 8, 9, 15, 32, 36-37, 38-39, 40, 42, 44, 46, 48, 50-51, 52-53, 54, 56, 57, 58, 60, 62, 64, 66, 68, 70, 72, 74, 75, 76, 78, 82, 84, 133

K

Kangourou 94, 130
Kansas, USA 95
Kansu, Chine 90
Kentrosaurus 53, 72, 73, 134
K. aethiopicus 72-73
Koala 94
Kronosaurus 77
Kuehneosaurus 27
Kunglung 68
Kutty 42

L

Lagunes 27, 53, 54, 55
Lake District, Angleterre 20
Lambe, Lawrence 114, 116, 118, 122, 124
Langham, Peter 48
Laplatasaurus 107
Laurasie 24, 27, 74, 75
Leidy, Joseph 108, 132
Leptopterygius 39
Lexovisaurus 73
lézards 13, 14, 27, 77, 129
à toit, voir stégosaures
Londres, Angleterre 80
Los Angeles, USA 10
Lucas, O.W. 62
Lull 108
Lyme Regis, Angleterre 133
Lystrosaurus 26

M

machairodonte 131
Macroplata 39
mâchoire 13, 14, 29, 31, 33, 40, 41, 46, 56, 57, 81, 85, 98, 101, 109, 118, 120
Madagascar 50, 74
Maiasaura 110
main 29, 30, 33, 40, 47, 55, 56, 57, 58, 59, 61, 80, 82, 83, 84, 87, 88, 90, 99, 101, 102, 108, 137
Malaisie 36
Mamenchisaurus 53, 68, 69, 134
M. constructus 68
M. hochuanensis 68-69
mammouths 10, 131
marges constructives 17
destructives 17, 20
Mantell, Dr. Gideon et Mary 86, 87, 132, 133, 135, 136
Marsh, Othniel Charles 32, 58, 60, 66, 70, 100, 126, 132, 133
Martin, John 136
Méditerranée 26
méduse 19, 20
mégalosaure 40
mégalosauridé 40, 78
Megalosaurus 40, 76, 78, 79, 84, 132, 133, 136, 137
M. bucklandi 78-79
Mer Rouge 36, 74
Mésozoïque 8, 9, 24, 36, 76, 92, 94, 104, 134
métamorphiques, roches 18
Metriorhynchus 39
Mexique, golfe du 36, 50
Midlands, Angleterre 19
Milner, Dr. Angela 80
Mississippien 22
Mongolie 86, 90, 94, 102, 104, 110, 120, 135
Monoclonius 122
Montana, USA 52, 62, 82, 98, 100, 111, 124, 134
Morrison, Formation 52, 53, 56, 58, 60, 62, 72, 133, 134
mosasaures 77, 95, 129
Mosasaurus 132
moule 11
Mudge, Benjamin 60

INDEX

muscles 29, 42, 47, 66, 67, 71, 91, 98, 100, 108, 120, 121, 127
Musée américain Histoire naturelle 30, 90, 102, 104, 110, 120, 124, 134, 135
  français 88
Muttaburrasaurus 86

N

Nehden, Allemagne 86
New Jersey, USA 132
nids de dinosaure 110, 111, 120, 134
Niger, Afrique 96
Niobrara, mer de 92, 95
nodosauridés 118, 119
Norman, Dr. David 86, 137
Norvège 22
nothosaures 27
Nothosaurus 27
Nouveau-Mexique, USA 28, 52, 62, 66, 112
Nouvelle-Zélande 74

O

Ob, bassin de l' 50, 74
Oberndorfer, Dr. 54
océanique, bassin 16
  dorsale (= crête) 16, 17, 92, 93
  fond 16
  fosse 16, 17
océans 39, 50, 74, 76, 92
œufs 13, 110, 120, 134, 135
oiseaux 12, 15, 53, 54, 83, 95, 100, 130
Opthalmosaurus 53
Ordovicien 12, 20, 21
Oreopithecus 135
ornithischiens 14, 15, 106, 137
Ornithodesmus 76
Ornitholestes 52, 56, 57
  O. hermani 56-57
ornithomimidés 100, 101
Ornithomimus 94, 100, 101
  O. velox 100-101
ornithopodes 15, 44, 46, 84, 86, 88, 90, 91, 108, 110, 114
os 10, 43
  du cou 103
  de la hanche 14, 15, 48
Osborn, Henry Fairfield 56, 90, 98, 100, 102, 104, 110
Ostrom, John 82
Oural, archipel 74
  monts 22, 50
Ouranosaurus 77, 88, 89, 96
  O. nigeriensis 88-89
Oviraptor 120
Owen, Richard 48, 133
Oxford, Angleterre 79, 133
oxygène 13, 129

P

pachycephalosauridés 114-115
Pachycephalosaurus 115
Pacifique, océan 92
Painted Desert, Arizona 30
Paléozoïque 20, 21, 22, 23
Pangée 24, 25, 36, 37, 50, 51, 53, 74, 92, 93
Panoplosaurus 95, 118, 119
  P. mirus 118-119
Panthalassa 24, 25, 26, 36, 39, 50, 51, 74, 92
parade nuptiale 40, 46, 59, 96
Parasaurolophus 94, 112, 113
  P. walkeri 112-113
Parkinson, James 78, 132, 133
Parks, William 112
Patagonie 36
pattes 13, 14, 26, 28, 31, 43, 61, 62, 85, 88, 90, 108, 127, 130
Pays-Bas 132
Pays de Galles 19, 20, 27
Pays de l'Iguanodon, Le 136
pelycosaures 23
Pennsylvanien 22
Permien 22, 23, 24, 97
Pétrifiée Forêt (Arizona) 28
Placodus 27
plaines d'inondation 52, 62, 100, 133
plateau continental 17, 20, 21, 92
Plateosaurus 27, 34, 35
  P. engelhardti 34-35
plaques (cuirasse) 15, 48, 70, 71, 72, 107,118
plaques terrestres 16, 17, 92
Platyhystrix 97
Pléistocène, voir âge glaciaire
plésiosaures 13, 27, 39, 53, 77, 95, 129, 136
pliosaures 39, 77
pointes 15, 48, 70, 72, 87, 107, 111, 117, 118, 119, 124, 136
pôle Nord 50, 76, 131
  Sud 20, 76
Portugal 48, 84
Powell, Jaime 106
Précambrien 9, 12, 18-19
Probactrosaurus 86
prosauropodes 30, 32, 33, 34, 35, 43
Protoceratops 90, 94, 102, 103, 120, 121, 134, 135
  P. andrewsi 120-121
protocératopsidés 120
protoplasme 13
Proto-Téthys, océan 20
psittacosauridé 90
Psittacosaurus 77, 90, 91, 120
  P. mongoliensis 90-91
Pteranodon 95
Pterodactylus 53
ptérosaures 13, 14, 27, 38, 52, 53, 54, 76, 95, 128, 129
ptérosauriens, voir ptérosaures
pubis 14, 15, 32, 49

Q

Quaternaire 131
Quetzalcoatlus 95
queue 14, 26, 28, 41, 42, 44, 46, 56, 62, 66, 67, 70, 78, 82, 85, 112, 116, 117, 137

R

rayons cosmiques 128
Red Deer River, Canada 116, 124, 134
régulation température 23, 70, 82, 88, 96, 112
reptiles 12, 13, 14, 23, 54, 97, 129, 130
  mammaliens 23, 26
  marins 26, 27, 39, 77, 95, 128
Rhamphorhynchus 53
rhinocéros laineux 131
rhynchosaures 26
Riggs, Elmer 64
Rio Grande do Sul, Brésil 30
Riojasaurus 34
Rocheuses, montagnes 26, 50, 52, 56, 58, 62, 71, 74, 77, 92, 100, 132, 133
Roy-Chowdhury 42
Russell, Dale 104

S

Salta, Argentine 106
Saltasaurus 95, 106, 107
Saltasaurus loricatus 106-107
Saskatchewan, Canada 126
saurischiens 14, 15
Saurolophus 94, 110, 111
  S. angustirostris 110
  S. osborni 110-111
sauropodes 15, 34, 42, 43, 62, 63, 64, 66, 68, 106, 107, 112, 137
sauropodomorphes 30, 32, 34, 42, 62, 64, 66, 68, 106
Saurornithoides 94, 104, 105
  S. mongoliensis 104-105
saurornithoïdidés 104
Scandinavie 20, 22, 50, 92
Scaphonyx 26
scélidosauridé 48
Scelidosaurus 38, 48-49
  S. harrisoni 48-49
Scutellosaurus 38, 44, 45
  S. lawleri 44-45
sédimentaires, roches 8, 10, 11, 17, 18, 20, 21, 48, 52, 129
sédiments 8, 13, 16, 18, 19, 20, 22, 119
Seismosaurus 66
Shantung, Chine 90
Sibérie 10, 19, 24, 36, 50
Sichouan, province du (Chine) 68
Silurien 20, 21, 22
Solnhofen, Allemagne 54
spinosaures 79, 97
spinosauridé 96
Spinosaurus 70, 88, 95, 96, 97
  S. aegipticus 96-97
Spitzberg 86
staurikosauridé 30
Staurikosaurus 26, 30, 31
  S. pricei 30-31
Stegoceras 95, 114, 115
  S. validus 114-115
stégosaures 15, 71, 72, 73, 106
stégosauridés 70, 72
Stégosauriens, voir stégosaures
Stegosaurus 52, 56, 72
  S. armatus 70-71
  S. ungulatus 70
Stenonychosaurus 104
Sternberg, Charles Hazelius 108, 122, 124, 134
stromatolites 19
Stromer 96

Struthiomimus 100
Styracosaurus 95, 124, 125, 134
S. albertensis 124-125
Sundance, mer de 50, 52, 74, 92, 100
supercontinent 20, 22, 24, 32, 50, 74, 77
surface terrestre 16, 20
Surrey, Angleterre 135
Sussex, Angleterre 86, 133

T

Tanzanie 64, 72, 134
Taquet, Dr. Philippe 88
tectonique des plaques 16, 17
température de la Terre 128
Tendaguru, Tanzanie 72, 134
Tenontosaurus 85
Terre 16, 17, 18, 24, 25
Tertiaire 9, 12, 17, 130, 131
Téthys 24, 26, 27, 34, 50, 51, 52
Texas, USA 97
thécodontes 14, 27, 28, 48
théropodes 15, 28, 30, 40, 54, 56, 58, 60, 78, 80, 82, 96, 98, 100, 102, 104
Titanosaurus 106
Torosaurus 123
Trias 8, 9, 14, 24-25, 26-27, 28, 30, 32, 34, 36, 44, 46, 74
Triceratops 95, 126, 127
T. horridus 126-127
trilobites 20, 21
Tsintaosaurus 111
Tubingen, université de 79
Tuojiangosaurus 53
Tylosaurus 95
tyrannosauridé 98
Tyrannosaurus 82, 94, 98, 99, 134
T. rex 98-99

U

Utah, USA 60, 66, 112

V

Variscan, monts 22, 27, 36
Velociraptor 94, 102, 103, 120, 134
V. mongoliensis 102-103
vertèbres 43, 62, 67, 68, 69, 114
vertébrés 12
Virginie, USA 24
voile ou voilure 23, 70, 89, 96, 97, 122
volcans 16, 17, 20, 24, 36, 50, 74
voleur d'œufs 100, 120
Volvox 13
von Huene, Friedrich 79
von Meyer, Hermann 34

W

Wagner, Andreas 54
Walker, William 80, 135
Waterhouse Hawkins, Benjamin 137
Wealden, lac de 74, 76, 80
Welles, Samuel 40
Williston, Samuel 66
Wright, Lull 108
Wyoming, USA 56, 66, 70, 126

Y

Young Chung Chein 68

CRÉDITS PHOTOGRAPHIQUES

Les éditeurs tiennent à remercier les organismes suivants et les particuliers qui ont permis de reproduire les photographies reproduites dans cet ouvrage :

British Museum (Natural History), Londres 11, 15 au centre, 135 en bas, 136 en haut ;
CM. Dixon 17 en bas à droite ;
Mary Evans Picture Library 132 à gauche, 133 à gauche, 133 en bas à droite ;
GSF Picture Library 17 en haut à gauche, 18, 19 en bas à droite ;
P. Morris 17 en haut à droite, 17 au centre à droite, 19 en haut à gauche, 131 en bas, 134, 135 en haut, 137 ;
National Portrait Gallery, Londres 132 à droite ;
Novosti Press Agency 15 en haut ;
Science Photo Library / Dr. Robert Spicer 129.